tea pratica
453

Kathryn Mewes

Bastano 3 giorni

Traduzione di
Paola Marangon

TEA

Per informazioni sulle novità
del Gruppo editoriale Mauri Spagnol visita:
www.illibraio.it

TEA – Tascabili degli Editori Associati S.r.l., Milano
Gruppo editoriale Mauri Spagnol

www.tealibri.it

Titolo originale
The 3-Day Nanny. Simple Three-Day Solutions for Sleeping, Eating, Potty Training & Behaviour Challenges

Prima edizione TEA Pratica luglio 2018

Questo libro è dedicato a mia madre:
mia mentore, guida e cassa di risonanza,
la persona più importante nella mia vita,
che mi ha permesso di diventare quella che sono.
Con amore e gratitudine,
Kathryn

Sommario

Introduzione ... 7

Perché tre giorni? ... 9
Qual è il programma che fa per voi? ... 11
Volere il cambiamento, e crederci ... 12

1. Le basi per un'educazione efficace ... 15

Una buona dormita ... 16
Una sana alimentazione ... 22
Un comportamento appropriato ... 34
Spazio e indipendenza ... 43

2. I programmi di tre giorni ... 53

Che tipo di genitori siete? ... 53
Che tipo di figlio avete? ... 57
Giochetti mentali ... 60
Prepararsi alla sfida ... 65
Elementi di base del programma per il sonno ... 67
Elementi di base del programma per l'alimentazione ... 72
Elementi di base del programma per il comportamento ... 76
Ora siete pronti per iniziare il programma ... 88

3. Dai sei ai diciotto mesi ... 89

Programma per i problemi legati al sonno ... 90
Programma per i problemi legati all'alimentazione ... 109
Programma per i problemi legati al comportamento ... 129

4. Dai diciotto mesi ai tre anni 148
Programma per i problemi legati al sonno 150
Programma per i problemi legati all'alimentazione 165
Programma per i problemi legati al comportamento 183

5. Dai tre ai sei anni 219
Programma per i problemi legati al sonno 220
Programma per i problemi legati all'alimentazione 238
Programma per i problemi legati al comportamento 256

6. Abbandonare il pannolino 290
Quando cominciare? 290
Prepararsi al programma 292
Programma per abituare i bambini a usare il vasino 294

Conclusione 325

Ringraziamenti 327

Introduzione

Nel corso degli ultimi vent'anni ho fornito consulenze e aiutato genitori a educare i propri figli, e dopo tutto questo tempo sono giunta alla conclusione che non esista un mestiere più impegnativo di quello di una madre o di un padre.

I bambini non arrivano con un manuale di istruzioni fissato al cordone ombelicale. Si suppone che se si è deciso di avere un figlio, si sappia come comportarsi con lui quando arriva; soltanto che ne arrivano di ogni forma e taglia, ciascuno con la propria personalità. Non capiscono niente, e tocca a voi insegnare loro tutto. Qual è il miglior modo di farlo? Come fa un genitore a conoscere i metodi più efficaci? E che cosa può fare, se non tutto va come previsto? Vi inondano di consigli quando siete in attesa e durante i primi mesi di vita del bambino, ma può essere difficile sapere dove andare e a chi rivolgersi se successivamente emergono degli ostacoli – e quasi sicuramente emergeranno.

Sono convinta che chiedere aiuto e consiglio sia un passo positivo che i genitori dovrebbero compiere con serenità. I genitori coscienziosi si sforzano di dare il massimo, e a volte ciò significa chiedere consigli all'esterno. Nel mio ruolo di «tata su ordinazione», mi trasferisco a casa di una famiglia soltanto per tre giorni e la aiuto ad affrontare qualunque problema abbia. Prima di cominciare il lavoro, mi congratulo sempre con i genitori per aver compiuto il primo passo, mettendo da parte la loro emotività e decidendo di introdurre un cambiamento che migliori la vita familiare. Prendendo in mano questo libro, e cominciando a leggerlo, avete già dimostrato di essere dei genitori coscienziosi, quindi mi congratulo anche con voi!

Il libro si occupa di bambini di età compresa fra sei mesi e sei anni, un periodo durante il quale assimilano le informazioni di base di cui avranno bisogno per ottenere buoni risultati a scuola e nei contesti sociali al di fuori delle pareti domestiche, e si stabiliscono i fondamenti della loro salute futura. Tutti i genitori vogliono le stesse cose essenziali per i propri figli: che dormano, mangino e si comportino bene. Ciò rende i genitori soddisfatti e fiduciosi, e questo a sua volta contribuisce alla crescita di un bimbo soddisfatto e fiducioso. Tuttavia, quando le creature non fanno queste tre cose, una famiglia felice può trasformarsi rapidamente in una famiglia logorata dallo stress. I problemi legati al sonno, le preoccupazioni riguardo all'alimentazione o al comportamento capriccioso possono rendere molto ansiosi i genitori, e la loro inquietudine si trasmette al bambino fino a creare un circolo vizioso.

È a questo punto che entra in gioco il libro che avete fra le mani. Le mie guide passo a passo vi mostreranno come fare in modo che vostra figlia o vostro figlio dorma tutta la notte nel suo letto, accetti di mangiare una varietà di cibi nutrienti e impari un minimo di autocontrollo per quanto riguarda il comportamento. I programmi trasformeranno una «sfida familiare» in un progetto entusiasmante e, se li seguirete alla lettera, otterrete risultati sorprendenti in appena tre giorni. È tutto il tempo che ci vuole per introdurre cambiamenti duraturi. Ho messo in pratica il programma di tre giorni ogni singola settimana dell'anno, quindi *so che funziona*. Ora tocca a voi scoprirlo.

Perché tre giorni?

Spesso mi chiedono perché il mio programma duri tre giorni, e io lo spiego facendo ricorso a due diversi esempi.

Immaginate di cominciare un nuovo lavoro. Magari passate una notte insonne prima del grande giorno, preoccupati di tutte le nuove sfide che dovrete affrontare. Il primo giorno prevede che siate investiti da un'enorme quantità di informazioni, facce e nomi nuovi da ricordare, orientandovi in un ambiente sconosciuto – senza dimenticare mai di essere entusiasti del grande cambiamento! Alla fine della prima giornata, sarete semplicemente sfiniti e psicologicamente esausti. Potreste persino chiedervi se sarete in grado di tornarci il giorno dopo... ma lo farete.

Il secondo giorno, muniti ormai di qualche informazione in più, cominciate a trovare la strada da A a B e a riconoscere alcuni volti. Cominciate a rilassarvi e ad accettare il nuovo ambiente e il vostro nuovo ruolo, anche se state ancora imparando.

Il terzo giorno sentite di essere presenti sul posto di lavoro. Siete in grado di svolgere le vostre mansioni senza chiedere continuamente aiuto come il primo giorno, e avete rotto il ghiaccio almeno con un collega. Le cose trovano il loro posto e nella vostra vita comincia a instaurarsi una nuova routine. Dovete ancora imparare un sacco di cose, ma i principali ostacoli sono superati e procedete decisi e sicuri.

Un'altra situazione potrebbe essere l'inizio di un nuovo corso di ginnastica. Tutti proviamo apprensione quando spingiamo la porta ed entriamo. Per questo motivo, vi dirigete immediatamente verso il fondo della palestra, il più lontano possibile dagli specchi. Notate che ci sono persone all'estremità opposta del locale che fanno stretching e che chiaramente frequentano la palestra da tutta la vita, e ciò vi fa sentire ancora più timidi.

In un baleno, la musica è partita e gli esercizi sono cominciati. Tentate disperatamente di imitare l'istruttore, ma spesso vi ritrovate rivolti nella direzione opposta rispetto agli altri. Urlate «Arggghh!» dentro la vostra testa, ma siete lì, e in qualche modo dovete arrivare alla fine della lezione. Perdete il conto del numero di volte che guardate l'orologio e alla fine vi ritrovate a pensare seriamente di rimanere sdraiati sul divano la prossima settimana.

Ma la seconda settimana arriva, e vi ritrovate a entrare di nuovo in palestra, questa volta un po' più preparati. Incontrate lo sguardo di qualcuno e abbozzate un mezzo sorriso. Potrebbe addirittura arrivare un «novellino», che ne sa ancora meno di voi! La musica parte, vi ricordate qualche movimento, e riuscite persino a darvi un'occhiata allo specchio. Dovete ancora imparare un sacco di cose, ma vi sentite abbastanza sicuri da continuare.

La terza settimana conoscete gli esercizi e siete pronte a sudare. Magari avviate una conversazione con qualcuno, prima dell'inizio della lezione, e ricordate molti più movimenti. Potreste persino divertirvi, questa volta!

Avete cominciato qualcosa di nuovo, e in sole tre settimane consecutive si è instaurata una nuova routine… il vostro miracolo in tre settimane!

I bimbi che imparano nuove lezioni seguono esattamente lo stesso percorso emotivo: paura e desiderio di scappare via da tutto il primo giorno, una maggiore comprensione e una graduale accettazione del cambiamento il secondo, e poi, giunti al terzo giorno, chiari segni di aver accettato il cambiamento e dimenticato quasi del tutto le vecchie abitudini.

Ripensate a situazioni della vostra vita in cui avete dovuto affrontare dei cambiamenti e capirete le emozioni che voi e la vostra famiglia probabilmente proverete quando seguirete uno dei miei programmi. All'inizio non sarà facile, ma se perseverate e vi attenete al programma, sono certa che vedrete enormi miglioramenti dopo sole settantadue ore.

Qual è il programma che fa per voi?

Questo libro offre consigli su come educare i bambini di età compresa fra sei mesi e sei anni, ma è chiaro che esiste una differenza fondamentale nelle abilità che si sviluppano in questa fascia di età, che va dai neonati che non sono in grado di camminare o parlare ai bambini in età scolare. Per questo motivo, l'ho suddivisa in tre gruppi.

- Nel capitolo 3 troverete i programmi di tre giorni per bambini di età compresa fra sei e diciotto mesi. All'interno del capitolo ci sono programmi distinti per i bambini che hanno problemi a dormire, difficoltà nel mangiare e comportamenti problematici.
- Nel capitolo 4 troverete i programmi di tre giorni per bambini di età compresa fra diciotto mesi e tre anni, e anche in questo caso ci sono programmi distinti per il sonno, l'alimentazione e il comportamento.
- Nel capitolo 5 troverete i programmi per i bambini di età compresa fra tre e sei anni, sempre riguardanti i problemi legati al sonno, all'alimentazione e al comportamento.

Se l'età del bambino cade tra un gruppo e l'altro, valutate il suo livello di maturità e decidete se sia più semplice applicare il programma pensato per un bambino più piccolo o più grande.

Se vostra figlia ha problemi in due ambiti diversi, per esempio dorme poco e si comporta male, è bene affrontarli separatamente. In generale, dovreste mirare a far sì che la bambina dorma tutta la notte prima di affrontare altri problemi, perché il sonno disturbato influisce negativamente sulle sue abitudini alimentari e sul suo comportamento. Accertatevi che dorma bene per cinque notti consecutive prima di passare a un altro programma, poi scegliete l'aspetto più problematico per la bambina e per la famiglia nel suo insieme.

- Nel capitolo 6 ho affrontato la questione dell'uso del vasino da parte del bambino, un altro aspetto che potrebbe rivelarsi problematico per alcuni genitori. L'età alla quale un bambino è in grado di andare in bagno da solo varia parecchio da un caso all'altro e non dovrebbe mai essere forzata: questo è il motivo per cui non ho affrontato il tema in uno dei capitoli legati all'età. Questo capitolo va letto soltanto se siete preoccupati di non riuscire ad abituare il bambino a usare il gabinetto.

Prima di avviare qualunque programma, però, è bene leggere i capitoli 1 e 2, che spiegano il mio approccio a una buona educazione dei figli e forniscono alcuni strumenti di cui avrete bisogno per seguire i programmi e ottenere buoni risultati. A quel punto potrete passare direttamente al programma che risponde alle vostre esigenze. Ogni programma è elencato nell'indice, con il rispettivo numero di pagina.

Volere il cambiamento, e crederci

Se da tempo combattete con un bambino che non vuol stare nel proprio letto, è schifiltoso nel mangiare o fa le bizze a ogni piè sospinto, potreste avere difficoltà a credere che si possa ottenere un cambiamento in soli tre giorni – ma è possibile, se concentrate l'attenzione sul programma e lo seguite con il massimo impegno. Per prima cosa, bisogna volere il cambiamento e impegnarsi a fondo per realizzarlo. Le mezze misure non funzionano. Se lavorate a tempo pieno, potete cominciare il programma durante il fine settimana, ma il lunedì dovrete prendere un giorno di permesso per completarlo. In alternativa, potete metterlo in atto durante le vacanze. Potrebbe essere necessario annullare impegni sociali, o modificare le abitudini dell'intera famiglia. Dovete veramente avvertire il bisogno, la voglia e l'urgenza di introdurre un cambiamento. Finché non vi sentite così, non applicate i miei programmi – ma se siete pronte a «mettercela tutta», continuate a leggere!

La prossima cosa che vi chiedo è un'autentica convinzione nel fatto che funzionerà. Non limitatevi a leggere ciò che è scritto. Credete nei cambiamenti che potete introdurre per la vostra famiglia. Credete in voi stesse. Guardatevi allo specchio e ditevi: «Posso farcela, voglio farcela e ce la farò». Questi programmi non si basano su speranze e desideri: si fondano sulla fiducia e sulla convinzione.

Il secondo passo è credere in voi stesse e nel vostro partner, o in qualsiasi altra persona vi aiuti regolarmente a prendervi cura del bambino (una nonna o un nonno, una tata o una baby-sitter).

Terzo passo: l'aspetto più importante è che dovete avere fiducia in vostro figlio. State vivendo un brutto momento, dubbi e sfiducia si accumulano, e potreste persino essere arrivate al punto di pensare che la vita d'ora in poi non vi riserverà altro che questo. Cacciate questo pensiero e ribaltatelo. È ora di credere nel vostro bambino. Comincerà a sentire la fiducia che riponete in lui e questo lo incoraggerà a credere nella propria capacità di cambiare. D'altronde spesso infondiamo nel bambino le nostre emozioni e i nostri sentimenti senza nemmeno accorgercene.

Ho bisogno di voi per tre giorni consecutivi. Non uno e poi una pausa, o due e poi un adattamento del programma. Per tre giorni dovrete adottare un approccio assolutamente coerente. Dopodiché dovrete modificare il modo in cui educate e allevate i figli, e il cambiamento durerà tutta la vita. I risultati saranno visibili in tre giorni, ma questo non significa tornare alle vecchie abitudini il quarto. Continuità e coerenza sono inderogabili. Pensate al programma come se vi accingeste a cominciare una dieta. Se perdete peso in tre giorni e il quarto tornate alle vecchie abitudini alimentari, sappiamo tutti come andrà a finire!

Ma l'impresa sarà talmente gratificante per voi, per il bambino e per tutta la famiglia che sono certa penserete ne sia valsa la pena. Pratico questi programmi tutte le settimane con genitori diversi. So che con loro funzionano e, con la giusta disposizione d'animo, sono sicura che funzioneranno anche con voi.

Con entusiasmo e determinazione riuscirete a rivoluzionare la vita familiare.

Avanti... Provateci! Siete arrivati sin qui. Sono certa che ce la farete – e avete persino buone probabilità di divertirvi!

Avvertenze

- Nel presente volume i termini «bambino» e «bambina» e i generi maschile e femminile sono usati in modo intercambiabile; tutti i consigli forniti sono validi per entrambi i sessi. In riferimento al genitore che conduce il programma, il termine «mamma» e il genere femminile sono adoperati con maggiore frequenza, ma tale ruolo può essere svolto altrettanto facilmente dal padre o da qualunque altra persona si prenda regolarmente cura del bambino.
- Gli orari suggeriti per l'organizzazione delle giornate (ora della sveglia, dei pasti, della nanna...) non sono da intendersi in modo rigido, ma vanno adattati al contesto in cui vivete, a partire dal tempo di lavoro dei genitori. Ciò che conta è soprattutto il rispetto degli intervalli tra i diversi momenti.

CAPITOLO UNO

Le basi per un'educazione efficace

Esistono alcune abilità fondamentali nella vita che i bambini devono apprendere nella fascia di età compresa fra sei mesi e sei anni per essere in grado di muoversi sicuri nel mondo della scuola, delle amicizie, degli hobby e degli interessi al di fuori delle pareti domestiche. Mangiare e dormire bene ovviamente sono aspetti fondamentali per la loro salute fisica, ma è altrettanto importante che crescano con la certezza di saper affrontare le difficoltà che la vita presenta loro, e che siano personcine simpatiche e interessanti.

Questo è il motivo per cui il ruolo dei genitori non dovrebbe essere quello di dettare leggi, urlare ordini e attendersi obbedienza immediata. Come vedremo, i miei metodi da «tata su ordinazione» consistono nell'aiutare i bambini a compiere scelte e nel lodarli e premiarli quando fanno la scelta giusta. In caso contrario, li aiuto a fermarsi a riflettere e capire che il loro comportamento avrà delle conseguenze. I metodi variano leggermente in base all'età del bambino, ma i principi rimangono gli stessi.

I bambini crescono bene quando seguono una routine regolare. Ciò semplifica la loro vita, perché sanno che cosa aspettarsi, e consente di introdurre nuove esperienze, una alla volta. Allorché la routine si è instaurata, il bambino saprà che cosa succede in ogni momento della giornata e che cosa ci si aspetta da lui.

Se ci sono variazioni, si possono spiegare in anticipo, dandogli il tempo di abituarsi all'idea.

Senza una routine, è assai probabile che notiate segni di incertezza e persino di panico nei bambini. Per esempio, se un bambino ha fame e non è sicuro del momento in cui consumerà il pasto successivo, può mettersi a piangere e fare i capricci. Se l'ora alla quale un bambino va a letto varia, è probabile che salti il momento in cui è pronto ad addormentarsi naturalmente e passi a una fase di spossatezza e irritabilità. Ciò provocherà frustrazione nel bambino, il che a sua volta influenzerà il vostro umore, favorendo l'emergere di ogni tipo di situazione conflittuale.

Una successione di eventi, una routine, previene l'incertezza e incoraggia la sicurezza di sé e l'indipendenza. Vostro figlio dovrebbe sapere in qualsiasi momento chi si occuperà di lui, che siate voi o una baby-sitter, quando consumerà i pasti e a che ora andrà a dormire. Ben prima di essere in grado di leggere l'orologio da solo, saprà cogliere i segnali (per esempio, saprà che fa un sonnellino nel pomeriggio, subito dopo pranzo, o che il momento di coricarsi arriva dopo il bagnetto e una fiaba).

La routine ha un effetto positivo sulla vostra bambina, e fa bene anche a voi, perché vi permette di programmare il momento in cui rispondere alle e-mail, fare telefonate, preparare i pasti o persino allungare le gambe e riposare cinque minuti! Una routine in cui ogni membro della famiglia abbia il proprio spazio semplificherà tantissimo la vita in comune.

In questo capitolo esamineremo il tipo di routine di cui un bambino ha bisogno per crescere sano e felice, e cominceremo dal bene più prezioso per tutti i genitori: il sonno!

Una buona dormita

Dormire riveste importanza vitale per la crescita sana e lo sviluppo dei bambini. Sin da neonati, devono imparare ad addormentarsi nel proprio letto quando li mettete a dormire, e a riprendere sonno se si svegliano in piena notte, quando è ancora buio.

Al di là di tutto, insegnare a un bambino a sviluppare questa capacità è indispensabile se voi stessi desiderate una notte di sonno ristoratore.

Alcuni genitori cadono nella trappola di portare i neonati e i bimbi piccoli nel proprio letto, perché è più agevole tranquillizzarli durante la notte. È bene sapere che, così facendo, create un precedente. Se vostra figlia impara che quando si sveglia durante la notte può venire nel lettone della mamma, comincerà a svegliarsi spontaneamente, sempre più spesso, in piena notte. A un certo punto dovrà imparare a dormire da sola nel proprio letto, ed è molto più facile insegnarglielo a sei mesi che a sei anni!

Esistono alcune eccezioni alla regola. Quando il bambino è malato, potreste volerlo avere accanto durante la notte. Potrebbe essere necessario condividere il letto durante le vacanze, o quando fate visita ad amici o parenti. In tal caso, è bene spiegare al bambino che si tratta di una situazione eccezionale, e che si tornerà alla normalità una volta che sarà guarito o quando tornerete a casa (supponendo che sia abbastanza grande per capire).

La tabella della pagina seguente fornisce indicazioni di massima sul numero di ore che un bambino dovrebbe dormire, ma ogni bimbo è diverso da un altro, quindi lasciatevi guidare da vostro figlio per capire quante sono le ore di sonno di cui ha bisogno. Gli adulti hanno esigenze diverse riguardo al sonno, e lo stesso vale per i bambini.

Se vostro figlio non dorme abbastanza, ve ne renderete conto rapidamente, perché la stanchezza lo renderà piagnucoloso, irascibile e irragionevole. Se invece sembra cavarsela perfettamente dormendo meno ore di quelle indicate, va benissimo così.

età del bambino	ore di sonno diurno	ore di sonno notturno	totale
6-12 mesi	circa 2 ore	11-12 ore	13-14 ore
1-3 anni	1-2 ore	10-12 ore	11-14 ore
3-6 anni		10-12 ore	10-12 ore

Il ciclo sonno-veglia

Mediamente ci svegliamo sei volte a notte, tutti, sia gli adulti sia i bambini. Per questo motivo è indispensabile insegnare ai bambini a riprendere sonno il più in fretta possibile. Altrimenti potremmo ritrovarci a dover balzare giù dal letto ogni volta per farli riaddormentare.

In generale, il ciclo sonno-veglia segue lo schema seguente.

- Il passaggio dalla veglia al sonno dovrebbe richiedere dieci-quindici minuti.
- Durante i primi dieci minuti il sonno è leggero.
- Nei successivi venti minuti la temperatura corporea si abbassa e il battito cardiaco comincia a rallentare – questo è lo stadio di sonno medio.
- Poi si entra in cicli di sonno di una durata compresa fra settanta e novanta minuti, nei quali si alternano una fase di sonno profondo e una fase REM (Rapid Eye Movements, movimenti oculari rapidi).

La fase REM è uno stadio di sonno più leggero, durante il quale è più probabile che si facciano sogni, e alcune persone parlano o deambulano. Gli episodi REM si allungano con l'avanzare della notte, e nei bambini di età compresa fra sei mesi e sei anni il trenta per cento del sonno avviene nella fase REM.

Quando i bimbi sono piccoli, diamo loro il latte a intervalli regolari nel corso della notte, poniamo alle 22.30, all'1 e alle 3, perché sono gli orari in cui il loro sonno è più leggero ed è più facile che si sveglino per la fame.

All'inizio della notte, le fasi di sonno profondo sono più lunghe e le fasi REM più brevi, ma con l'avvicinarsi del mattino si passa più tempo nello stadio di sonno leggero. Una situazione particolarmente impegnativa in molte famiglie può presentarsi intorno alle cinque del mattino, quando i bambini si svegliano durante una fase REM, ma sono ancora stanchi e hanno ancora bisogno di dormire (come voi, del resto). Bisogna aiutarli a riprendere sonno, in modo che dormano un altro paio d'ore.

Ecco un piccolo trucco del mestiere. Se vostra figlia si sveglia alle cinque del mattino e vede la luce del giorno filtrare dalle tende, penserà che sia ora di alzarsi, invece di rilassarsi e tornare a dormire. Una stanza buia, con tende che assicurino l'oscurità totale, può fare tutta la differenza. Ho insegnato a tantissimi genitori ad aiutare i loro figli a dormire tutta la notte, e un oggetto che porto sempre con me è un rotolo di foglio di alluminio. Sì, un foglio di alluminio. Se si spruzza acqua sulla finestra e si pigia il foglio sul vetro, l'alluminio rimane appiccicato, rendendo buia la stanza. Se fate una gita durante il fine settimana o andate in vacanza, vi consiglio di portarne un rotolo con voi, in modo da poter creare all'istante un ambiente totalmente buio, ovunque vi troviate.

Sono anche convinta della grande utilità e comodità della sacca da nanna per i bimbi più piccoli (sotto i due anni). È una specie di sacco a pelo, il che significa che non servono lenzuola o coperte nella culla, ed è disponibile in vari spessori, a seconda della stagione. Le gambe e il corpo sono infilati nella sacca, mentre le braccia escono da apposite aperture; d'inverno bisognerà quindi usare una sacca con le maniche lunghe, onde evitare che i piccoli prendano freddo alle braccia. Il vantaggio delle sacche da nanna è che i bambini non possono scoprirsi agitandosi durante la notte, ed evitano così di prendere freddo. Inoltre, infondono una deliziosa sensazione di calore e sicurezza.

È fondamentale aiutare i bambini a sviluppare la capacità di rilassarsi e riprendere sonno, per la loro salute, ma anche per la vostra sanità mentale! Un sonno disturbato da piccoli può rendere più predisposti all'insonnia durante l'età adulta: un altro buon motivo per affrontare la questione per tempo.

Il rituale della sera

Penso alla fine della giornata come a una «corsa a ostacoli». Bisogna mettere la cena in tavola intorno alle 18.30 e attendere che almeno la metà sia stata consumata; poi seguono un momento di svago, il bagnetto, la fiaba e il letto, intorno alle 20.30. Se riuscite a tranquillizzare il bambino per la notte, avrete le prossime dieci-dodici ore tutte per voi, quindi merita instaurare una routine che funzioni. Se non tornate a casa dal lavoro in tempo, chiedete a chiunque si prenda cura di vostro figlio di seguire la routine finché non rientrate e prendete il suo posto.

È importante che questo momento della giornata non sia affrettato o precipitoso, e il segreto sta nel mettere la cena in tavola alle 18.30. Se è più vicina alle 19.30, non c'è verso di riuscire a mettere a letto il bambino alle 20.30 senza fretta. Quando ci sentiamo dire di sbrigarci e di affrettarci, proviamo stress e a volte ci facciamo prendere dal panico, e questa non è la condizione in cui vogliamo mandare a letto un bambino. L'ora che precede il momento di coricarsi non dovrebbe essere «un'ora di punta».

La soluzione sta nel pensare anzitempo. Durante la mattinata decidete che cosa cucinare a cena per i bambini. Come vedremo più avanti nel corso del capitolo, il traguardo cui aspirare è che vostra figlia mangi le stesse cose del resto della famiglia, perciò potrebbe essere una buona idea conservare una porzione di ciò che avete mangiato la sera prima e dargliela per cena. È un grande risparmio di tempo per voi e, una volta che si abituerà a provare una varietà di sapori diversi, la bambina apprezzerà l'idea di mangiare le stesse cose che mangiate voi.

Ecco una routine ideale per la fase che precede il momento di andare a dormire:

18	Cominciare a preparare la cena
18.30	La cena è servita
19	Tempo per riordinare per genitore/baby-sitter e momento di svago per il bambino
19.30	Ora del bagnetto (che siano sporchi o no, è un buon metodo per rilassare e calmare i piccoli)
20	Latte e fiabe (magari il fratello più grande beve il latte di fronte alla televisione, mentre voi lo date alla sorellina)
20.15	In bagno a lavarsi i denti e fare la pipì
20.30-20.45	Fiabe per i bambini più grandi, poi si spegne la luce

Dopo la buonanotte e le ultime coccole, dovreste lasciare che il bambino si rilassi e si addormenti da solo nei dieci-quindici minuti successivi.

Attenetevi alla routine il più fedelmente possibile, anche durante le vacanze, e scoprirete che il bambino la accetta come un fatto naturale e raramente oppone resistenza. (Ma fate in modo di ridurre al minimo le distrazioni e accertatevi che non possa sentire altri bambini più grandi giocare al piano di sotto.)

Se vostro figlio manifesta problemi legati a qualsiasi aspetto del sonno, per esempio ad addormentarsi quando va a letto, oppure si sveglia di frequente durante la notte o troppo presto al mattino, potrebbe essere il momento giusto per provare il mio programma di tre giorni per il sonno (vedi pp. 67-71 per un'introduzione generale all'argomento). Potrebbe fare un'enorme differenza per la salute e la felicità del bambino, e anche per la vostra.

Passiamo ora al prossimo importante caposaldo per lo sviluppo di un bambino: mangiare bene.

Una sana alimentazione

Non ho mai incontrato una persona che sia contenta di mangiare qualunque cosa capiti. Abbiamo tutti cose che ci piacciono e non ci piacciono, per il loro sapore o per la loro consistenza, e degli orari preferiti per i pasti. Per esempio, alcune persone amano consumare il pasto principale a mezzogiorno, altre saltano la colazione, altre ancora mangiano poco e di frequente durante l'intera giornata.

Da adulti tendiamo a pensare a ciò che mangiamo soltanto se dobbiamo farlo per motivi di salute, o perché le vacanze estive si avvicinano e vogliamo perdere qualche chilo prima di indossare il costume da bagno. Ma quando il vostro pargoletto raggiungerà lo stadio dello «svezzamento», intorno ai sei mesi, l'importanza delle verdure e della frutta, delle proteine e dei carboidrati sarà al centro dei vostri pensieri, e comincerete a vedere «un'alimentazione equilibrata» in una luce del tutto nuova.

Potreste considerare allarmante il fatto che il piccolo decida che non gli piace un particolare sapore o tipo di cibo, ma ricordate che anche gli adulti hanno le loro preferenze. Nondimeno, è importante che i bambini imparino in una fase precoce che non tutti i piatti corrisponderanno al loro «preferito». Devono capire che il corpo ha bisogno di un'alimentazione varia ed equilibrata, quindi non potranno avere, per esempio, salsiccia a colazione, pranzo e cena.

In passato si potevano sentire i genitori affermare: «Mangia la verdura, ti fa diventare grande e forte», «Le carote ti faranno vedere meglio», «Bevi il latte, ti fa bene alle ossa». Ricordo che guardavo Braccio di Ferro e capivo l'importanza di quella lattina di spinaci, perché quando mangiava la verdura i suoi muscoli crescevano!

Ora ci confrontiamo con una quantità enorme di cibi pronti e alimenti precotti, in confezioni studiate apposta per allettare i bambini. La pubblicità televisiva attrae i bambini verso prodotti pieni di conservanti e coloranti artificiali, ad alto contenuto di sale e di zucchero. Gli «spinaci» non sono più promossi tra i bambini come una volta!

Con una tale varietà di alimenti a disposizione, i bambini potrebbero cercare di imporre ciò che vogliono mangiare e di mettere in discussione i piatti che preparate per loro. Un bimbo di sei mesi potrebbe sputare la pappa o rifiutarsi di aprire la bocca davanti al cucchiaio. A sei anni potrebbe mettere il broncio e protestare rumorosamente. Da un lato, per guardare la situazione in una luce positiva, è magnifico avere un bambino che mette in discussione i fatti della vita. È facendo domande che si imparano le cose. I bambini usano spesso il momento dei pasti per dimostrare di avere un certo controllo sulla propria vita: possono scegliere che cosa vogliono mangiare oppure no. L'importante è:

Mantenere la calma e accettare la loro decisione... per oggi!

Col tempo, se seguirete il mio programma per l'alimentazione, sarete in grado di persuadere il bambino ad assaggiare cose che è convinto non gli piacciano, ma in prima battuta è importante lasciare che prenda le proprie decisioni e confidare nel fatto che, con la guida appropriata, alla fine prenderà quella migliore per la propria crescita e il proprio sviluppo.

Ho sette principi fondamentali per quanto riguarda l'alimentazione dei bambini, e li inserisco qui, perché vi suggerisco di seguirli anche se vostro figlio non fa «questioni» sul cibo. Getterete le fondamenta perché cresca mantenendo un buon rapporto con il cibo, che conserverà anche nell'età adulta.

- Dare il buon esempio.
- Servire porzioni realistiche.
- Spiegare che cosa si mangia e perché.
- Coinvolgere il bambino nella preparazione del pasto.
- Conversare durante i pasti.
- Introdurre nuovi alimenti ogni settimana.
- Offrire spuntini a base di alimenti naturali.

Consentitemi di spiegare che cosa intendo per ciascuno di questi principi.

Dare il buon esempio

Le persone più importanti nella vita di un bambino sono i genitori. Siete il loro modello di comportamento, imparano imitandovi. Ciò significa che, all'ora dei pasti, dovete dare il buon esempio. Perché una bambina dovrebbe mangiare qualcosa con entusiasmo, se non la mangiate insieme a lei? Quando ha circa un anno, vi consiglio di cominciare a servirvi una piccola porzione del cibo che avete preparato per lei e farvi vedere mentre la mangiate. I bimbi piccoli vogliono assomigliare alla mamma o al papà, e sono più propensi ad assaggiare qualcosa se vedono che la mangiate anche voi. Certo non mi aspetto che vi ingozziate di omogeneizzati durante lo svezzamento, però potete sgranocchiare grissini o bastoncini di carota insieme alla piccola.

Col tempo, dovrete cercare di far sì che il bambino mangi i piatti che piacciono a voi e al vostro partner, o a chiunque altro viva in famiglia. Discutete tutti insieme le varie possibilità e provate a stilare un elenco di pietanze, diciamo per le prossime due settimane, che voi stesse, le altre persone in casa e il bambino avreste piacere di mangiare.

La tavola è l'anima della famiglia, il luogo attorno al quale ci si raccoglie. È qui che si discutono le questioni familiari, si scambiano idee e si parla dei problemi quotidiani.

Mangiare tutti insieme influenza favorevolmente l'atteggiamento della bambina nei confronti del cibo. Se fate osservazioni positive – per esempio «Adoro le carote, sono dolci e croccanti» o «Questa carne di vitello è ricca di proteine e fa irrobustire i muscoli» – la aiuterete a imparare che cosa le fa bene. Anche se è troppo piccola per comprendere le vostre parole, noterà l'approccio positivo verso il cibo e questo la renderà più fiduciosa nell'assaggiare sapori diversi.

Quando la famiglia si riunisce a tavola, incoraggio sempre i presenti a ringraziare la persona che ha cucinato il pranzo e, dopo, a riporre le posate e a chiedere il permesso di alzarsi. Si può cominciare a lavorare in tal senso sin da quando il bambino ha compiuto il primo anno d'età. Prima di sollevarlo dal seggiolone, pulitegli le mani e il viso, poi guardatelo negli occhi e dite: «Grazie, mamma, per il pranzo. Posso alzarmi, per favore?» Se il bambino sente queste frasi tre volte al giorno, dopo ogni pasto, diventerà un'abitudine e, quando comincerà a parlare, imiterà ciò che gli avete insegnato. La prima volta che il bambino dirà spontaneamente «grazie» per il pranzo sarà un momento meraviglioso.

Man mano che il bimbo cresce, mangiare diventa un'attività sempre più collettiva. Già a tre anni un bambino può essere invitato a giocare a casa di amici, può consumare i pasti alla scuola materna e l'intera famiglia può essere invitata a pranzo al ristorante o a casa di parenti. Ogni genitore vuole essere certo che il proprio figlio mangerà almeno parte del pranzo offerto in un luogo diverso dal solito. Se a casa proponete una grande varietà di pietanze, il bambino riconoscerà sempre qualcosa che gli piace mangiare anche quando è altrove.

Servire porzioni realistiche

Pensate a quanto sia imbarazzante vedersi servire un piatto che potrebbe facilmente sfamare due persone. Ci si scoraggia, e si perde l'appetito. È esattamente il modo in cui si sente un bambino quando gli si presenta un pasto troppo abbondante. Per questo motivo consiglio sempre di servire ai bambini una piccola porzione, giusto qualche cucchiaiata, e lasciare che siano loro a chiederne ancora.

Pensate alla dimensione del palmo della mano di vostra figlia, e immaginate di coprire quella superficie con una porzione di proteine, carboidrati e verdure. Per esempio, il palmo di una bambina di dodici mesi può contenere grossomodo un quarto di un piccolo petto di pollo, un paio di patatine novelle, una cimetta di broccolo e due bastoncini di carota.

La tabella seguente fornisce indicazioni di massima sulla porzione delle singole pietanze, per esempio verdure saltate in padella, polpette o pasta.

6-12 mesi	1-2 cucchiai
12-18 mesi	2 cucchiai
18 mesi-3 anni	3 cucchiai
3-6 anni	4 cucchiai

Non pensate di dovervi attenere rigorosamente a queste indicazioni, però. Sarà la bambina a farvi capire di quanto cibo ha bisogno.

I bambini provano un'enorme soddisfazione quando finiscono tutto il cibo che hanno nel piatto, e la cosa non deve passare inosservata. Lodate il bambino per aver svuotato il piatto e chiedetegli se ne vuole ancora, per «diventare grande e forte». Creerete così associazioni positive con il cibo che conserverà per tutta la vita.

Sostengo inoltre il principio che la porzione di dessert deve essere proporzionale alla quantità di cibo consumato nel pasto principale. In altre parole, una porzione modesta di pietanza corrisponde a una piccola porzione di dolce. Se la bambina non ha toccato il piatto principale, offrirei per dessert soltanto frutta.

Non morirà di fame se salta un pasto. Anzi, è probabile che ciò la renda più entusiasta riguardo al pasto successivo. Potete darle uno spuntino, ma fate in modo che non sia troppo abbondante. Non è un sostituto del pasto, soltanto un piccolo apporto energetico. Sarà così più propensa a mangiare quel che le darete per il pasto successivo.

Spiegare che cosa si mangia e perché

Tutti i bambini raggiungono un'età alla quale «cosa» e «perché» sembrano essere le parole preferite. È importante insegnare ai bambini perché mangiano determinati alimenti sin dall'età di due anni, quindi le domande vanno incoraggiate. Rispondete in termini che possano comprendere facilmente.

«Mangiamo la verdura perché fa bene alla salute e combatte i germi che ci fanno venire la tosse e il raffreddore».

«Mangiamo il pesce e la carne perché contengono proteine che irrobustiscono i muscoli».

«Mangiamo la pasta, il pane e il riso perché ci danno l'energia per giocare, saltare e correre veloce».

Fate però attenzione a non qualificare il cibo come «buono» e «cattivo», o come «ricompensa» e «punizione». Dicendo: «Se mangi i broccoli poi ti do il gelato», trasmettete il messaggio che alcuni alimenti sono più «desiderabili» di altri, e potete scommettere che quelli saranno i cibi verso cui il bambino si orienterà in futuro. Ed evitate di classificare i cibi come «prelibatezze», a meno che non vogliate che il bambino vi assilli per averle!

Coinvolgere il bambino nella preparazione del pasto

Incoraggio i genitori a coinvolgere i figli nella preparazione del pasto non appena hanno l'età per farlo. I bambini adorano assumere delle responsabilità e sentirsi necessari.

Quando comincio uno dei miei programmi con un bambino che segue un regime alimentare limitato, la prima cosa che propongo è andare a fare la spesa e cucinare insieme.

Nella frenesia del mondo moderno, è grandioso avere la possibilità di farsi consegnare la spesa a casa. Sono totalmente favorevole. Tuttavia, se avete occasione di recarvi al supermercato, o meglio ancora al mercato, vostro figlio avrà una fantastica opportunità di imparare a conoscere i prodotti alimentari e anche di compiere le proprie scelte.

«Compriamo i petti di pollo per fare le cotolette, oppure la carne tritata e facciamo le lasagne?»

«Che cosa pensi che vorrà mangiare il papà a cena? Andiamo a cercare del pesce?»

Coinvolgendo il bambino nella scelta del cibo da cucinare a casa, gli concedete un minimo di controllo su ciò che mangia.

Per aiutarlo a scoprire cibi diversi, vi consiglio di svuotare le borse e sistemare insieme la spesa. Se la frutta e la verdura sono avvolte in una confezione, scartatele e annusatele, parlatene, lavatele e assaggiatele. Morsicate una mela, rosicchiate una carota o sgranocchiate della frutta secca.

Al momento di cucinare, ci sono un sacco di compiti che i bambini possono aiutarvi a svolgere: miscelare e mescolare, spezzettare le foglie dell'insalata, e magari impanare il pesce. Quando sono abbastanza grandi da maneggiare un coltello, possono tagliare la frutta e la verdura più morbida, come le banane o i funghi. Tutti questi compiti contribuiranno a migliorare la conoscenza del cibo da parte dei bambini. È importante che sappiano che cosa mangiano, e il miglior modo per imparare è partire dagli ingredienti di base.

Il bambino si sente responsabile del piatto che ha preparato ed è orgoglioso quando tutta la famiglia si siede a tavola e mangia il cibo che ha cucinato. Lodatelo per le sue imprese culinarie e ringraziatelo per l'aiuto. Chi lo sa? Potrebbe finire per diventare il cuoco di famiglia!

Raccomando anche di lasciare che il bambino si serva da solo la porzione, quando è abbastanza grande per farlo. Ciò vi aiuta a capire quanta fame ha, e potreste avere una piacevole sorpresa. Ricordo di aver organizzato un pranzo a buffet in una famiglia in cui il figlio di cinque anni sbalordì la madre – e me! – riempiendosi il piatto di broccoli.

Se lasciate che la bambina si serva da sola, fate in modo che prenda un po' di tutto, anche solo un bastoncino di carota o mezza dozzina di piselli. Deve abituarsi a vedere certi alimenti nel proprio piatto, in modo che diventino familiari; alla fine li assaggerà.

Ho scoperto che mettendo in tavola un paio di ciotoline con il ketchup, la maionese o qualche altra salsa si possono invogliare i bambini ad assaggiare qualcosa che non conoscono, perché possono intingerlo nel loro condimento abituale. Mai lasciare che aggiungano sale al cibo, però. Non dovrebbero consumare sale, perché i loro reni non sono ancora in grado di filtrarlo. E non arrivate al punto di servire il ketchup con ogni piatto, perché è ricco di zucchero. Tenetelo per le occasioni in cui la bambina assaggia qualcosa di nuovo.

Conversare durante i pasti

Quando siedo in un bar o al ristorante all'ora di pranzo, mi guardo attorno e osservo le persone che pranzano da sole. Di solito si intrattengono in qualche modo, magari hanno il telefono in equilibrio tra l'orecchio e la spalla mentre mangiano, oppure leggono un libro o il giornale, scrivono sms o controllano le e-mail. Quel che cerco di dire è che aspettarsi che un bambino sieda da solo a tavola e si limiti a consumare il proprio pasto è una pretesa esagerata. Se non riusciamo a farlo noi adulti, perché dovrebbe riuscirci un bambino?

Tuttavia, non vi sto consigliando di introdurre la tecnologia a tavola, tanto meno la televisione. Per noi non è un problema mangiare guardando lo schermo, ma per una bambina è troppo. Farà una cosa o l'altra. Nella mia esperienza, quando la televisione è accesa, la bocca di un bambino tende a rimanere serrata. La cena così si raffredda e rimane intatta. L'ora del pasto è un momento di socializzazione e dovreste essere voi a intrattenere il bambino. Sedete insieme e chiacchierate mentre mangiate, non ci sarà alcun bisogno di accendere la televisione. Quando raggiungerà l'adolescenza, anche lui scriverà messaggi, controllerà le e-mail e avrà una vita indaffarata, ma per il momento lasciatelo semplicemente mangiare e comunicare con le persone più importanti nella sua vita: i membri della famiglia.

Nessuno ama sentirsi osservato mentre mangia, quindi non commentate per filo e per segno ogni cosa che vostra figlia mette in bocca. Limitatevi a disporre il cibo in tavola e cominciate a mangiare. Avviate una conversazione che non riguardi il cibo e datele tempo. Potrebbe metterci un po' ad assaggiare il primo boccone. Quando comincia a mangiare, non richiamate l'attenzione sul fatto, perché potreste indurla a prendersela comoda. Continuate a conversare, senza prestare attenzione a ciò che state facendo: pranzare.

Terminato il pasto, anche se ha mangiato soltanto pochi bocconi, lodatela. È rimasta seduta a tavola, ha conversato con voi ed è riuscita a mandar giù qualcosa. È un piccolo passo verso la meta del pasto completo.

Introdurre nuovi alimenti ogni settimana

È bene abituare i bambini a provare nuovi sapori, ma bisogna scegliere il momento adatto. Può sembrare ovvio, ma è inutile proporre un nuovo alimento se il bambino non ha appetito. Aspettate che mostri i segni della fame, come stanchezza e irritabilità, irragionevolezza, richiesta continua di stuzzichini, o addirittura incidenti fisici, come inciampare o sbattere contro degli oggetti. Tuttavia non aspettate finché sia talmente stanco e irritabile a tavola da rifiutare automaticamente il nuovo cibo che gli mettete di fronte. Bisogna scegliere con cura il momento giusto.

È possibile che la bambina non assaggi il nuovo cibo la prima volta che glielo proponete, ma intanto lo riconoscerà e prima o poi lo assaggerà. Prendete nota di quando il nuovo alimento è stato introdotto e riproponetelo dopo una settimana.

Se possibile, cercate di coinvolgere il bambino nella preparazione del nuovo cibo e fate in modo di sedervi con lui e mangiarlo insieme. È utile se nel suo piatto ci sono anche altri alimenti che riconosce e che gli piacciono. Per esempio, se sapete che gli piace il riso e state cercando di introdurre il pollo, teneteli separati nel piatto e preparatevi al fatto che magari mangerà soltanto il riso. In tal modo almeno una parte del pasto la mangerà comunque.

Se la bambina rifiuta completamente il cibo, non preoccupatevi. Lasciatelo in tavola e proponete uno yogurt o della frutta, ma non in quantità abbondante. Non deve sostituire il pasto. Una volta che abbia mangiato il suo piccolo dessert, potrebbe tornare al piatto principale. È una cosa che ho visto fare a tanti bambini tra i due e i quattro anni.

La maggior parte dei genitori teme che la fame svegli i bambini nel cuore della notte, ma non mi risulta che in realtà ciò accada. È probabile che il mattino dopo si sveglino rapidamente e abbiano voglia di fare colazione. È soltanto l'inizio di un nuovo giorno, e a quel punto servite un altro pasto con il quale vostro figlio abbia familiarità.

Infine, vi consiglio di provare un alimento o un pasto nuovo soltanto una volta la settimana. Non tempestate il bambino di nuovi cibi. Deve vedere anche alimenti che conosce. Pertanto, se provate una nuova pietanza il lunedì, fate in modo di proporre qualcosa di familiare il resto della settimana.

Incoraggiate il bambino ad assaggiare il cibo, ma senza sforzarlo.

«Prova a metterne un pochino in bocca, vuoi?»

«Sono sicura che non vedi l'ora di sapere che gusto ha».

«Lascio fare a te, vediamo se mi fai una sorpresa!»

Accettate la possibilità che rifiuti di mangiare il cibo, o anche solo di assaggiarlo, ma lodatelo per essersi servito da solo e ditegli che cucinerete di nuovo quella pietanza la prossima settimana. Magari nel frattempo gli verrà voglia di mangiarne un pochino.

Offrire spuntini a base di alimenti naturali

Alcune persone sono assolutamente contrarie agli spuntini tra un pasto e l'altro, ma io la penso come loro! In realtà, non riuscirei a sopravvivere senza la mia tazza di tè Earl Grey e un biscotto a metà pomeriggio. Ogni famiglia che ho aiutato lo sa. E se io mi concedo uno spuntino pomeridiano, sarebbe disonesto da parte mia negarlo a un bambino del quale mi prendo cura.

I bambini in genere hanno bisogno di rifocillarsi quando tornano a casa da scuola, e i più piccoli, quando si svegliano dopo il sonnellino pomeridiano, di solito hanno bisogno di una bevanda e di un frutto per tornare nel mondo dei vivi! Vi suggerisco di destinare una mensola della dispensa a spuntini a base di alimenti naturali, per esempio cracker appetitosi, noci e altra frutta secca, biscotti ai cereali fatti in casa. Si possono anche proporre verdure crude e salsine, o frutta fresca. Attenzione: leggete gli ingredienti sull'etichetta degli «spuntini naturali» acquistati in negozio, perché alcuni contengono tantissimo zucchero (le barrette di frutta e cereali, per esempio), mentre altri potrebbero essere pieni di codici misteriosi che cominciano con la E (si tratta di coloranti).

Non sto dicendo che gli spuntini debbano sempre e solo essere di tipo naturale. La maggior parte dei bambini ama le torte e i biscotti, e potete darglieli se per il resto seguono una dieta sana ed equilibrata.

Penso sia una buona idea stabilire orari precisi per gli spuntini, in modo che la bambina sappia quando mangerà qualcosa. Se non siete chiare al riguardo, potrebbe chiedervi in continuazione: «Posso fare uno spuntino? Posso fare uno spuntino?»

L'ora ideale per lo spuntino è a metà mattina (11.30-12) e a metà pomeriggio (16-16.30). Se il bambino non sa ancora leggere l'orologio, pensate a un evento al quale associarlo. Se gli dite che cosa mangerà a merenda, è meno probabile che si lamenti quando gliela date.

«Dopo la passeggiata al parco, ci sediamo su una panchina e facciamo uno spuntino con una barretta alla frutta».

«Andiamo a giocare in giardino, poi leggiamo due favole, e dopo mangiamo i cracker per merenda».

«Ti porto dei biscotti ai cereali per merenda, quando vengo a prenderti a scuola».

Vi consiglio di lasciar passare un'ora e mezzo tra lo spuntino e il pasto successivo. Fate in modo che la merenda non sia troppo abbondante. Spiegate al bambino che è soltanto un piccolo «rifornimento di energia», non un pasto vero e proprio.

Seguendo questi principi di base a partire da quando la bambina ha sei mesi, instaurerete buone abitudini alimentari, che renderanno molto più semplice la vita per tutta la famiglia. Tuttavia, se la bambina è eccessivamente schizzinosa, o l'ora dei pasti assomiglia spesso a una battaglia, seguite il programma di tre giorni appropriato per l'età della bambina (pp. 109-129 da sei a diciotto mesi, pp. 165-183 da diciotto mesi a tre anni, pp. 238-256 da tre a sei anni). Ho provato questi programmi su bambini con ogni genere di problema alimentare e non mi hanno mai tradita!

Un comportamento appropriato

È snervante chiedere a un bambino di non fare qualcosa e capire come bisogna reagire se non ascolta – o quando ascolta e decide di non obbedire. Ho lavorato con molte mamme che svolgono professioni impegnative e magari hanno parecchi dipendenti, e spesso mi dicono: «Sono in grado di garantire la disciplina ed essere severa sul lavoro, ma con mio figlio è tutta un'altra cosa».

Ho anche conosciuto molti padri che vogliono semplicemente essere il «papà divertente del fine settimana». Dicono di sentirsi in colpa perché lavorano fino a tardi tutte le sere e l'ultima cosa che vogliono è assumere il ruolo del cattivo durante il fine settimana.

«Disciplina» è una parola terribilmente severa. Fa venire in mente la voce dell'autorità che sbraita spaventosamente per «farci obbedire agli ordini». Mi piace pensare che quei tempi siano passati. Invece di adoperare la parola «disciplina», vi consiglio di pensare all'idea di «insegnare al bambino a prendere la decisione giusta».

Nella vita, una volta capaci di distinguere il giusto dallo sbagliato, si può condurre un'esistenza felice e appagante. Questo è ciò che insegnate a fare a vostro figlio, e sono fermamente convinta che le lezioni debbano cominciare presto, ancora prima che il bambino impari a parlare. In genere i bambini dovrebbero essere pronti intorno ai quattordici mesi. A questo punto si muovono autonomamente, gattonano o camminano per la casa, e cominciano a interessarsi a cose che magari non volete che tocchino, come i pulsanti della lavatrice, il telecomando della televisione – e un oggetto particolarmente ambito per le loro manine: lo spazzolone del gabinetto! Questo è il momento in cui bisogna cominciare a stabilire dei limiti e aiutare il bambino a riconoscerli.

Stabilire i limiti

Nella vita adulta siamo circondati da norme e regolamenti. Conosciamo i nostri limiti, e un bambino deve imparare a conoscere i propri. In una fase precoce, e di sicuro quando il bambino ha imparato a gattonare, vi suggerisco di stabilire insieme al vostro partner, o a qualunque altra persona si prenda regolarmente cura del bambino, una serie di regole e di limiti. Se volete, potete anche scriverli.

È assolutamente indispensabile mostrarsi uniti e dire le stesse identiche cose, in modo che il bambino non sia confuso perché la mamma pone certi limiti e il papà ne stabilisce altri. È una discussione che porta spesso a parlare della propria infanzia e del modo in cui si è stati allevati. Ci saranno elementi della vostra educazione che vorrete imitare e altri che magari preferirete escludere, e il vostro partner si sentirà allo stesso modo riguardo alla propria educazione. Potreste dover scendere a compromessi per giungere all'insieme di regole desiderate per vostro figlio.

Tra gli aspetti che potreste prendere in considerazione figurano i seguenti:

- Mangiate di frequente tutti insieme in famiglia?
- Il bambino deve restare seduto a tavola finché tutti hanno finito di mangiare?
- Intendete permettere alla bambina di girare per casa mangiando e bevendo?
- Consentirete al bambino di aprire armadi e cassetti in giro per la casa?
- Si può fare uno spuntino in macchina? Se sì, che cosa si può mangiare?
- Considerate importante che la bambina dica sempre «per favore» e «grazie»?
- Con quale frequenza vengono riordinati i giocattoli? Intendete incoraggiare il bambino ad aiutarvi?
- Volete insegnare alla bambina a chiedere «scusa» quando combina una marachella?
- Il bambino può saltare sul letto?

- Siete favorevoli a invogliare la bambina a condividere i propri giocattoli?
- Spuntini e dolciumi: con quale frequenza?
- Quante fiabe intendete leggere al bambino prima della buonanotte?
- Dorme con la luce accesa o spenta?

Le regole devono essere semplici e voi dovete essere concordi, motivo per cui questa discussione è molto importante. Tuttavia i bambini crescono e scoprono continuamente cose nuove, sicché di tanto in tanto dovrete stabilire nuovi limiti e comunicarli al vostro partner.

Ho lavorato con una famiglia in cui la figlia di due anni era affascinata dalla dispensa della cucina e insisteva per «aiutare a cucinare» ogni volta che la madre era ai fornelli. La madre voleva soltanto concludere rapidamente l'operazione e non aveva tempo per farsi aiutare dalla figlia tutte le volte che preparava un pasto. Abbiamo risolto il problema svuotando un mobiletto e riempiendolo con la frutta e la verdura di plastica e il servizio da tè della bimba, in modo che potesse giocarci mentre la mamma cucinava. Fu un successone e fece contente madre e figlia. Tuttavia, arrivati al fine settimana, la madre rimase a letto un po' più a lungo e la bimba andò in cucina con il papà, il quale, non essendo al corrente della nuova sistemazione, ogni volta che la bimba tentava di aprire il mobiletto glielo impediva. Ciò suscitò lacrime e frustrazione, finché la madre non si alzò e spiegò come stavano le cose.

Suggerisco alle famiglie di prendere nota delle nuove strategie, nel caso in cui il genitore più presente in casa dimentichi di riferirle.

Tenere un taccuino in un posto prestabilito rafforza la regola che intendete applicare e garantisce che entrambi i genitori siano a conoscenza del cambiamento. Riporto qui di seguito alcuni esempi.

data	fatto	soluzione adottata
05/05	Gioele continua a cercare di salire sulle sedie della cucina.	Gli sto insegnando a sedersi soltanto sulla sua seggiola rossa. Allontanalo dalle sedie grandi e fallo sedere sulla sua, lodandolo.
06/05	Ma perché gli piace così tanto lo spazzolone del gabinetto?	Lo spazzolone adesso è sopra la vaschetta. È orribile, lo so, ma almeno impedisce a nostro figlio di bere la candeggina dalla base!
07/05	Gioele vuole indossare sempre e solo le scarpe marroni.	Se vuoi che ne indossi un altro paio, digli che quelle marroni sono in lavanderia e torneranno dopo «una notte di sonno» (cioè domani).

I bambini afferrano molto in fretta che, se chiedono un biscotto alla mamma e lei dice «no», può essere una buona idea andare a chiedere al papà, perché lui tende a dire «sì». Se vostro figlio ha l'impressione che non siate uniti, può mettervi l'uno contro l'altra. Per questo motivo è essenziale fargli capire che prendete le decisioni insieme: «Hai chiesto alla mamma? Se dice che va bene, puoi avere un biscotto, altrimenti no». Fate in modo che sappia che siete una squadra unita.

Sostenete sempre il vostro partner in qualsiasi decisione abbia preso. Magari non siete d'accordo sul momento, ma potrete discuterne più tardi e trovare un'alternativa. Se screditate il vostro partner, insegnate al bambino a non avere rispetto di lui.

Piccole cose per noi significano tantissimo per un bambino. La continuità riveste importanza fondamentale per evitare che cresca confuso da messaggi contraddittori.

Adottare un tono di voce deciso

Prima che imparasse a gattonare, probabilmente avete sempre parlato alla bambina in modo molto dolce. La vostra voce rispecchiava il suo modo di essere. La vedevate minuscola e vulnerabile, così vi muovevate con cautela. Ma quando questo esserino diventa più robusto, è il momento di usare un tono di voce più deciso. Con questo non intendo un urlo. Urlare è stancante ed esaurisce chiunque. Alzando la voce, comunicate alla bambina che avete perso il controllo ed è assolutamente controproducente.

Un tono di voce deciso di solito è un po' più profondo di quello normale e quando lo usate è perché impartite un'istruzione.

Vi consiglio di fare pratica davanti allo specchio. È un esercizio interessante e dovreste continuare finché non pensate veramente: «Sì, darei retta a quella persona nello specchio. Fa sul serio!» Provate le frasi seguenti:

«Bene, adesso basta. Troviamo qualcos'altro da fare».

«Lascialo stare, per favore. Ora, dove sono i tuoi libri?»

«Vieni via di lì. Cantiamo una canzone insieme, su!»

Riuscite a vedere come la prima parte della frase impartisce un'istruzione e la seconda parte propone un'alternativa? Dovete mantenere il tono deciso per l'intera frase, facendo una breve pausa a metà, perché la bambina prenda atto di ciò che le avete detto.

Saprete di avere trovato il tono deciso perché quando lo usate la bambina risponde. All'inizio potrebbe reagire piangendo, ma questo è segno che sa che fate sul serio.

Tutti vogliono che i propri figli siano felici, naturalmente. Alcuni genitori mi dicono di essere preoccupati che la disciplina possa renderli infelici: «Non lo farà diventare triste? Non finirà per detestarmi?»

Io rispondo che l'amore tra genitori e figli dovrebbe essere incondizionato, ma bisogna costruirsi e guadagnarsi il rispetto della bambina, e ciò significa trattare ed essere trattati con rispetto.

Guardarsi negli occhi

Tutti ci siamo trovati in situazioni in cui parliamo con qualcuno che sfugge il nostro sguardo. La cosa ci mette a disagio, e non sempre siamo sicuri che il nostro interlocutore sia interessato a quel che abbiamo da dire. Credo sia molto importante insegnare qualunque cosa al bambino guardandolo dritto negli occhi, sin dalla più tenera età. Si può capire molto dagli occhi di una persona, e con lo sguardo si dà risalto al messaggio che si cerca di comunicare.

Ci saranno occasioni in cui dovrete rimproverare il bambino, e afferrare il suo sguardo è fondamentale per sottolineare il messaggio. Chinatevi alla sua altezza e guardatelo negli occhi, facendo in modo che lui guardi voi. Ricordatevi la mia regola semplicissima:

> **Se non vi guarda negli occhi, il bambino in realtà non vi ascolta. La vostra voce non è altro che rumore di sottofondo.**

Tenetegli le braccia, in modo da averlo di fronte, poi usate un tono fermo e deciso. Parlategli in modo da fargli capire che siete davvero deluse della scelta che ha fatto. Non basta dargli un'occhiata di sfuggita e dirgli: «Non farlo!», perché un ordine impartito senza convinzione verrà ignorato.

Dopo la marachella potrete spiegargli la questione e poi abbracciarlo e passare ad altro. Vi assicuro che il bambino se ne dimenticherà in fretta. Non ho mai visto un bimbo piccolo tenere il broncio quando si merita una sgridata.

Chi se ne importa di quel che pensano gli altri!

Molti genitori con i quali lavoro mi dicono che riescono a mostrarsi fermi e decisi nella tranquillità della propria casa, ma sono meno sicuri di sé quando si trovano in contesti pubblici al di fuori delle pareti domestiche. Il fatto è che dovete essere coerenti nel modo in cui educate e rimproverate vostro figlio. Non potete fargli credere che quando è fuori casa i limiti si allarghino. Se gli date questa impressione, il bambino spingerà i limiti sempre più lontano e comincerà a mettere sempre più alla prova la vostra pazienza, finché non raggiungerete il punto in cui avrete il terrore di uscire di casa per paura di essere «notati dagli altri».

In realtà la maggior parte delle persone è totalmente assorbita dalla propria vita. La gente si sposta da un luogo a un altro per i fatti suoi, o si concentra sul proprio piatto al ristorante, non sul vostro! Vivete sereni e insegnate a vostra figlia ciò che ha bisogno di imparare. Ignorate gli altri, perché è assai probabile che loro ignorino voi.

Certo, capita che qualcuno vi osservi e si domandi come gestirete una particolare situazione con vostra figlia, ma rendetevi conto che non sta giudicando il comportamento della bambina: guarda per vedere come ve la cavate. Se affrontate la situazione «di petto», probabilmente farete colpo su un osservatore. Sono i genitori che scelgono la soluzione di comodo e ignorano il comportamento scorretto a suscitare disapprovazione.

Un giorno, dopo aver pranzato con un'amica, procedevo verso casa attraverso un parco e una madre camminava lungo il viale insieme al figlioletto (intorno ai due anni). A un certo punto il piccolo decide che non vuole più camminare e si siede sull'erba, abbandonando il triciclo ai piedi della mamma.

«Bene, puoi risalire sul triciclo e io correrò accanto a te fino a casa», gli disse, «oppure puoi rimanere qui tutta la notte e aspettare che arrivi un poliziotto e ti riporti a casa!»

Cominciò ad allontanarsi, senza voltarsi indietro. Era chiaro che aveva piena fiducia nel bambino ed era certa che avrebbe preso la decisione giusta.

Per qualche momento lui rimase seduto in segno di protesta, mentre la madre si allontanava, poi si rese conto di doversi affrettare per raggiungerla. Salì sul triciclo e pedalò finché non fu di nuovo accanto alla mamma, e tornarono a casa con lei che gli trottava al fianco.

Questa madre aveva chiaramente usato metodi analoghi in precedenza e conosceva bene suo figlio. Era certa che avrebbe preso la decisione giusta e non avrebbe voluto essere riaccompagnato a casa da un poliziotto. Può darsi che un paio di passanti abbiano pensato che stesse correndo un rischio abbandonando il bambino, ma la maggior parte delle persone avrebbe invece pensato: «Che brava mamma!»

Abbiate fiducia in voi stesse, abbiate fiducia nel vostro bambino

A mio parere, per insegnare a un bambino a comportarsi bene, la cosa più importante è *credere* di essere in grado di farlo e che il bambino sia capace di imparare e di agire di conseguenza. Se gli dite «no» e cercate di fargli fare qualcos'altro, dovete essere veramente *convinte* che seguirà le vostre istruzioni.

Dico spesso ai genitori che i bambini percepiscono i loro sentimenti. Vi conoscono meglio di quanto pensiate. Ciò considerato, dovete quindi comprendere che, se chiedete a vostra figlia di non fare una cosa, dovete essere davvero convinte che la bambina prenderà la decisione giusta. Se le istruzioni sono chiare e non ha dubbi sulla vostra determinazione, si comporterà bene.

Se non credete che reagirà nel modo giusto, lei percepirà la vostra incertezza. Ciò le farà perdere fiducia in se stessa e le istruzioni rimarranno inascoltate. Quando le chiedete di fare qualcosa, ditele: «So che sei capace di farlo, perché sei una brava bambina». Ditelo e credeteci.

Quando sarà abbastanza grande per capire i motivi di un'istruzione, è una buona idea spiegarglieli, ma lasciate perdere le ovvietà. Per esempio, non c'è bisogno di spiegare a una bambina perché non deve picchiare il fratellino, mentre potreste spiegarle perché non è il caso di camminare su uno stagno ghiacciato. Volete che impari, ma ci sono anche situazioni in cui deve semplicemente obbedire.

Se vostro figlio si comporta regolarmente male in una determinata circostanza, potete affrontare il problema seguendo un programma di tre giorni adatto alla sua età. Se non si comporta bene in una serie di situazioni diverse, affrontate innanzitutto l'aspetto che provoca maggior scompiglio in famiglia e stabilite una nuova routine riguardo a tale comportamento, prima di rivolgere l'attenzione a un altro. Consultate il programma per i bambini di età compresa fra sei e diciotto mesi alle pagine 127-145, per i bambini fra i diciotto mesi e i tre anni alle pagine 187-216 e per i bambini fra tre e sei anni alle pagine 254-287.

Spazio e indipendenza

Tutti, grandi e piccoli, hanno bisogno del proprio spazio. Un po' di tempo da soli permette di fermarsi, pensare e riflettere. In molti casi, gli unici momenti che i genitori hanno per sé sono pochissimi minuti in bagno e poi un paio la sera, quando adagiano la testa sul cuscino prima di addormentarsi – ma non deve necessariamente essere così. Non siete gli unici in famiglia ad avere bisogno del vostro spazio. Ne avete bisogno tutti, compreso vostro figlio.

È ovvio che un bambino ha bisogno di passare del tempo a tu per tu con la mamma e con il papà, a giocare e chiacchierare insieme, perché è un elemento importante del processo di apprendimento e serve a rafforzare il legame tra voi. Scegliete attività che gli permettano di acquisire nuove competenze, per esempio preparare una torta, costruire un puzzle, creare oggetti con la pasta da modellare o fare altri giochi creativi, o anche imparare le lettere e i numeri. Il tempo dedicato a queste attività vi aiuterà a comprendere le capacità e la personalità del bambino, e creerà intimità tra voi.

Non pensate di doverlo fare durante tutte le ore di veglia del bambino, però. Col passare del tempo, vostro figlio sarà sempre meno disposto a giocare da solo e vi chiederà continuamente di assegnargli dei compiti, di fare cose insieme e pretenderà che siate voi a organizzare il suo intrattenimento. Crescerà pensando di aver sempre bisogno della vostra compagnia e farà fatica a passare tempo da solo.

Ho constatato che concedergli venti minuti del vostro tempo è sufficiente, per potergli poi spiegare che dovete fare qualcos'altro:

«Ci siamo proprio divertiti a giocare insieme con la pasta da modellare. Grazie per avermi fatto giocare con te. Magari adesso puoi prepararmi una bella torta con la pasta, mentre faccio una telefonata? Poi decidiamo che cosa fare più tardi».

Alternando momenti di gioco indipendente a momenti di gioco strutturato favorirete lo sviluppo di un bambino felice ed equilibrato.

La vita presenta sempre occasioni in cui dobbiamo cavarcela da soli, sicché i bambini devono imparare sin dalla più tenera età ad apprezzare il piacere dello spazio individuale, dell'indipendenza e delle conquiste personali. Colgo un senso di gioia quando entro nella cucina di una famiglia e vedo un bambino seduto a tavola, che colora felice il suo album, mentre un genitore prepara il pranzo o controlla le e-mail. In questa situazione sia il genitore sia il bambino hanno il proprio spazio. L'uno non dipende dall'altro. Sono entrambi nel proprio mondo, finché dura quel momento.

Indipendentemente dall'età di vostra figlia, non è necessario che restiate sempre nella stessa stanza con lei. L'ambiente in cui si trova deve essere sicuro, è ovvio, ma non ha bisogno di una sorveglianza costante. Se lasciate la bambina un attimo da sola per andare in un'altra stanza, ditele dove state andando e che tornerete subito. Si sentirà rassicurata e ciò dovrebbe metterla a proprio agio.

Crescendo, il bambino comincerà a scegliere autonomamente di giocare per conto proprio, uscirà in giardino o si ritirerà nella propria stanza per fare qualcosa da solo. Fategli capire che deve dirvi dove va e che cosa ha intenzione di fare (se lo sa), allo stesso modo in cui fate voi quando lo lasciate solo per avere un po' di tempo per conto vostro.

Qui di seguito troverete alcuni suggerimenti per aiutare vostro figlio a imparare ad apprezzare la propria indipendenza – e, al tempo stesso, per conquistare la vostra!

Fra sei mesi e due anni

Quando la bambina si sveglia al mattino, datele qualche giocattolo con cui intrattenersi nel suo lettino; se è capace di bere al biberon, potete darle il latte. Ditele dove andate e che tornerete tra poco. Lasciate la camera della stanza aperta, in modo che possa sentirvi. Deve essere consapevole che non è notte, e che sta cominciando la giornata «giocando da sola». Quando tornate nella sua stanza, lodatela per essere stata brava.

Mediamente, un bambino di questa età riesce a giocare da solo per quindici minuti. Oltre che come prima cosa al risveglio, può farlo anche dopo il sonnellino a metà mattina o pomeriggio.

Un altro momento in cui potete lasciarlo giocare da solo è quando siede al sicuro sul seggiolone. Proponetegli qualche attività, prima di uscire dalla stanza. Per esempio:

6 mesi - 1 anno	1 anno - 18 mesi	18 mesi - 2 anni
tazza con beccuccio piena d'acqua e torta di riso	tazza con beccuccio piena d'acqua e frutta	tazza con beccuccio piena d'acqua e uva sultanina
sonagli e giocattoli musicali	strumenti musicali	pasta da modellare
libri illustrati	libri di fiabe sonori	album di adesivi/ interattivi
peluche preferiti	macchinine e trenini	modellini di automobili
collane con grosse perle di legno	grossi pastelli e carta da disegno*	acquerelli/ pennarelli e carta*

* Fissate la carta al vassoio del seggiolone con del nastro adesivo, in modo che non cada a terra.

Sconsiglio di lasciare il bambino da solo sul seggiolone per più di tre-cinque minuti. Probabilmente vi accorgerete che comincerà a protestare comunque, dopo questo periodo.

Disponete di spazio all'aperto, parte del quale possa essere destinata a vostro figlio? Se avete un giardino, scegliete uno spazio in cui conservare un secchio con i suoi attrezzi da giardinaggio, allestire una vasca piena di sabbia, un campetto per giocare a palla, o una capanna. Una volta che il bambino abbia imparato ad apprezzare il proprio spazio all'aperto, potrete cogliere l'occasione per sedervi e leggere una rivista, fare una telefonata o stendere il bucato. Ricordatevi di comunicare al bambino ciò che fate, dicendoglielo in anticipo.

«Bravo che stai seduto sul tuo tappetino a giocare con quei bellissimi giocattoli. La mamma adesso va a stendere il bucato».

«Stai facendo delle buche fantastiche. Vado solo in casa un attimo a fare una tazza di tè, poi torno subito qui».

Se lasciate il bambino un attimo da solo in giardino, dovete essere certi che sia in un ambiente sicuro, senza pericoli. Accertatevi che non possano entrare passanti o animali randagi, e che non ci sia niente in giro con cui possa farsi male, come il tosaerba, gli utensili da giardino o piante che possono essere velenose se ingerite. Create una zona sicura, se necessario costruendo un recinto.

Fra due e tre anni

A questa età potete incoraggiare vostro figlio ad alzarsi e giocare nella propria stanza con i suoi giocattoli quando si sveglia al mattino. Magari la sera prima avete montato la pista per il trenino, o cominciato a costruire una torre con i mattoncini del Lego, oppure avete sistemato la casa delle bambole. In alternativa, potete mettergli a disposizione qualche libro e una tazza con beccuccio piena d'acqua. I bambini di questa età sono in grado di giocare da soli per quindici o venti minuti.

Durante la giornata dovreste poter lasciare la bambina seduta a tavola a svolgere un'attività che la assorba, come dipingere, colorare, giocare con la pasta da modellare, i libri di adesivi o i mattoncini del Lego, fare collane con perle di legno, cucinare o inserire monete in un salvadanaio, mentre voi rimanete nei paraggi a svolgere i mestieri di casa. Tenetela d'occhio attentamente se gioca con cose piccole che potrebbe ingoiare. Nella mia esperienza, tra i nove e i diciotto mesi i bambini sono più propensi a cercare di ingoiare piccoli oggetti, mentre sopra i due anni sono più responsabili, ma non allontanatevi troppo, non si sa mai... I bambini dovrebbero saper stare a tavola da soli anche per fare la merenda, ma non assentatevi a lungo, nel caso qualcosa gli vada di traverso.

Questa è l'età in cui potete invogliare il bambino a piantare e coltivare le proprie piantine. È delizioso spiegargli le meraviglie della natura e i modi in cui possiamo riavvicinarci alla terra. Cominciate con un vaso di crescione, che dà risultati rapidi. Anche le piante di pomodoro possono andare bene. Hanno bisogno di essere annaffiate di frequente nei mesi estivi, ma il bambino può poi aiutare a raccogliere (e assaggiare) i frutti rossi e sugosi.

I bambini di due-tre anni amano avere il loro piccolo «rifugio», e si può fare anche senza spendere. Potete sistemare delle coperte su un albero, un cespuglio o uno stendibiancheria, con l'aiuto di qualche pinzetta per il bucato. Appese con un pizzico di fantasia e creatività, possono creare un magnifico spazio in cui il bambino può sviluppare la propria indipendenza. Se costruite il nascondiglio insieme, potrebbe finire per passarci dentro buona parte della giornata, a tutto vantaggio della vostra indipendenza.

Presto scoprirete che il bambino è felice di giocare in una stanza, mentre voi vi trovate in un'altra. Magari è in salotto con i suoi giocattoli, mentre voi siete in cucina. Fa parte del processo di apprendimento, impara a essere indipendente, e tutto ciò che dovrete fare è dargli un'occhiata di tanto in tanto per accertarvi che sia tutto a posto.

Fra tre e sei anni

A tre anni la bambina dovrebbe essere (più o meno!) in grado di vestirsi da sola e di mettersi e togliersi le scarpe. Sa mangiare da sola e sa inventarsi attività per intrattenersi.

A tre anni potete incoraggiarla a giocare da sola nella sua stanza. Conservate lì i suoi giocattoli, purché possa raggiungervi senza rischio (attenzione alle eventuali scale!).

Può svolgere attività manuali, come attaccare adesivi, incollare figurine, dipingere e colorare, seduta al tavolo da sola. Potete persino incoraggiarla a prepararsi il panino per la merenda, spalmare la marmellata sul pane o scegliere la farcitura: un'attività, un pasto e una lezione di indipendenza combinati insieme!

Vostro figlio dovrebbe ormai interagire senza difficoltà con gli altri bambini e potete quindi organizzare «pomeriggi di gioco», invitando i suoi amichetti. Finché i bambini giocano insieme in buona armonia, avrete a disposizione un altro po' di tempo per voi.

Trucchi del mestiere: il timer da cucina

Il concetto di tempo raramente è chiaro a un bambino al di sotto dei sei anni. Per lui non ha alcun senso sentirsi dire «tra un minuto», o «lo faremo più tardi». Queste informazioni non lo soddisfano e continuerà a ripetere la stessa domanda finché non otterrà una risposta che sia in grado di comprendere.

Passare da un'attività a un'altra può essere stressante, per un bambino. Quando lo trascinerete via dai giardinetti? Quando sarà ora di cena? Trovo utile usare un timer da cucina per provare a spiegare a un bimbo piccolo quando qualcosa succederà.

Ecco un esempio.

Bimbo piccolo: «Adesso andiamo ai giardinetti?»

Mamma: «Prima devo finire di preparare la cena. Prendiamo il timer».

La mamma imposta il timer per il tempo di cui ha bisogno (se possibile, è meglio non superare i 30 minuti).

Mamma: «Hai tempo di fare una costruzione con il Lego e di sfogliare un libro, poi il timer suonerà per dirci che è ora di andare ai giardinetti!»

Sistemate il timer al di fuori della portata del bambino, in modo che non possa maneggiarlo: è uno strumento che soltanto gli adulti possono controllare.

Un'altra occasione in cui il timer da cucina può tornare utile è quando i bambini sono impegnati in un'attività piacevole che volete limitare, per esempio guardare la televisione, dedicarsi a un videogioco o giocare al computer. Come nell'esempio precedente, dite al bambino che state impostando il timer e che, quando suonerà, l'apparecchio verrà spento.

Penso che ogni genitore sia consapevole che il tempo vola. Usando un timer, vi renderete conto di quanto tempo serve effettivamente per fare una determinata cosa, e così vi tratterrete dal dire «tra un minuto» quando sapete benissimo che sessanta secondi passano in un baleno!

Frasi elogiative

I genitori spesso mi dicono che continuano a riciclare le stesse frasi, quando lodano i figli, e dopo un po' non suonano più sincere. Sono convinta che gli elogi vadano usati soltanto quando sono meritati e per un fatto preciso. Ciò significa che nella frase elogiativa dovete menzionare il fatto.

«Sei davvero bravo a lasciar giocare tuo fratello con le tue macchinine. Vuol dire che gli vuoi proprio bene!»

«Grazie di avermi ascoltato e di aver giocato da solo per dieci minuti, proprio come ti avevo chiesto».

«Sono così contenta quando prendi la decisione giusta, come [indicare il fatto]».

«Sei il miglior fratello del mondo! Sei bravissimo a insegnare a [nome del fratellino o della sorellina] come bisogna comportarsi».

«Ti voglio tanto bene. Sei stata davvero carina ad aiutarmi a riordinare la cucina».

«Hai fatto tutto il puzzle da sola. Sei una vera maga!»

Educare all'indipendenza: sintesi

- Prima di lasciare il bambino da solo, dovete essere assolutamente certi che l'ambiente in cui si trova sia sicuro.
- Spiegate sempre ciò che state facendo, e all'inizio stabilite brevi periodi di autonomia, ma siate costanti e ripeteteli più volte al giorno. Dopo tre giorni consecutivi, il bambino comincerà ad accettare più volentieri la nuova esperienza.
- Ricordate che la maggior parte dei bambini riesce a stare per conto proprio soltanto per pochi minuti:

6 mesi-1 anno	5-15 minuti
1-3 anni	10-20 minuti
3-6 anni	15-30 minuti

Nel giro di breve tempo il bambino potrebbe chiedervi spontaneamente di lasciarlo giocare per conto proprio. Quando accade, significa che ha imparato un'importante lezione di vita – e che vi siete meritatamente guadagnate un po' di tempo per voi.

In questo capitolo abbiamo esaminato gli elementi di cui un bimbo piccolo ha bisogno nella vita quotidiana per sentirsi sicuro e soddisfatto: sonno a sufficienza, tre pasti e qualche spuntino a base di alimenti naturali, gioco indipendente alternato a gioco strutturato insieme a voi.

La vita di vostro figlio assomiglia a quella descritta? In tal caso, sono certa che avete lavorato sodo per arrivarci. Non sempre la cosa è immediata, però. Nel prossimo capitolo esamineremo ciò che potete fare quando sorgono problemi nella quotidianità, qualunque ne sia la causa, e spiegherò i principi del mio programma di tre giorni per aiutarvi a mutare le brutte abitudini del bambino, anche quelle più radicate. Abbiate ancora un po' di pazienza e seguitemi, se volete vedere grandi miglioramenti nella vita familiare.

CAPITOLO DUE

I programmi di tre giorni

I bambini possono prendere facilmente cattive abitudini, per esempio fare le bizze all'ora di andare a dormire, rifiutarsi di mangiare i pasti che mettiamo loro davanti o ribellarsi quando li assicuriamo con la cintura al passeggino o al sedile dell'auto. Nella maggior parte dei casi saggiano i propri limiti, una cosa perfettamente naturale e sana, per loro, quindi il primo consiglio che vorrei darvi è: «Non sentitevi in colpa». Invece di guardarci indietro, cercando di trovare le cause dei comportamenti problematici, guarderemo avanti e troveremo le soluzioni – e ce la faremo, in soli tre giorni.

Non saranno giorni facili. Se l'abitudine è fortemente radicata, il bambino potrebbe lottare furiosamente per conservarla, e arrabbiarsi parecchio quando deciderete di fargliela cambiare. Ma dovrete imporvi, per il bene di tutta la famiglia e soprattutto per aiutare vostro figlio a crescere sano, felice e pronto a compiere progressi nell'ambiente scolastico.

I programmi per i problemi legati al sonno, all'alimentazione e al comportamento seguono alcune regole di base, con piccoli adeguamenti in base alle diverse fasce d'età. I principi chiave vanno seguiti alla lettera, mentre alcuni dettagli possono essere adattati alle abitudini e alle preferenze familiari, al modo personale di educare i figli e al carattere del bambino.

Che tipo di genitori siete?

Quando mi reco da nuovi clienti, in genere comincio facendo domande sulle modalità di gestione della vita quotidiana, in particolare sul modo in cui educano i figli. Genitori diversi affrontano l'allevamento dei figli in maniera diversa, in base al proprio carattere e al modo in cui a loro volta sono stati allevati. Se capisco il loro metodo, posso tenerne conto durante il programma e aiutarli a far leva sui punti forti e a compensare le eventuali carenze.

Questo non significa che io li stia giudicando.

Ai fini del libro, ho individuato tre diversi modelli di genitore:

- organizzato
- scrupoloso
- rilassato

Immagino sappiate riconoscere immediatamente quello che più somiglia al vostro. Leggete i consigli specifici e teneteli a mente quando inizierete a pensare di seguire un programma con il vostro bambino.

Il genitore organizzato

Siete il tipo di persona che ama seguire le procedure e le linee guida, che assume il controllo della propria vita e preferisce che tutto sia al proprio posto. Annotate tutti gli appuntamenti nell'agenda e stilate liste delle cose da fare, che poi spuntate una volta che le avete completate. Il gusto per l'ordine e per una giornata ben strutturata significa che sapete mantenere la disciplina quando vi occupate dei bambini.

Come abbiamo visto nel primo capitolo, i bambini traggono grande soddisfazione dalla routine. Sapere che cosa succederà, e quando, li conforta e rassicura – ma i bambini non sempre sono prevedibili e a volte la routine deve cambiare. Potreste avere difficoltà a modificare le vostre abitudini per adattarle al programma, ma leggendolo con cura ritroverete la tranquillità compiendo in anticipo tutti i preparativi: acquistare gli oggetti che possono servirvi, riempire il frigo con il cibo necessario per i tre giorni e sgomberare il campo da ogni altro lavoro o distrazione.

Se siete troppo autoritarie nel dettare le regole, a volte potreste far sentire impotente la bambina. Ricordatevi che non c'è bisogno di affrontare i cambiamenti proposti in questo libro in modo severo e autoritario. Presentate il programma alla bambina come un percorso entusiasmante, una cosa da fare tutti insieme in famiglia. Ditele che avrete bisogno del suo aiuto, perché si tratta di una cosa che non potete fare da sole, ma che porterà benefici per tutta la famiglia. Fatela sentire importante, non impotente.

Il genitore scrupoloso

Forse è la prima volta che siete genitori e di frequente vi sentite incerte sul da farsi – un sentimento perfettamente normale. Probabilmente avrete letto un gran numero di libri sull'argomento, ma i dubbi continuano a ronzarvi in testa. Vi piace sentire le opinioni di altre persone e fate ricerche prima di prendere qualsiasi decisione, e probabilmente non vi limitate a seguire l'istinto. Preferite essere sicure della direzione da prendere prima di agire.

A volte vi preoccupate per niente, perché siete prudenti per natura. Ciò può rivelarsi sfiancante, specialmente dopo una di quelle giornate improduttive nelle quali vi sembra di aver fatto un passo avanti e tre indietro. Può diventare un problema, se la bambina sente la vostra apprensione e diviene a sua volta ansiosa. Quando vado a casa delle famiglie, a volte percepisco l'esitazione o i dubbi dei genitori – e se li sento io, di sicuro se ne accorge anche la bambina. Se dubitate di voi stesse, vostra figlia sarà meno incline ad avere fiducia in se stessa.

Prima di intraprendere il programma, accertatevi di poter contare su un gruppo di sostegno. Dovrebbe comprendere il vostro partner, i nonni del bambino e/o le altre persone che si prendono cura di lui regolarmente, ma possono farne parte anche degli amici pronti ad ascoltarvi al telefono, a rafforzare la vostra sicurezza e a dirvi che state andando alla grande! Sentite la fiducia che nutrono in voi, accettatela, e a quel punto si riverserà naturalmente nel vostro bambino. Così il compito diventerà molto più semplice.

Il genitore rilassato

Avete un'indole pacifica, prendete la vita così come viene. Siete molto attente al mondo che vi circonda, ma a volte vi lasciate distrarre da ciò che state facendo per annusare il profumo delle rose lungo la strada. Vi immagino come un genitore che ha un sacco di progetti in corso nello stesso momento, e sa che tutto alla fine sarà portato a termine – anche se non sa bene quando. Non vi piacciono le scadenze rigide e preferite vivere la vita in modalità «vacanza». Vi adattate a nuovi ambienti e situazioni con grande facilità e ben poco vi mette in agitazione – a parte essere puntuali!

Adottare un atteggiamento calmo e rilassato nei riguardi dell'educazione dei figli è decisamente salutare – ma un'eccessiva placidità a volte può indurre il bambino a prendere il controllo, ed è a questo punto che la vita può diventare complicata. I genitori troppo rilassati potrebbero non riuscire a stabilire i chiari limiti di cui i bambini hanno bisogno, e in queste circostanze persino un bimbo piccolo spesso finisce per ritrovarsi nel ruolo di «leader». Ma i bambini non possono darsi limiti realistici. A quell'età bisogna insegnare loro la differenza tra giusto e sbagliato.

I miei programmi possono rivelarsi più difficili per voi rispetto a qualunque altro tipo di genitore, perché dovrete seguirli alla lettera per tre giorni. L'unica maniera per riuscirci è avere l'agenda libera da qualsiasi altro impegno, prendere un permesso dal lavoro, annullare ogni impegno sociale e dedicare al bambino tutta la vostra attenzione. Ne varrà la pena.

Che tipo di figlio avete?

I programmi possono essere adattati anche in base al carattere del bambino e alla maniera in cui reagisce al mondo esterno. Ovviamente esistono centinaia di tipi diversi di bambini, ma quelli che incontro io tendono a essere molto indipendenti, e a lottare per ottenere il controllo in famiglia. È molto più raro che abbiano bisogno di uno dei miei programmi i bambini tranquilli, accomodanti e desiderosi di piacere. Sicché, se state leggendo questo libro, immagino abbiate un figlio dal carattere indipendente.

Nella mia esperienza di consulente di genitori con figli problematici ho scoperto che, per averla vinta, i bambini assumono tre ruoli principali:

- il negoziatore
- il lottatore
- l'attore drammatico

Anche in questo caso, mi aspetto che riconosciate al volo la categoria in cui rientra vostro figlio.

Leggete il paragrafo appropriato per trovare suggerimenti su come convincere il bambino indipendente a completare il programma di cui ha bisogno.

Il negoziatore

Per quanto gliene diate, questo bambino ne vuole sempre un po' di più! Ancor prima di imparare a parlare, se gli mettete un oggetto di fronte vi farà capire, indicandolo e allungandosi per prenderlo, che vuole qualcos'altro. Non si metterà a strillare; anzi, potrebbe persino sfoderare un sorrisone per convincervi a passare dalla sua parte. Ma se ciò significa che mangia soltanto il suo cibo preferito a ogni pasto, vuol dire che gli state dando troppa corda.

Quando i negoziatori imparano a parlare, usano le proprie capacità oratorie per ottenere ciò che vogliono.

«Ho bisogno di tre favole prima di dormire, perché mi piacciono tutte e tre e non so quale scegliere. Ho bisogno di tutte».

Siate certi che, se cedete e gliene leggete tre, domani ne vorrà quattro. La fermezza è fondamentale nelle trattative con un negoziatore.

Il mio suggerimento: sollevate una mano con le dita chiuse a pugno, l'altra con due dita alzate e dite:

«Scegli tu: due libri o niente».

Può volerci del tempo, ma tenere duro è indispensabile con un negoziatore, o finirà per mandarla avanti lui, la baracca. Non lasciatevi fiaccare dal suo fascino, per quanto difficile questo possa rivelarsi in certi momenti. (Altre indicazioni su come trattare con questo tipo di bambini si trovano nel capitolo 5, a p. 280.)

Il lottatore

Questo piccolo prende la vita come una sfida ed è determinato ad averla vinta. Se sente odore di sconfitta, è probabile che si metta a strillare, sbraitare e anche a menar le mani. Per un genitore, l'idea di dargli quello che vuole onde evitare le bizze può essere allettante, ma significa scegliere la soluzione di comodo e quasi certamente porterà a problemi in futuro.

Saprete di trovarvi per le mani un lottatore sin da quando è un neonato. Magari urla ogni volta che lo allacciate al seggiolone o al sedile della macchina. Sa che in ogni caso lo farete, ma si batte comunque fino all'ultimo. Ai pasti, potrebbe cercare di buttare tutte le ciotole e il cibo per terra, per protesta. L'unica cosa da fare è rimanere calme e scegliere le battaglie da combattere. Non reagite usando le sue stesse armi. Scegliete un comportamento alla volta sul quale concentrarvi, e seguite un programma fin quando non riuscite a cambiarlo.

Se il bambino ha un carattere irascibile, è importante lasciargli sfogare la rabbia. Una volta che sia in grado di camminare, bisognerà insegnargli ad appartarsi dal contesto di gruppo quando si arrabbia, e a trovare un posto in cui farsela sbollire e calmarsi. Una volta calmato, potrete ragionarci insieme e passare ad altro.

Nel rugby e nell'hockey, un giocatore indisciplinato viene confinato temporaneamente sulla «panca delle penalità». Con i bambini non è diverso: un comportamento collerico deve essere isolato. Altre indicazioni su questo argomento si trovano più avanti, nella sezione dedicata al comportamento, a pagina 74.

L'attore drammatico

Se viene detto qualcosa che non gli piace, questo bambino comincia a frignare e piagnucolare, e ben presto scorreranno le lacrime. Se ancora non cedete di fronte ai suoi occhioni tristi, il livello di rumore s'innalzerà rapidamente. I bambini più piccoli possono buttarsi per terra a faccia in giù, come se fossero stati abbandonati, oppure mettersi a piangere come una fontana. Nel caso dei bambini più grandi, succede di assistere a drammatiche uscite di scena, con tanto di porta sbattuta, accompagnate dal grido: «Non è giusto!»

È importante restare coerenti e non permettere a questo comportamento manipolatorio di farvi tentennare e cedere. Se sollevate da terra un attore drammatico e lo prendete in grembo, ha vinto! Non fatevi tirare per i fili del cuore, per quanto convincente possa essere la recitazione. Tutti gli attori hanno bisogno di un pubblico, e se non lo trovano smettono in fretta.

Se il comportamento diventa insopportabile è necessario insegnare al bambino a ritirarsi nel proprio spazio per calmarsi. Una volta sfogate le emozioni, potrete entrambi andare avanti con la giornata. È meglio ignorare il broncio, perché se vi concentrate sulle tendenze negative dureranno più a lungo. Lasciatelo in pace fin quando non cambia umore. (A proposito di frignate e lamentele troverete altre indicazioni al capitolo 5, p. 281.)

I miei programmi sono adatti a tutti i tipi di bambini. Basta fare in modo che le loro tattiche non vi distraggano dal compito che vi siete prefissate, cioè incoraggiarli ad apprendere comportamenti che li aiuteranno a crescere e diventare adulti sani, equilibrati, socievoli e brillanti.

Giochetti mentali

Nel corso degli anni in cui ho lavorato come «tata su ordinazione» ho assistito a ogni genere di comportamento problematico. Possono cominciare all'età di sei mesi e continuare fino all'età scolare e oltre. Se il bambino mette continuamente in discussione la vostra autorità, vi sentirete demoralizzate e l'intera famiglia ne risentirà. È importante che sappiate di non essere sole, mentre sedete sul divano e leggete queste parole. Ogni famiglia arriva a questo punto, prima o poi.

È facile cedere su cose apparentemente innocue – portare il bambino nel letto con voi per avere un'ora di sonno in più, permettere che lasci le verdure nel piatto, contando di ricominciare a fargliele mangiare dopo il suo prossimo compleanno, chiudere un occhio davanti alle sue piccole «bugie innocenti» – ma di lì a poco arriverete al punto in cui sarà il piccolo a dettare le regole per l'intera famiglia, e in cuor vostro saprete che bisogna far qualcosa. L'esasperazione e lo sfinimento prenderanno la decisione per voi!

I miei programmi vi aiuteranno a mettere sulla buona strada anche il più recalcitrante dei trasgressori, se li seguirete con costanza. Niente compromessi, però. Voi, il bambino e il resto della famiglia dovrete applicare le regole alla lettera perché il sistema funzioni. E *funziona*, se gliene date la possibilità.

Credo che nessuno possa vivere la vita senza ricevere complimenti e ricompense, in particolare i bambini e i genitori. Abbiamo tutti bisogno di sapere per che cosa stiamo lavorando. Seguire uno dei miei programmi significa cambiare le abitudini di vostra figlia, abitudini che probabilmente a lei vanno benissimo come sono. Dovrà avere un motivo per cambiare, ed è qui che entra in gioco il sistema delle ricompense. È uno dei principi fondamentali dei programmi di tre giorni.

Il mio sistema non prevede nuovi giocattoli o altri oggetti. Fa leva sulla cosa che vostra figlia desidera più di ogni altra al mondo: il vostro tempo. Tempo da trascorrere insieme, in famiglia. Passare tempo di qualità con i figli è un elemento fondamentale per una vita familiare felice.

Per motivare la bambina a cambiare abitudini, è necessario offrirle un incentivo e, se è abbastanza grande, potete discutere l'argomento insieme. Scegliete premi allettanti, cose per le quali la piccola ritenga che valga la pena di impegnarsi. Ecco alcuni esempi di ricompense che potreste offrire a bambini di almeno diciotto mesi:

- una caccia al tesoro
- un giro in bicicletta nel parco
- un particolare programma alla televisione
- un gelato
- una fiaba a tu per tu con il papà
- una sfida a un gioco da tavolo
- una nuotata in piscina
- costruire una capanna nel bosco
- fare una torta con la mamma
- scavare buche in giardino
- giocare con la palla
- cantare e ballare insieme
- un progetto artistico strabiliante

Se seguite uno dei programmi con una bimba di età inferiore a diciotto mesi, non capirà il sistema delle ricompense, ma risponderà a lodi affettuose, comunicate con un linguaggio gestuale e verbale positivo.

«Sono così orgogliosa di te: hai fatto la scelta migliore. Brava! Hai fatto tanto felice la mamma».

Sostenete le parole con tante coccole e baci, e magari raccontatele una storia speciale, tenendola seduta in grembo: per la maggioranza dei bimbi piccoli sarà un incentivo sufficiente a comportarsi bene.

Il confine tra ricompensare e corrompere è però molto sottile. Ogni genitore a volte è tentato di corrompere il figlio, soprattutto quando va di fretta ed è troppo stressato per prendersi il tempo di risolvere la situazione altrimenti:

«Se sali subito sul passeggino, da bravo bambino, ti compro il gelato quando torniamo a casa».

Non è difficile capire come la cosa possa diventare un problema, però. Un bimbo sveglio farà due più due, e dedurrà che rifiutarsi ogni volta di salire sul passeggino è un modo per ottenere facilmente un gelato.

La differenza principale tra corrompere e premiare sta nel fatto che della «bustarella» si parla in anticipo, del premio a fatto compiuto. Un esempio di come presentare una ricompensa potrebbe essere:

«Ti sei davvero comportato bene oggi, bravo. Quando arriviamo a casa facciamo una bella caccia al tesoro, come premio speciale».

Il giorno prima di iniziare un programma, potreste stilare insieme al bambino un elenco di cose che gli piacerebbe ricevere come ricompensa. Lasciate che sia lui a dirvi che cosa preferisce. Spiegategli che quando la mamma e il papà saranno particolarmente contenti del suo comportamento, sceglierete un premio tutti insieme. Una volta iniziato il programma, potrete usare la ricompensa come incoraggiamento e per congratularvi con lui dei progressi compiuti:

«Bravo. La mamma e il papà sono davvero contenti. Stai diventando un vero ometto. Andiamo a vedere la lista delle ricompense, così scegli il premio che ti piace!»

Il bambino non decide quando gli spetta un premio, ma ha voce in capitolo riguardo al contenuto della lista, e può decidere di comportarsi bene.

Oltre al premio speciale che ottiene quando si comporta bene, dovrete inventare anche una sorta di segnapunti: un sistema che rappresenti visivamente i risultati conseguiti, in modo che il bambino possa registrare i progressi compiuti. Anche in questo caso, andrà studiato in base all'età del piccolo, ma ecco alcuni suggerimenti: incollare adesivi su un cartellone, mettere biglie in un barattolo di vetro o aggiungere magneti a una scultura calamitata. Dovrete acquistare il materiale necessario prima dell'inizio del programma, in modo da poter cominciare sin dalla mattina del primo giorno.

Anche i genitori meritano elogi e ricompense

Educare i figli è un mestiere difficile, specialmente quando si cerca di introdurre una nuova routine, quindi consiglio sempre ai genitori di lodare e premiare se stessi, non solo i figli. Contribuisce a tenere alto il morale e ferma la determinazione.

Prima di tutto, quando il bambino compie un piccolo passo nella giusta direzione, trovate uno specchio, guardatevi, strizzatevi l'occhio e sussurratevi: «Ce l'hai fatta!» Sembra sciocco, ma provateci.

A fine giornata, cercate conforto. Potreste trovarlo in un bicchiere di vino, una barretta di cioccolata, un bagno caldo – o in tutte e tre le cose!

Stilate un elenco di ricompense e invitate il vostro partner a fare lo stesso. Una volta instaurate le nuove abitudini, scegliete la ricompensa che desiderate entrambi e fate in modo che il bambino sappia cosa state facendo. Spiegategli che le ricompense esistono in ogni momento della vita, non solo quando si è piccoli.

Esempi di ricompense che potreste scegliere? Ecco alcuni suggerimenti:

- una giornata alle terme
- un pomeriggio sui campi da golf
- una cena fuori (prenotate la baby-sitter!)
- un film al cinema o uno spettacolo a teatro
- una lunga dormita la domenica mattina
- leggere con calma il giornale della domenica in giardino

Tutta la famiglia ha bisogno di elogi e ricompense, quindi se avete figli più grandi che vi aiutano ad applicare il programma accertatevi che anche loro ricevano qualcosa di gratificante.

Prepararsi alla sfida

In questo libro ho affrontato quattro sfide centrali per una famiglia, che richiedono l'adozione di un nuovo metodo: difficoltà a dormire e mangiare, comportamenti problematici e addestramento all'uso del vasino. Ricordate che è necessario risolvere anzitutto i problemi legati al sonno e poi eventualmente agli altri. Accertatevi di seguire il programma idoneo all'età del bambino.

Credo molto nel numero tre, quindi prima di passare all'azione vi suggerisco di leggere il programma tre volte e di essere certe di averlo capito pienamente. Per cominciare, sono necessari alcuni preparativi.

La prima cosa da fare è assicurarsi che tutte le persone coinvolte sappiano che cosa sta accadendo, si mostrino unite e dicano le stesse cose. Con questo intendo dire che il vostro partner, le baby-sitter e chiunque altro si prenda cura dei bambini devono capire il programma e acconsentire ad aiutarvi a seguirne le fasi. È bene che sia sempre la stessa persona – voi! – responsabile dell'applicazione del programma, ma vi servirà sostegno morale durante il percorso e, come minimo, le altre persone non dovranno vanificare i vostri metodi o cambiare le regole allorché vi sostituiscono quando dovete assentarvi.

Se avete figli più grandi, devono essere messi al corrente della situazione. Spiegate loro che cosa state facendo e sperate di ottenere:

«La mamma e il papà hanno deciso di aiutare [Giovanni] a cambiare, per [farlo dormire nel suo letto/mangiare la verdura/comportarsi bene]».

In secondo luogo, accertatevi che la casa sia organizzata come desiderate, che il frigo sia pieno di cibo, di aver sbrigato tutte le faccende e fatto tutte le telefonate, in modo da potervi concentrare totalmente sul compito che vi aspetta per i tre giorni successivi. Se lavorate, vi consiglio di prendere tre giorni di permesso, oppure di rimandare il programma al primo ponte festivo o di metterlo in pratica durante le vacanze. Questo non vuol dire che sarete recluse in casa, che non potrete andare a trovare gli amici o a fare la spesa. Significa che dovete sgomberare la mente da ogni distrazione per potervi dedicare completamente al programma.

Terminati questi preparativi, dovreste sedervi e parlare a vostra figlia di quello che succederà. Anche i bimbi di un anno capiscono il succo di ciò che dite. Raccomando di parlare con la bambina il giorno prima o la mattina del primo giorno. Sedetevi con lei a fare colazione, quando non è distratta da giocattoli, schermi televisivi o altre persone, e spiegatele che state per partire per un bel viaggio verso un cambiamento che renderà più felice tutta la famiglia.

I bambini capiscono ciò che diciamo loro ben prima di imparare a pronunciare le prime parole. L'unica tattica che non funziona mai è quella dell'imbroglio. Siate onesti, e trattate vostro figlio da pari a pari. Ovviamente dovrete semplificare il linguaggio, ma il bambino sarà in grado di comprendere.

Ascoltatevi mentre spiegate alla bambina che pensate sia arrivato il momento di cambiare. Quando sentirete le parole uscirvi di bocca e la guarderete negli occhi, inizierete a credere in voi stesse e a capire che siete in grado di guidare vostra figlia verso questo cambiamento. Accadrà veramente.

La norma su cui si fondano i miei programmi di tre giorni non è dire al bambino come deve comportarsi. L'idea è insegnargli a fare le scelte giuste: quando capirà l'importanza di queste scelte, cambierà da solo – e sarà molto orgoglioso di farlo. Il lavoro da svolgere richiede l'impegno di tutta la famiglia, non soltanto il vostro. E quando riuscirete nell'impresa, sarà una conquista collettiva.

Ora vorrei passare in rassegna i principi alla base di ciascun programma. Dovrete leggere questi paragrafi con attenzione, in modo da comprendere le regole generali, prima di passare alle parti pertinenti dei capitoli dal 3 al 6 per il programma specifico che vi serve.

Elementi di base del programma per il sonno

Il motivo fondamentale per cui alcuni bambini non dormono come vorreste è che non sanno come rilassarsi e prendere sonno – sia quando vanno a dormire, sia quando si svegliano durante la notte o nelle prime ore del mattino. Ho messo a punto questo programma per aiutare i bambini che non riescono ad addormentarsi in alcun momento del giorno o della notte senza che dobbiate cullarli, portarli nel vostro letto o in qualche modo ovviare alle difficoltà al posto loro.

Se il bambino sente, anche solo per un momento, che intendete tornare alle vecchie abitudini, continuerà a strillare. E nel momento in cui lo farete, vostro figlio avrà vinto. Se il bambino sente la vostra sicurezza e la fiducia che nutrite nel nuovo comportamento da adottare, si lascerà guidare da voi. La vostra sicurezza farà sì che vi creda e si fidi di voi. Attenetevi al programma per tre giorni interi e non crederete ai vostri occhi!

L'ora alla quale andare a letto è importantissima durante l'applicazione del programma. Non fatevi tentare dall'idea di tener sveglia la bambina fino a tardi per farla stancare: la cosa sconvolgerà la sua routine e renderà ancora più difficile farla addormentare. Durante il giorno, non lasciate che dorma oltre le undici del mattino o le quattro del pomeriggio, poiché questo interferirà con il successivo ciclo di sonno. Seguite sempre i tempi indicati nei programmi per ciascuna fascia d'età, anche se significa svegliare un bambino che dorme tranquillamente. (Sì, lo so che questo va contro ogni istinto materno e paterno, ma portate pazienza e seguitemi!)

Ecco cosa vi serve per iniziare il programma:

- che la camera del bambino sia il più possibile buia (usate delle tende scure o il mio trucco del foglio di alluminio, vedi p. 19)
- che la temperatura della stanza sia gradevole, né troppo calda, né troppo fredda – per i bambini con meno di due anni, raccomando di usare una sacca da nanna (vedi pp. 19-20)
- un sussidio visivo a scelta (troverete consigli adattati alla fascia d'età specifica in ciascun programma)
- un orologio digitale o un timer
- tabelle per gli orari e una penna

Questi ultimi due oggetti sono elementi essenziali del programma per i problemi legati al sonno. Ecco come funziona.

Vi serviranno diversi fogli di carta, suddivisi in quattro colonne, così intitolate:

avvio del timer	arresto del timer	durata delle grida	durata della pausa

Potete creare la tabella al computer e poi stamparla, oppure scrivere a mano i titoli delle colonne sulle pagine di un taccuino. Ciò che dovete fare è mettere a letto la bambina seguendo un rituale di fiabe, latte, pulizia dei denti, baci e coccole; infine, dopo qualche parola affettuosa, uscite dalla stanza. Dovrete quindi aspettare nella camera adiacente, nascosta alla vista ma a portata d'udito, e misurare la durata delle proteste e dell'intervallo tra l'una e l'altra, per poter stabilire quando è necessario rientrare e tranquillizzare la piccola e quando comincia ad addormentarsi da sola.

Se si sveglia durante la notte, o troppo presto la mattina, la tranquillizzerete brevemente e poi lascerete la stanza, sempre cronometrando le proteste. È l'unica maniera in cui la bambina imparerà ad addormentarsi da sola. Se applicate le regole con costanza, apprenderà in fretta.

Ci sono alcuni aspetti che dovete comprendere.

Le urla

Se di solito state con il bambino finché non si addormenta, quando smetterete di farlo reagirà esprimendo confusione seguita da frustrazione. Il baccano che fa non è dovuto al pianto: sta urlando. Non sta male. Nella vostra testa, cercate di dare una vocina a quelle grida.

Vi sta dicendo:

> **«Che diamine succede, mamma? Di solito mi culli finché non mi addormento. Perché non torni a cullarmi? E io ora che faccio? Come mi addormento? Dimmelo. Dimmelo! Dimmelo!!»**

Questo renderà la situazione più facile da accettare, mentre aspettate fuori della camera con timer e tabella. Per nessun motivo dovrete cedere e rientrare nella stanza in questa fase. Tenete in funzione il timer e prestate attenzione alle pause tra le grida.

La pausa di riflessione

Capire la pausa di riflessione è una parte fondamentale del programma per il sonno. Dapprima il bambino si limiterà a urlare, perché non capisce che cosa volete da lui. Ma quando la durata delle grida si accorcia e le pause tra le grida si allungano, è un chiaro segno che il piccolo sta pensando al da farsi. Sta iniziando ad accettare l'idea che deve fare qualcosa da solo. Sa perché si trova nel suo lettino. Urlerà ancora per la frustrazione, poi rifletterà di nuovo. Nella vita, pensare spesso porta ad agire. Date a vostro figlio tempo per pensare e vedrete che alla fine arriverà ad addormentarsi da solo. Ogni volta che fa una pausa, anche solo un paio di secondi, annotatela nella tabella e fate ripartire il timer non appena ricomincia a gridare.

Le urla in crescendo

Quando la bambina strilla forte, non fa pause da un po' e le urla si stanno trasformando in grida acute, dovrete entrare nella stanza e ricominciare la procedura per farla addormentare. È difficile per una bambina tranquillizzarsi dopo aver raggiunto uno stadio simile ed è quindi necessario intervenire. Se la bimba è piccola, dovrete prenderla in braccio brevemente e poi, una volta che si sia calmata, rimetterla nella posizione del sonno e ripetere la procedura per tranquillizzarla per trenta secondi al massimo. Con una bambina più grande, potete rimboccarle le coperte, ma non offrite baci, coccole o parole di conforto: non deve essere premiata per le urla in crescendo.

Sovente ho visto fallire la procedura di cronometraggio perché un genitore pensa che il figlio stia urlando in crescendo, ma così non è. Se entrate troppo spesso nella camera della bambina, interrompete di continuo la sua pausa di riflessione. Questo prolungherà la lezione che sta imparando su come addormentarsi da sola.

Prima di iniziare il programma per il sonno...

Dovete essere in grado di rispondere «sì» alle domande seguenti.

- La bambina è in ottime condizioni di salute?
- Vi sentite abbastanza forti, fisicamente e mentalmente, per mantenere un atteggiamento positivo anche se vi manca il sonno?
- Avete liberato tre giorni nell'agenda?
- Avete tutto il materiale necessario per le tabelle dei tempi, il sussidio visivo e i premi?
- Potete contare su una rete di sostegno? Se non avete un partner convivente che sostenga i vostri sforzi, dovreste almeno avere un'amica, o un amico, all'altro capo del telefono, che sia a conoscenza del programma e disposta a fornire sostegno morale.
- Il frigo è pieno dei cibi preferiti dalla famiglia? Sarà una preoccupazione in meno a cui pensare.

Ora andate a pagina 88 se il bambino ha un'età compresa fra sei e diciotto mesi, a pagina 148 fra diciotto mesi e tre anni e a pagina 218 fra tre e sei anni. E pregustate mentalmente la nottata in cui dormirete otto ore di fila!

Elementi di base del programma per l'alimentazione

Avete letto tutti i libri, conoscete le sostanze nutrienti di cui il corpo ha bisogno per crescere sano, e sapete di dover incoraggiare vostra figlia a mangiare una varietà di piatti dai sapori diversi – ma lei non vuole saperne. Continua a sputare ogni boccone, oppure serra le labbra in modo da impedirvi di imboccarla, e ogni pasto si trasforma in una battaglia. I bambini più grandi possono decidere di mangiare soltanto patatine fritte e gelato, e rifiutare qualsiasi altra cosa.

È molto angosciante per i genitori, i quali temono che lo sviluppo del bambino si arresti, o che insorgano problemi di malnutrizione, ma vorrei rassicurarvi: è assai improbabile che si arrivi a tanto – specie ora che avete fatto un passo da gigante nella giusta direzione, decidendo di introdurre un cambiamento. Sappiate che non siete sole. Ho aiutato decine e decine di famiglie con problemi legati all'alimentazione dei figli.

Se seguite il programma alla lettera, dovreste osservare cambiamenti sostanziali dopo tre giorni, ma innanzitutto voi e il vostro partner dovrete essere certi al cento per cento che sia veramente ciò che volete. Dovrete entrambi leggere e comprendere il programma, perché dopo i tre giorni proseguirà ed entrerà a far parte della vita quotidiana.

Sedetevi tutti insieme in famiglia e discutete il programma per l'alimentazione. L'obiettivo è far sì che tutti in casa mangino le stesse pietanze e il cuoco o la cuoca debba preparare una sola cena per tutta la famiglia. Ho conosciuto madri che cucinavano pasti diversi per ciascun figlio, perché al piccolo Giorgio non piacciono le patate, Enrico non gradisce i pomodori e Sara vuole sempre e solo la pasta. È chiaramente assurdo, e trasmette ai bambini segnali totalmente sbagliati.

Durante il programma, i pasti vanno consumati a casa, idealmente in presenza di entrambi i genitori. So che è difficile per le coppie indaffarate, ma potreste cominciare nel fine settimana o durante un periodo di ferie. Se soltanto uno dei genitori può essere presente, consiglio che l'altro cerchi di arrivare a casa entro l'ora di cena almeno il terzo giorno. Ricordate che è per il bene del bambino e che si tratta di introdurre un cambiamento fondamentale che migliorerà la vita di tutta la famiglia.

Come nei programmi per i problemi legati al sonno o al comportamento, uno dei genitori assumerà il «ruolo guida» e l'altro seguirà l'esempio. Se date entrambi istruzioni al bambino, potreste trasmettere messaggi confusi. La cosa più importante per il genitore «che segue» è sedersi al tavolo da pranzo e mangiare un pasto simile a quello del bambino (vi risparmierò la «pappetta» di verdure che si dà ai più piccoli).

Come funziona?

L'idea sta nel programmare il menù in anticipo, scegliendo piatti che piacciano sia agli adulti sia ai bambini, anche se per i piccoli bisognerà passarli o frullarli. Compilate una tabella indicando cosa verrà servito a tavola per pranzo e cena. La colazione potete anche non includerla, in quanto solitamente è standard. Ecco un esempio adatto a un bambino di età compresa fra tre e sei anni:

	pranzo	cena
venerdì	uovo sodo e pane tostato	stufato o spezzatino con purea, mais e broccoli
sabato	panini al prosciutto e formaggio	pasta al sugo con insalata
domenica	pollo arrosto con verdure	crêpes salate

Quando è ora di preparare il pasto, chiedete al bambino di aiutarvi, assegnandogli i compiti in base all'età e alle capacità, e lasciando che lo assaggi, se ne ha voglia, durante la preparazione. Poi sedetevi a tavola.

Se non tocca cibo, potete dargli della frutta per dessert, ma non tentate di riempirlo di yogurt, biscotti o gelato. Non morirà di fame.

Ogni giorno dategli due spuntini tra i pasti principali della giornata, in momenti abbastanza distanti dall'ora di pranzo e cena per non guastargli l'appetito; gli spuntini non devono essere troppo abbondanti, perché dovrà avere fame quando si siederà a mangiare il pasto successivo. Poi servite il cibo che avete deciso di mangiare insieme a tutta la famiglia.

Non si fanno storie o discussioni sul cibo in tavola. Limitatevi a servirlo, fate commenti su quanto sia appetitoso e, se non viene toccato, riportatelo via. Nel programma fornirò istruzioni dettagliate, passo per passo, secondo la fascia d'età del bambino. Il primo giorno può rivelarsi molto difficile, se è un po' di tempo che il bambino è schifiltoso nel mangiare. Il secondo dovrebbe andare un po' meglio, e il terzo giorno dovrebbe mangiare almeno qualcosa di ciò che ha nel piatto a ogni pasto.

Come nel programma per i problemi legati al sonno, farete ricorso a elogi e ricompense, usando un sussidio visivo (per esempio un cartellone per gli adesivi o un barattolo di vetro per le biglie) per registrare i progressi compiuti, e un premio per ogni traguardo raggiunto. Dovreste cercare di dargli una ricompensa al giorno – anche solo perché è rimasto seduto tranquillamente a tavola.

Se pensate che non funzionerà mai con la vostra piccola schizzinosa, provate. È davvero efficace, se vi attenete con cura al programma e non lo indebolite offrendo fette di pane quando non vuole mangiare la pietanza e si lamenta per la fame. Inizialmente dovrete essere severe, ma non ci vorrà molto perché la bambina capisca.

Che cosa vi servirà?

Prima di cominciare, dovreste aver deciso i menù per i tre giorni successivi e acquistato tutto il cibo necessario. È importante che vi basiate su ciò che la bambina già conosce, piuttosto che introdurre troppi cibi nuovi tutti insieme. Se le piacciono i dolci, raccomando di acquistare molta frutta (diversa, non solo quella che già sapete le piace) e anche verdure dolci (carote, zucca, zucchine...). Includete alcuni dei suoi cibi preferiti, ma chiarite che dovrà mangiare anche altre cose. Ecco quello che vi servirà:

- un frigo pieno di provviste (per idee, fate riferimento agli esempi di menù nei capitoli specifici)
- una scorta di cibo da mangiare con le mani e di merendine a base di alimenti naturali (troverete suggerimenti nei singoli programmi)
- ciotole, piatti, posate e bavaglini divertenti, secondo l'età del bambino
- un frullatore per trasformare alla svelta un pasto da grandi in una pappa per i più piccoli
- contenitori per congelare gli alimenti
- un sussidio visivo a scelta

Come nel programma per il sonno, scegliete un momento in cui il bambino sia in ottime condizioni di salute e voi e il vostro partner abbiate il tempo per concentrarvi sul programma senza distrazioni dovute al lavoro o ad altre preoccupazioni.

Per i programmi riguardanti l'alimentazione, le fasce d'età possono essere flessibili. Se il bimbo si sta abituando lentamente allo svezzamento, non mettetelo in difficoltà con cibi tritati grossolanamente, che si devono masticare a lungo. Introducete pian piano i nuovi alimenti, seguendo le fasi descritte al capitolo 3 (pp. 109-115). Quando sarà disposto ad accettare consistenze diverse, potrete progredire utilizzando i suggerimenti e l'esempio di programma per l'alimentazione adatto ai bambini di età inferiore a diciotto mesi. Nella mia esperienza, se il bambino ha fratelli o sorelle maggiori, è probabile che voglia mangiare le stesse cose dei più grandi, quindi potrebbe essere pronto per il programma per i bambini fra i diciotto mesi e i tre anni (vedi p. 165) appena compiuti dodici mesi, e pronto per il programma per i bambini fra tre e sei anni (vedi p. 238) prima del terzo compleanno. Conoscete vostro figlio meglio di chiunque altro, leggete dunque i programmi e stabilite voi stesse ciò per cui è pronto.

Elementi di base del programma per il comportamento

Prima che abbia compiuto un anno, non c'è veramente bisogno di imporre al bambino una disciplina. Soltanto quando comincia a gattonare e a infilarsi in situazioni potenzialmente pericolose diventa necessario essere certi che, quando gli si dice «Fermati!» smetta di fare quel che sta facendo. Dopo aver imparato a gattonare, i bambini si rendono conto di disporre di una certa indipendenza e possono cominciare a comportarsi in maniera problematica.

- A uno o due anni, possono rifiutarsi di condividere i giocattoli, di farsi allacciare la cintura del seggiolone o del passeggino, mordere o menar le mani.
- A due o tre anni, i problemi possono comprendere: scappare quando ci si trova in luoghi pubblici, ignorare sem-

plici istruzioni, sputare, fare le bizze, rifiutarsi di chiedere scusa e lottare in generale per affermare la propria indipendenza.

- Fra i tre e i sei anni, possono presentarsi problemi di liti tra fratelli e/o sorelle, parolacce, broncio, urla e botte, comportamento scorretto a tavola, e una trattativa continua su ogni minimo aspetto della vita che può far ammattire.

Mi avvalgo di tre sistemi fondamentali per aiutare i bambini a scegliere di comportarsi correttamente: il sistema della guida, il sistema delle conseguenze e il sistema della tolleranza zero. Illustro di seguito i concetti di fondo, ma troverete modalità di applicazione dettagliate nel capitolo relativo alla fascia d'età del vostro bambino.

Il sistema della guida

Ogni bambino è un individuo. È unico. Assieme al vostro partner avete dato vita a una creatura che non ha uguali. Un metodo educativo efficace tiene conto del carattere del piccolo. Raccomando l'uso di uno schema di riferimento, come quello che segue, che potrete adattare alla personalità del bambino:

- dissuadere il bambino
- indirizzarlo verso un altro giocattolo o un'altra attività
- accertarsi che sia interessato
- lodarlo
- indicare l'attività successiva della giornata
- lasciare che il bambino giochi da solo

Riporto qui di seguito un esempio di schema di riferimento, adattato a un bambino di due anni al quale piacciono i treni.

Dissuaderlo

- Chiedete a vostro figlio di non fare qualcosa: «Giorgio, non voglio che tu lo faccia. Vieni, dammi la manina».

Indirizzarlo

- Tenete il bimbo per mano e indirizzatelo verso un giocattolo che catturi il suo interesse.

Accertarsi che sia interessato

- Sedetevi un momento con lui: «Ma guarda che bella ferrovia! Quanti vagoni pensi che possiamo trainare con la locomotiva blu?»
- Agganciate i vagoni e lasciate che il bambino tiri la locomotiva.

Lodare

- «Bravo. Questo convoglio è fortunato ad averti come macchinista».
- Alzatevi.

Indicare l'attività successiva

- «Adesso finisco di [lavare i piatti/cucinare/leggere la posta] e poi è ora di [mangiare/andare ai giardinetti]».

Allontanarsi

- Allontanatevi. Non esitate. «Ottimo lavoro, macchinista!»

E se il sistema dissuadere/indirizzare/interessare/lodare non funziona e il bambino continua a disobbedire? È il momento di intervenire per chiarire il messaggio. Nella mia esperienza, se un bambino dice «no» la prima volta che gli si chiede di fare una cosa, continuerà a dire «no» anche la seconda, la terza, la quarta e la quinta volta, per cui non ha senso ripetere la richiesta. Il mio consiglio è chiarire al bambino che ha la possibilità di scegliere, e credere che seguirà i vostri insegnamenti.

Ecco un esempio. Poniamo che in casa viga la regola di «non saltare sul divano» e il bambino inizi a farlo. Cercate di indirizzarlo verso un puzzle, ma non funziona. In tal caso, dovrete allontanare il bambino dal divano e farlo sedere sul tappeto, distante dal divano, e dirgli con fermezza:

«In casa non si salta sul divano. La mamma e il papà non saltano sul divano».

Poi gli offrite la scelta:

«O resti lì seduto, oppure vieni a fare questo bellissimo puzzle con papà».

Non aspettate la risposta del bambino. Cominciate a costruire il puzzle davanti a lui: il divano sarà presto dimenticato e comincerà ad aiutarvi.

Ho una madre davvero eccezionale, ma devo ammettere che non ero una figlia facile. Ero il tipo di bambina che saggia i propri limiti fino alle estreme conseguenze. Ricordo che mi diceva, quando ero ormai una ragazzina: «Kathryn, ma perché devi sempre imparare a tue spese?»

Ora che sono una «tata di professione» e ho studiato e aiutato tante famiglie, posso rispondere a quella domanda. Ci sono persone che hanno grande successo nella vita e non si fermano fino a quando non ottengono quello che ritengono giusto per se stessi. L'uomo d'affari affermato ha lottato e sgomitato per arrivare dove si trova oggi. I bambini che «saggiano i propri limiti» hanno bisogno di una guida solida e chiara che li indirizzi verso il successo... e hanno altrettanta necessità di una guida solida che insegni loro a distinguere il giusto dallo sbagliato. Sono bambini avidi di sapere, e potrebbero diventare i top manager del futuro, ma ora devono imparare a comportarsi in maniera appropriata nei loro rapporti con gli altri bambini e con gli adulti.

Il sistema delle conseguenze

Il sistema della guida dovrebbe funzionare bene con bambini di età compresa fra uno e due anni. Crescendo, però, saggeranno sempre di più i loro limiti e questo è il momento in cui il sistema deve diventare più severo. Il sistema delle conseguenze è generalmente impiegato con i bambini che hanno compiuto i due anni, ma se vostro figlio è precoce potreste doverlo usare prima.

Abbiamo tutti bisogno di uno spazio in cui ritirarci a pensare. Personalmente, riempio la vasca da bagno e mi chiudo in casa, oppure inforco la bicicletta e mi eclisso. Chi mi è vicino sa che quello è il mio spazio per riflettere. È doveroso dare a un bambino il proprio spazio in cui ritirarsi a pensare. È un posto in cui può assimilare ciò che gli si chiede. L'importante è individuare un luogo sicuro in cui poterlo lasciare da solo, senza distrazioni tipo televisione o fratelli e sorelle maggiori. Deve sentire che quello è il momento in cui porsi domande e valutare il proprio comportamento. Lo spazio per riflettere potrebbe essere:

- una poltroncina nell'ingresso
- il gradino inferiore della scala
- una sedia in un angolo tranquillo
- un divano in una stanza silenziosa
- se ha più di tre anni, potete mandarlo in camera sua

I bimbi di età superiore a due anni di solito sanno perfettamente quando fanno qualcosa di sbagliato. Ecco come funziona il sistema delle conseguenze nel caso di una bambina di tre anni che insiste a saltare sul letto dei genitori, pur sapendo benissimo di non doverlo fare.

- istruzione precisa
- avvertimento
- allontanamento dalla situazione
- offerta di un'alternativa
- spazio per riflettere
- scuse
- passare ad altro

Istruzione precisa

- «In questa casa non si salta sui letti. Scendi *subito*».

Avvertimento

- «Uno... due... tre».

Allontanamento dalla situazione

- Prendete la bambina per mano (se necessario, prendetela in braccio) e allontanatela dal letto. «Bene. Ora basta. Vieni con me!»
- Accompagnatela al suo spazio per riflettere e fatela sedere.

Offerta di un'alternativa

- «Puoi venire con me e [fare un bel disegno/aiutarmi a fare una torta/altra attività interessante], oppure puoi stare seduta qui. Scegli cosa vuoi fare. Io vado [a preparare i colori/gli ingredienti per la torta/organizzare l'attività]».
- Se dice che vuol venire con voi, chinatevi alla sua altezza e guardatela negli occhi: «Che cosa ti ho detto di non fare?» Se risponde correttamente, chiedetele di scusarsi e poi potete andare a fare ciò che avete proposto.
- Se non è pronta a chiedere scusa, dovete alzarvi senza esitazione e lasciarla nel suo spazio per riflettere.

- Se cerca di seguirvi, fatela tornare al suo spazio senza dire una parola.

Spazio per riflettere

- La bambina potrebbe strillare, sbraitare o piangere. È molto importante lasciare che si comporti così. Non reprimete le emozioni di vostra figlia. Lasciate che dia sfogo alla frustrazione. Si calmerà quando sarà pronta.
- Assicuratevi che resti nel suo spazio per riflettere fin quando non si calma. Se si alza, riaccompagnatecela. Non cedete. Il sistema funziona.

Scuse

- Quando la bambina è seduta tranquilla sul gradino e voi sapete che ha capito perché si trova lì, ditele: «Bene, penso sia ora di andare a fare qualcosa di bello insieme».
- Se ricomincia a strillare, allontanatevi dicendo: «Torno quando sei pronta».
- Quando sarà pronta, chinatevi alla sua altezza e chiedetele di guardarvi negli occhi.
- Ditele qualcosa tipo: «Su, abbracciamoci per chiedere scusa. Non c'è ragione di comportarsi così. Sei una bambina meravigliosa, fammi vedere che sai anche comportarti a meraviglia. Adesso sei pronta per fare [un disegno/la torta/qualunque fosse l'attività proposta]?»

Ho incontrato genitori che mi hanno chiesto se non c'è il rischio che un bambino si comporti male apposta, per avere la possibilità di fare cose interessanti, ma nella mia esperienza i bambini non sono così calcolatori. Se avete il sospetto che vostro figlio cerchi di manipolare il sistema, potete proporre attività meno allettanti, ma è importante offrirgli un'alternativa concreta e permettergli di fare la scelta giusta da solo.

Il sistema della tolleranza zero

In ogni famiglia ci sono comportamenti che sono considerati inaccettabili in qualsiasi circostanza. Dovreste stabilirli insieme al vostro partner e alle altre persone che eventualmente si occupano del bambino, e dovrete reagire ogni volta che il piccolo manifesta quei comportamenti. Ecco la mia lista di comportamenti che ritengo richiedano il sistema della tolleranza zero:

- mordere
- picchiare
- sputare
- rubare
- mentire
- dire cattiverie
- danneggiare o rompere apposta gli oggetti

La procedura è la seguente:

- dire
- agire
- chiedere scusa
- spiegare
- passare ad altro

Immaginiamo una situazione in cui la sorella maggiore abbia appena sottratto un giocattolo al fratellino di due anni e lui decida di morderla. Certo, lei ha sbagliato a prendergli il giocattolo, ma il gesto da tolleranza zero deve essere affrontato immediatamente.

Innanzitutto, accertatevi che la bambina stia bene. Tranquillizzatela con un libro o un giocattolo e ditele che tornerete a giocare con lei, non appena risolta la questione del morso.

Dire

- «Non si mordono le persone, mai. Vai subito nel tuo spazio per riflettere».

Agire

- Portate direttamente il piccolo nel suo spazio per riflettere, dicendo: «Non ti muovere finché non sei pronto a chiedere scusa».
- Ora concentratevi sulla parte offesa.
- Se il bambino abbandona il suo spazio, dovrete riaccompagnarlo al suo posto. Può darsi che si metta a strillare e sbraitare per la frustrazione, oppure inizi a mostrare segni di pentimento, piangendo. Le scuse sono obbligatorie per il comportamento da tolleranza zero, ma dovrete prima aspettare che si calmi.

Chiedere scusa

- Una volta che il bambino si sia tranquillizzato nel suo spazio, potete avvicinarvi e chiedergli se è pronto ad abbracciare la sorella.
- Prendetelo per mano e aiutatelo a farlo. È difficile ammettere di aver sbagliato, per cui fornitegli l'aiuto di cui ha bisogno. Potete anche abbracciarvi tutti insieme.

Spiegare

- «In questa casa nessuno morde. Mordiamo solo il cibo. Non facciamo mai male alle persone».

Passare ad altro

- «Andiamo a [giocare con la palla/altra attività divertente] ora che siamo di nuovo tutti felici!»
- Se il bambino si rifiuta di chiedere scusa e resta nel suo spazio per riflettere, dovrete fargli capire con fermezza lo

scompiglio che ha provocato. «Non chiedi scusa neanche dopo che ti ho chiesto di farlo. È già durata abbastanza, adesso. Puoi alzarti di lì quando sei pronto, ma non...» (negategli un privilegio nel quale sperava, per esempio guardare la televisione più tardi).

- Probabilmente a questo punto il bambino cercherà di chiedere scusa, ma ormai è troppo tardi. Dovrà fare a meno dell'attività che voleva svolgere. Deve sentirsi turbato, in modo che la prossima volta se ne ricordi e sia disposto a chiedere scusa.
- Se ricomincia a strillare e sbraitare, fatelo tornare nel suo spazio per riflettere e allontanatevi, dicendo: «Magari la prossima volta che ti dico di chiedere scusa lo farai».

Alla fine le urla cesseranno, e potrete indirizzarlo verso un'altra attività e ricominciare da capo.

Vi avverto: non minacciate mai di negargli un privilegio se non siete pienamente convinte di andare fino in fondo. Di recente, in un aeroporto, ho sentito un padre dire al figlio: «Se non la smetti, non prendiamo l'aereo e non andiamo in vacanza!»

E il bambino gli ha risposto: «Sì, come no!»

Precisamente ciò che intendo.

Trattare con tipi di bambini diversi

Vostro figlio deve imparare che cosa succede nei tre stadi del metodo che ho appena descritto, e all'inizio la curva dell'apprendimento può rivelarsi ripida per entrambe le parti. Dovrete usare l'intuizione per capire quale dei sistemi sia il più adatto, man mano che procedete, ma fornirò consigli più specifici nei capitoli relativi alla fascia d'età del bambino. Se commettete qualche sbaglio, non preoccupatevi: imparate dagli errori e rimediate alla prossima occasione.

Il bambino lotterà contro il sistema con tutte le sue forze, spingendosi oltre i limiti per capire quanto siete serie nell'applicare il metodo. Farà del proprio meglio per riportarvi alle vecchie abitudini, specialmente se avete a che fare con uno dei tre tipi indipendenti che ho descritto nel capitolo 1.

Il negoziatore potrebbe provare a convincervi che ha ragione lui, ma dovrete tener duro e credere in ciò che fate. Non lanciatevi in una discussione. Ponete fine alla diatriba prima che inizi, dicendo: «Non è una cosa di cui si può discutere». Cambiate argomento, oppure allontanatevi, dicendo al bambino che cosa andate a fare. Se il bambino ha un buon argomento, e vi trovate d'accordo con lui, ditegli: «È una buona osservazione. Penso tu abbia ragione e sono disposta a fare come dici tu, stavolta, ma non ogni volta. Inteso?» Accertatevi che dica di sì. Non prendete l'abitudine di cedere con i negoziatori, però. Non è un bene per loro!

Il lottatore tenderà a passare la prima parte del programma urlando a squarciagola e ribellandosi in ogni maniera possibile. Se tenete duro e rispondete sempre allo stesso modo, ben presto capirà che il suo «carattere da lottatore» non porta più ai risultati che desidera. Ricordate che vi servirà forza fisica ed emotiva per affrontare questo tipo di situazione. Probabilmente dovrete mandare il lottatore più volte nel suo spazio per riflettere, prima che ci rimanga. All'inizio sarà snervante, ma alla fine ne sarà valsa la pena.

Non è utile stabilire troppi limiti e passare il primo giorno a relegare ripetutamente il bambino nel suo spazio per riflettere. Potete lavorare sui limiti nel corso delle tre giornate. Non sovraccaricate il bambino di informazioni sin dal primo giorno.

Finora l'attrice drammatica è riuscita a ottenere ciò che voleva buttandosi a terra e inscenando melodrammi. Il miglior modo di cambiare questo comportamento è ignorare l'esibizione teatrale. Uno spettacolo senza pubblico è noioso.

Lasciatela nel suo spazio a piangere lacrime di coccodrillo finché non è pronta a chiedere scusa e a riunirsi alla famiglia.

Quale che sia il tipo di bambino, dovrete reindirizzare i vostri processi mentali e andare contro il vostro istinto.

- Non reagite immediatamente.
- Mantenete la calma.
- Pensate in termini di limiti.
- Pensate in termini di sistema.
- Reagite impartendo istruzioni precise.
- Raccogliete i frutti!

L'importanza della coerenza

Dovrete applicare il sistema tre volte, esattamente alla stessa maniera, prima che il bambino inizi a capire che cosa stia succedendo. Alla fine, se fate la stessa cosa ogni volta, ci arriverà e saprà cosa aspettarsi. Col tempo, potrebbe addirittura usare il sistema di propria iniziativa. Ho visto bambini ritirarsi spontaneamente nel proprio spazio per riflettere dopo aver compiuto una marachella. È a questo punto che capirete che sta imparando l'autodisciplina. Ha compreso che la rabbia e la frustrazione sono inaccettabili nelle situazioni collettive, quindi è meglio allontanarsi un attimo per calmarsi e tornare quando si è pronti.

Tuttavia raggiungerà questo stadio soltanto se siete pienamente coerenti nell'applicazione delle regole. Non sottolineerò mai abbastanza l'importanza della coerenza. I limiti e i fattori della tolleranza zero devono essere chiari. Se non volete che la bambina apra gli sportelli della dispensa, fatene una regola ferrea. I bambini non capiscono la flessibilità. Una regola è una regola.

Se trasmettete messaggi contraddittori, la bambina inizierà a inventarsi le proprie regole e prima ancora che ve ne rendiate conto la vita dell'intera famiglia ruoterà intorno a lei.

Naturalmente, se riuscite a prevedere le situazioni che possono causare frustrazione nel bambino e prevenirle, vi risparmierete un sacco di problemi. Al termine dei capitoli 3, 4 e 5 esamineremo alcuni importanti campi di battaglia in cui potreste ritrovarvi a combattere con bambini delle diverse fasce d'età. Andate a pagina 127 per consigli sui bambini di età compresa fra sei e diciotto mesi, a pagina 181 per quelli fra i diciotto mesi e i tre anni e a pagina 254 per i bambini fra i tre e i sei anni.

Ora siete pronti per iniziare il programma

Leggendo i programmi scoprirete che sono la regina degli elenchi puntati! Ecco dunque, in sintesi, ciò che dovrete fare.

- Scegliere il programma.
- Leggere il programma e discuterlo con il partner o con altri adulti che vi aiuteranno.
- Rileggere il programma, in modo da averlo chiaro in testa.
- Preparare tutto ciò che serve.
- Essere convinti che funzionerà.
- Applicare il programma.
- Rimanere coerenti.
- Guardare la vita familiare cambiare sotto i vostri occhi!

CAPITOLO 3

Dai sei ai diciotto mesi

Verso i sei mesi il neonato inizia a diventare un individuo con una personalità distinta e con le proprie preferenze e antipatie. Queste potrebbero cominciare a manifestarsi all'inizio dello svezzamento, e per questo divorerà alcuni cibi e ne rifiuterà altri. Avrà i suoi giocattoli preferiti, compreso uno con il quale è probabile voglia dormire, e gli piacerà rotolarsi sul tappeto e interagire con voi.

Intorno ai sette mesi vorrà vedere il mondo da un punto di osservazione diverso, invece di starsene sdraiato sul suo tappetino, e si rotolerà avanti e indietro e gli piacerà passare tempo seduto, con un po' di sostegno alla schiena. A nove o dieci mesi potrebbe aver imparato a spostarsi da un punto all'altro, gattonando, strisciando, o usando la sola forza di volontà. Poi comincerà a muovere i primi passi, e a diciotto mesi non sarà più un neonato, ma un bimbo capace di camminare autonomamente. Potrebbe chiacchierare nella sua lingua personale e mostrare in vari modi il desiderio di affermare la propria indipendenza.

In un mondo ideale, il pargolo dormirà tutta la notte, farà un paio di riposanti sonnellini al giorno e mangerà una grande varietà di cibi, ma sappiamo tutti che non viviamo in un mondo ideale – ed è qui che i miei programmi entrano in scena. Non esitate a usarli anche con i più piccini. Quanto prima si instaurano le buone abitudini, tanto più facile sarà per tutti – compreso il vostro bambino.

Programma per i problemi legati al sonno

Intorno ai sei mesi un bambino dovrebbe essere in grado di dormire tutta la notte, per esempio dalle otto e mezzo di sera alle sette del mattino (almeno). Avrà ancora bisogno di circa tre ore di sonno diurno, distribuite nell'arco della giornata, che si ridurranno gradualmente fino ad arrivare a un unico sonnellino di una o due ore intorno ai diciotto mesi. Purché lo abbiate tranquillizzato seguendo una routine prestabilita, dovreste riuscire a metterlo nel suo lettino quando ha sonno, ma è ancora sveglio, e lasciare che si addormenti per conto suo. Se si sveglia durante la notte, dovrebbe riuscire a riaddormentarsi da solo, a condizione che nulla lo infastidisca (per esempio un rumore strano, o se sta poco bene).

Vostra figlia non si comporta così? Dovete cullarla ogni volta per farla addormentare? Si lamenta se la lasciate sola? Dovrete educarla in modo che capisca che cosa deve fare. Ecco a cosa serve il programma per il sonno!

Prima di cominciare, accertatevi che la sua cameretta favorisca una buona dormita. L'ambiente deve essere fresco e buio, servono quindi delle tende scure o il foglio di alluminio sui vetri (vedi p. 19). Se non state già usando una sacca da nanna (vedi pp. 19-20), perché non provarla? Ai piccoli piace sentirsi avvolti in un sacco, dà loro una sensazione di sicurezza.

Verificate gli eventuali disturbi. Il riscaldamento centralizzato fa rumore quando si accende? Avrà troppo caldo o troppo freddo? I fratelli più grandi fanno baccano nella stanza accanto? Qualcosa la spaventa? Ha fame? O forse ha soltanto preso dei ritmi che bisogna riequilibrare?

Una volta escluse tutte le altre cause evidenti, è facile che abbia preso un ritmo che non fa bene né a lei né a voi. Ma non preoccupatevi, perché il suo ciclo sonno-veglia può essere riprogrammato in maniera ragionevolmente rapida.

Prima di iniziare il programma, ricordate che vi servono un timer digitale e una tabella in cui annotare i progressi (vedi p. 67). A sei mesi il bambino è troppo piccolo per il sussidio visivo, ma dopo aver compiuto un anno potrebbe comprendere la logica di un sistema semplice, come mettere una biglia in un barattolo di vetro ogni volta che ha dormito bene tutta la notte.

Nel corso del programma, stabilirete una routine quotidiana e all'inizio dovrete seguirla con precisione. Se siete il genitore che conduce il programma, dovete liberarvi da ogni altro impegno per essere certe di poterlo fare. Dovrete essere voi a metterlo a dormire ogni volta per tre giorni consecutivi, non voi al mattino, la baby-sitter al pomeriggio e il vostro partner la sera. Non iniziate il programma finché non avrete a disposizione un periodo per farlo. La routine cui attenersi (con l'avvertenza sugli orari che trovate a p. 14) è la seguente:

7-8	Sveglia e latte (se il bambino al mattino lo prende ancora)
8-9	Colazione; vestirsi, pettinarsi, lavarsi i denti
9-11	Un paio d'ore dopo la sveglia, i bambini fra i sei e i dodici mesi possono aver bisogno di un pisolino di quarantacinque minuti o un'ora, ma non dovrebbero dormire oltre le 11
11-12.30	Attività mattutina
12.30-13.30	Preparare il pranzo e mangiare
13.30-16	Sonnellino pomeridiano di un'ora-due ore e mezzo (il bambino non dovrebbe dormire oltre le 16)
16-18	Attività pomeridiana
18.30-19	Cena
19.30-19.50	Bagno
19.50-20.10	Rilassamento

20.10-20.25 Fiabe e latte
20.25-20.30 Lavarsi i denti
20.30 A letto

Anche se al momento i vostri intervalli orari sono completamente diversi, vi consiglio di seguire questa routine, che è stata studiata in modo che il bambino si senta naturalmente stanco quando lo coricate nel suo lettino, ma non sia esausto, perché ciò potrebbe renderlo irritabile e impedirgli di prendere sonno. La adopero da molti anni e so che funziona.

Siete pronti a cominciare a cambiare il ciclo sonno-veglia del vostro bambino? Di seguito troverete istruzioni dettagliate per ogni parte della giornata.

Pianificazione del primo giorno

La nuova routine inizia immediatamente, e questo significa che non dovrete offrire del latte alla bambina se si sveglia prima delle sette. È questa l'ora alla quale può avere il latte, non prima. (Se ha dodici mesi o più, potreste comunque aver smesso di darle il latte al mattino.)

Intorno ai sei mesi la bambina sarà in fase di svezzamento; servite quindi la colazione tra le otto e le nove. (Per consigli sullo svezzamento, vedi pp. 109-115.)

Se il bambino ha un'età compresa fra sei e dodici mesi, è molto probabile che abbia bisogno di fare un sonnellino di un paio d'ore dopo il risveglio: se si è alzato alle sette, significa intorno alle nove. Se il bambino ha un'età compresa fra tredici e diciotto mesi, proseguite pure la giornata, ma potreste scoprire che ha bisogno di pranzare alle 12.30 e del sonnellino pomeridiano all'una.

Se fa un pisolino la mattina, sarà la prima volta che gli chiederete di addormentarsi da solo. La cosa lo confonderà, se è abituato ad addormentarsi tra le vostre braccia, ma seguite con fiducia la tabella di marcia seguente e presto capirà ciò che gli chiedete.

Pisolino a metà mattina

- Cambiategli il pannolino. Pulitegli le mani e il viso per eliminare le tracce della colazione.
- Mettetelo nella sacca da nanna (se la usate).
- Tornate nella stanza del bambino e abbassate le tapparelle.
- Tenetelo in braccio e parlategli per trenta secondi (non di più). Dite qualcosa tipo: «La mamma vede che sei stanco. Ora sei nella tua bella cameretta, con la tua meravigliosa [menzionate tre oggetti, tipo la lampada a forma di aereo, il coniglio di peluche e la foto dello zoo]. Adesso fai un riposino, mentre la mamma [fa la doccia/mette in ordine la cucina/fa una telefonata]. Poi cominciamo la nostra splendida giornata insieme».
- Sistemate il bambino nel lettino, nella posizione in cui solitamente dorme.
- Massaggiategli la schiena o accarezzategli il viso, un gesto affettuoso spontaneo. Ditegli: «Bravo, il mio bel bambino. La mamma ti vuole tanto bene. Dormi sereno».
- Voltatevi e uscite dalla stanza. Non guardatevi indietro. «Bravo il mio ometto, dormi bene».
- Chiudete la porta o accostatela bene.
- È probabile che inizi immediatamente a strillare. Cominciate a cronometrare le grida e le pause, usando la tabella e il timer digitale.
- Se il bambino continua a strillare per cinque minuti senza pause e il tono si fa più acuto, si tratta di urla in crescendo e dovete entrare nella stanza.
- Prendete in braccio il piccolo e rassicuratelo: «Ce la puoi fare, cucciolo. È l'ora del riposino».

- Rimettetelo nel letto nella posizione in cui dorme.
- Massaggiategli la schiena, carezzategli i capelli o fate lo stesso gesto affettuoso che avete adoperato prima. «Bravo bambino, così. La mamma ti vuole tanto bene».
- Uscite dalla stanza continuando a parlare: «Bravo il mio ometto. Dormi bene. Ce la puoi fare».
- Quando cominciano le grida, attivate il timer e prestate attenzione alle pause di riflessione.
- In una ventina di minuti dovrebbe emergere uno schema, più o meno simile al seguente.

avvio timer	arresto timer	durata delle grida	durata della pausa
9.40	9.45	5 minuti (crescendo)	intervento per riaddormentarlo
9.46	9.50	4 minuti	2 secondi
9.50	9.55	5 minuti	2 secondi
9.55	10	5 minuti	3 secondi

- L'obiettivo è rientrare per riaddormentare il bambino una sola volta. Può darsi che gridi a lungo, ma dategli il tempo che gli serve per imparare. Non continuate a entrare nella stanza cercando di farlo riaddormentare in fretta, perché così non ce la farà mai da solo.
- Se dopo trenta minuti le pause di riflessione non sembrano allungarsi, vestitelo, mettetelo nel passeggino nella posizione del sonno e uscite a fare una passeggiata.
- Lasciatelo dormire quarantacinque minuti, un'ora al massimo, non oltre le 11.30.

Trascorrete una piacevole mattinata insieme e fate un buon pranzo. La sfida successiva sarà metterlo a letto per il sonnellino pomeridiano. Anche in questo caso, seguite le istruzioni passo per passo.

Sonnellino pomeridiano

L'ideale è che la bambina mangi e sia pronta per il sonnellino tra l'una e le due. Se non cogliete il momento giusto, potrebbe essere troppo stanca e sarà molto più difficile che si addormenti, quindi cercate di iniziare il pranzo tra le 12.30 e l'una.

- Cominciate a metterla a letto non più tardi delle due, seguendo esattamente la stessa procedura del mattino.
- Non appena uscite dalla stanza, avviate il timer e annotate i tempi delle grida e delle pause.
- Rientrate nella stanza soltanto in caso di urla in crescendo, e cercate di ridurre al minimo le visite. Ogni volta che rientrate, aumentate la frustrazione della bambina e la farete strillare ancora di più. Verificate se le pause di riflessione diventano più frequenti, perché questo è segno che la piccola sta iniziando a capire che deve addormentarsi da sola. Anche in questo caso dovrebbe emergere uno schema, per esempio:

avvio timer	arresto timer	durata delle grida	durata della pausa
13.30	13.35	5 minuti (crescendo)	intervento per riaddormentarla
13.36	13.41	5 minuti	2 secondi
13.41	13.46	5 minuti	1 secondo
13.46	13.51	5 minuti (crescendo)	intervento per riaddormentarla
13.52	13.56	4 minuti	2 secondi
13.56	14.01	5 minuti	3 secondi
14.01	14.04	3 minuti	4 secondi
14.04	14.09	5 minuti	5 secondi
14.09	14.13	4 minuti	15 secondi

- Continuate ad annotare i tempi finché la bimba non si addormenta. Potrebbe volerci un'ora o più, ma dovete superare il primo ostacolo, ed è proprio questo.

L'attesa può essere angosciante, se vi siete sempre precipitate a consolarla al primo segno di protesta, ma ricordate che gridando comunica con voi. Non è turbata. Sta cercando di capire cosa volete che faccia. È bene superare questo ostacolo con il sonno diurno, invece che con quello notturno. È più facile per entrambe, perché di giorno si è più vigili.

- Alla fine la bambina si addormenterà sicuramente da sola, purché le concediate tempo sufficiente per riflettere. Non entrate nella camera, a meno che non inizino le urla in crescendo.
- Una volta che sia tranquilla, non entrate immediatamente. Aspettate almeno venti minuti prima di darle un'occhiata in silenzio.
- Quando la vedete dormire, datevi una pacca sulla spalla: avete insegnato a vostra figlia ad addormentarsi da sola. Ora rilassatevi e premiatevi.

L'obiettivo è far dormire la bambina da un'ora a due ore e mezzo. Se si sveglia prima che sia passata un'ora:

- Lasciatela sola per tre minuti.
- Se strilla (e non borbotta), entrate nella stanza e tranquillizzatela per dieci secondi, ma non prendetela in braccio.
- Iniziate a compilare la tabella dei tempi.
- Se non riesce ad addormentarsi dopo quaranta minuti di «grida, pausa, grida, pausa», vestitela e cominciate lentamente il pomeriggio.

La bambina si è comunque comportata bene. Si è addormentata da sola. Domani dovrete lavorare per far sì che dorma più a lungo, come abbiamo fatto oggi.

Se la bimba è riuscita a dormire almeno un'ora, si è comportata benissimo. Non insistete per cercare di farla riaddormentare se sono quasi le quattro del pomeriggio. Non deve dormire oltre quell'ora. Anzi, se alle quattro dorme ancora, dovreste entrare nella cameretta e svegliarla dolcemente, per prepararla alle attività pomeridiane. In questo modo avrà quattro ore di tempo per stancarsi, prima di tornare a letto.

Sonno notturno

È essenziale evitare di affrettare la fine della giornata. Perché la serata sia rilassante, prevedete di avere un bel po' di tempo tra l'ora di cena e quella per mettere il bimbo a letto. Penso che servendo la cena alle 18.30 e terminando intorno alle 19 avrete tempo a sufficienza, prima di prepararlo per il bagnetto alle 19.30. Accertatevi che l'acqua sia abbastanza calda da rilassargli i muscoli, ma non troppo, perché potrebbe stordirlo e fargli venire la nausea.

Dopo il bagno il bambino dovrebbe rilassarsi, facendo un gioco tranquillo, ascoltando della musica o guardando la televisione. Se decidete di usare la televisione come strumento di rilassamento, accertatevi che il programma lo acquieti, piuttosto che agitarlo. È ora del libro di fiabe, del biberon o della tazza col beccuccio, e poi a letto.

Se dovete ancora reggere il biberon al bambino, suggerisco di raccontargli le fiabe prima di dargli il latte. Se il bambino regge da solo il biberon o la tazza con beccuccio, potete tenerlo in grembo mentre beve il latte e gli leggete il libro. Dopo il latte, bisogna procedere a una rapida pulizia dei denti.

Sono le otto e mezzo di sera, è ora di andare a letto. La stanza deve essere buia e, se avete una lampada da notte, sistematela in basso, in modo che non illumini direttamente il lettino. Infilate il piccolo nella sacca da nanna e abbracciatelo. Vi consiglio di fare una di queste tre cose:

- Cantategli una ninna nanna, o una canzone dolce e riposante, mentre lo tenete tra le braccia.
- Parlategli brevemente della giornata: «Che bella giornata abbiamo passato! Siamo stati a lezione di musica, abbiamo mangiato una pasta buonissima, siamo stati ai giardinetti, poi ai negozi e abbiamo fatto un bel bagnetto; ora è il momento di una sana dormita nella tua bellissima cameretta».
- Oppure raccontategli brevemente cosa farete domani: «Domani sarà una giornata bellissima. Andremo a fare la spesa con il passeggino, e magari passiamo a dare da mangiare alle anatre. Nel pomeriggio vengono degli amici a trovarci per la merenda e se c'è il sole possiamo giocare fuori. Adesso è ora di dormire nel tuo splendido lettino».

Qualunque alternativa scegliate, dovrà essere ripetuta le sere successive, in modo che il bambino si abitui alla routine.

- Ora adagiate la bambina nel suo lettino (sotto le coperte, se le usate) nella posizione del sonno e ripetete la procedura seguita per farla addormentare in occasione dei sonnellini precedenti.
- Massaggiatele la schiena o accarezzatele il viso, un gesto affettuoso spontaneo, dicendole: «Brava la mia bambina. La mamma ti vuole tanto bene. Dormi serena».
- Uscite dalla stanza, continuando a parlare: «Brava la mia donnina, dormi bene». Chiudete la porta.
- Avviate il timer e annotate i tempi, prestando attenzione alle pause di riflessione. Tornate nella stanza soltanto se la bambina grida ininterrottamente per cinque minuti, senza pause.
- Se dovete entrare, prendete la bimba in braccio e rassicuratela. «Puoi farcela, cucciola, vedrai. È ora di fare un riposino».

- Rimettetela nel lettino, nella posizione del sonno. Massaggiatele la schiena o carezzatele i capelli, esattamente come avete fatto prima. «Brava bambina, così. Sei l'amore della mamma».
- Uscite dalla stanza parlando: «Brava, piccina, dormi bene. Ce la puoi fare».
- Avviate il timer. Prestate attenzione alle pause di riflessione.
- Se la bambina continua a gridare ininterrottamente per altri cinque minuti, rientrate nella stanza e limitatevi a sistemarla nella posizione del sonno. Non prendetela in braccio. «Brava bambina». E uscite dalla stanza.
- Quando ricomincia a strillare, fate ripartire il timer e annotate i tempi.

Cercate di non rientrare più di due volte. Se continuate a entrare nella stanza, confondete le idee alla bambina. Quando entrate, pensa che farete qualcosa, tipo prenderla in braccio. Dopo due visite, puntate a lasciare che si addormenti da sola.

Ricordate cosa vi sta dicendo la bambina: «Ce la metto tutta, mamma. So che mi devo addormentare, lo farò. Lasciami gridare ancora un po'. Ci arriverò. Posso farcela. È tutto così nuovo».

Può sembrarvi che la bambina ci metta una vita ad addormentarsi, ma fidatevi, veramente, tenete duro.

- Mettete parole nelle grida della bambina.
- Ricordatevi che *non* è angosciata.
- Può addormentarsi da sola e *lo farà*.
- Sta ancora imparando.
- È soltanto la prima notte.
- Alla fine si addormenterà.

Risvegli notturni

Se il bambino si sveglia di notte, non dimenticate che si è addormentato da solo per la prima volta stasera. Ne ha appena acquisito la capacità, ma ha ancora bisogno di fare pratica.

- Lasciatelo gridare inizialmente per cinque minuti. Potrebbe riuscire a riaddormentarsi senza che vi alziate.
- Se grida per più di cinque minuti, dovrete andare da lui e calmarlo, ma non accendete la luce. Controllate il pannolino e che non abbia caldo o freddo. Tenetelo in braccio una ventina di secondi, poi rimettetelo a letto nella posizione del sonno e uscite dalla stanza.
- Se continua a gridare, fate partire il timer e annotate i tempi. Prestate attenzione alle pause di riflessione.
- Rientrate soltanto se raggiunge lo stadio in crescendo e ripetete la procedura per farlo riaddormentare. Può darsi che dobbiate prenderlo in braccio, ma non superate i venti secondi. Se lo coccolate più a lungo, gli trasmettete un messaggio che lo confonderà e vanificherete il lavoro già fatto. Pensate che sta saggiando la sua nuova capacità. E mette alla prova anche voi. Sapete cos'è meglio – una notte di sonno senza interruzioni – ed è questo che state entrambi cercando di ottenere.

La prima notte è la più difficile, ma se tenete duro ci vorranno soltanto tre giorni perché i ritmi cambino e tutti dormano.

Pianificazione del secondo giorno

Oggi farete un altro passo avanti. Non prenderete più il bambino in braccio quando entrerete nella stanza per riaddormentarlo. L'obiettivo è entrare una sola volta, dopo averlo messo a letto. Per ogni altro aspetto, la procedura è la stessa del primo giorno.

Quando il bimbo si sveglia alle sette o più tardi, lodatelo e fategli capire quanto siete orgogliose di lui. Ha fatto il primo passo per imparare ad addormentarsi da solo e, se avrete costanza, oggi andrà ancora meglio. Consiglio di non lasciarlo dormire oltre le otto, anche se ha avuto una notte agitata. Non dovete cominciare a modificare la routine quotidiana. Una lunga dormita la mattina può incidere sul sonnellino pomeridiano.

Forse avete passato una notte difficile, ma se siete riuscite a usare la tabella dei tempi e il bimbo alla fine si è addormentato da solo, è stata una grande nottata!

Potreste notare che il bambino stamattina è particolarmente stanco e ha bisogno di un riposino anticipato. Prestate attenzione ai segni di stanchezza e, quando li notate, seguite la routine.

- Cambiategli il pannolino. Pulitegli le mani e il viso dopo la colazione.
- Mettete il bambino nella sacca da nanna (se la usate).
- Tornate nella cameretta e abbassate le tapparelle.
- Tenete in braccio il bimbo e parlategli per trenta secondi (non di più).
- Sistematelo nel lettino (sotto le coperte, se le usate) nella posizione del sonno.
- Massaggiategli la schiena o accarezzategli il viso, un gesto affettuoso spontaneo.
- Uscite dalla stanza continuando a parlare. Chiudete la porta.
- Se inizia a strillare, cominciate a compilare la tabella dei tempi.
- Entrate per addormentarlo dopo cinque minuti, se non c'è stata pausa e le grida hanno raggiunto lo stadio in crescendo, ma non prendetelo in braccio.

- Massaggiategli la schiena, carezzategli i capelli, o fate quello che avete fatto prima.
- Uscite dalla stanza continuando a parlare.
- Avviate il timer. Rientrate nella stanza soltanto in caso di urla in crescendo.
- Non usate il passeggino, oggi. Continuate a segnare i tempi finché non si addormenta.
- Ricordate di non lasciarlo dormire oltre le 11.30.

A questo punto dovreste notare qualche piccolo cambiamento. Siete in sintonia con il sistema e avete capito come funziona. Le pause di riflessione sono più facili da individuare e diventano più lunghe e frequenti. È ancora dura, ma avete superato il primo ostacolo.

Sonnellino pomeridiano

Pranzate tra le 13 e le 13.30 e mettete la bambina a letto non più tardi dell'una, usando esattamente la stessa tecnica del mattino.

L'obiettivo è lasciarla dormire da un'ora a due ore e mezzo. Se si sveglia prima che sia passata un'ora:

- Lasciatela sola per cinque minuti.
- Se grida (e non borbotta), entrate nella stanza e tranquillizzatela per dieci secondi, ma non prendetela in braccio.
- Iniziate a compilare la tabella dei tempi.
- Se non riesce ad addormentarsi dopo quaranta minuti di «grida, pausa, grida, pausa», vestitela e cominciate lentamente il pomeriggio, magari leggendo un libro insieme.

La bambina si è comunque comportata bene. Si è addormentata da sola. Domani dovrete lavorare per far sì che dorma più a lungo, come oggi.

Se la bimba è riuscita a dormire almeno un'ora, si è comportata benissimo.

Non insistete se sono quasi le quattro del pomeriggio. Non deve dormire oltre quell'ora.

Sonno notturno

Seguite il rituale della sera: cena, bagnetto, rilassamento, latte e fiaba, lavarsi i denti e a letto alle otto e mezzo. Il bambino ricorderà cosa succede dopo, anche se è solo il secondo giorno del programma. Adesso sa che cosa deve fare.

- Infilate il piccolo nella sacca da nanna e abbracciatelo. Cantategli una canzone, o parlategli della giornata trascorsa o di domani. Adagiatelo nel suo lettino.
- Massaggiategli la schiena o accarezzategli il viso, un gesto affettuoso spontaneo. «Bravo il mio bambino: La mamma ti vuole tanto bene. Dormi sereno».
- Uscite dalla stanza, continuando a parlare: «Bravo il mio ometto, dormi bene». Chiudete la porta.
- Se grida, fate partire il cronometraggio, prestando attenzione alle pause di riflessione.
- Se grida ininterrottamente per cinque minuti, entrate e tranquillizzatelo soltanto per venti secondi, senza prenderlo in braccio. Fatelo convinte che dovrete aiutarlo a riaddormentarsi una sola volta. È necessario che il bambino percepisca la vostra fiducia e convinzione.
- Continuate a compilare la tabella dei tempi finché il bambino non si addormenta.

Risvegli notturni

Se il bambino si sveglia di notte...

- Lasciatelo gridare per cinque minuti.
- Entrate nella stanza e tranquillizzatelo, senza accendere la luce.

- Se continua a gridare, fate partire il cronometraggio.
- Rientrate soltanto in caso di urla in crescendo.

Ogni volta che il bambino si sveglia, ripetete esattamente la stessa procedura. Deve sapere che, indipendentemente da ciò che fa, reagirete alla stessa maniera. Non c'è nulla che possa fare per costringervi a prenderlo in braccio e coccolarlo, portarlo nel vostro letto, dargli del latte o accendere la luce e cominciare a giocare. Non dev'essere premiato quando si sveglia durante la notte. Deve riaddormentarsi. A questo punto, il messaggio dovrebbe cominciare a essere recepito, quindi non vanificate il lavoro svolto, cedendo anche solo una volta.

Pianificazione del terzo giorno

Mi auguro abbiate notato cambiamenti importanti negli ultimi due giorni. Forse vi sentite stanche, ma avete compiuto dei passi per cambiare un modello di comportamento e siete riuscite a essere determinate nel guidare vostro figlio verso una buona notte di sonno.

A questo punto dovrebbe capire il rituale del sonno. Oggi continuerete a seguire il programma, ed entrerete nella cameretta soltanto in caso di urla in crescendo.

- Per un bambino tra i sei e i dodici mesi, il sonnellino del mattino, circa due ore dopo il risveglio, dovrebbe durare quarantacinque minuti, un'ora al massimo. Se dorme ancora, svegliate il piccolo alle 11.30.
- Un bambino fra i sei e i diciotto mesi va messo a letto per il sonnellino pomeridiano tra l'una e le due e dovrebbe dormire da un'ora a due ore e mezzo. Se alle quattro dorme ancora, svegliatelo.

Può darsi che si addormenti ancora strillando, una volta che lo mettete nel lettino. È normale. Nessun bambino si addormenta immediatamente e alcuni hanno bisogno di una breve chiacchierata con se stessi prima di dormire. Lasciate che il bambino si addormenti come meglio crede. Non interferite entrando nella sua cameretta.

Di notte, seguite esattamente la stessa procedura, con la stessa ninna nanna o chiacchierata, gli stessi gesti affettuosi e le stesse parole quando uscite dalla stanza. Se comincia a gridare iniziate a compilare la tabella dei tempi e prestate attenzione alle pause di riflessione. Confrontate la tabella con quella del primo giorno: sono certa che i periodi di grida ora saranno più brevi e le pause più lunghe. Dovrebbe addormentarsi più rapidamente, perché ora sa che non ci sono alternative. È quello che deve fare.

Quando il bimbo si addormenta, premiatevi. Avete svolto un lavoro straordinario negli ultimi tre giorni. Non avete scelto la soluzione di comodo.

Continuate a seguire la routine e ad annotare i tempi nella tabella fin quando non servirà più, perché il bambino saprà esattamente cosa accade ogni volta che lo mettete a letto. Ora sa che se chiude gli occhi il sonno arriverà e che addormentarsi da soli non è spaventoso o difficile. Al risveglio non si sentirà più assonnato e sarà pieno di energia e pronto a giocare. Sa che, anche se gli dite buonanotte e lo lasciate da solo, rimarrete comunque nelle vicinanze e lui sarà al sicuro fino al mattino.

Domande frequenti

La mia bambina di quindici mesi ha ancora bisogno di un sonnellino a metà mattina. Va bene?

Se la bambina pare stanca dopo essere stata sveglia due ore al mattino, va bene lasciarle fare un riposino. Accorciatelo di cinque minuti per volta, scendendo a quarantacinque minuti, poi mezz'ora, per riuscire a eliminarlo gradualmente nell'arco di tre mesi, di modo che non ne abbia più bisogno quando avrà diciotto mesi.

Cosa devo fare se il bambino si alza in piedi nel lettino quando cerco di farlo addormentare?
Se vostro figlio non si è mai addormentato da solo prima, è molto probabile che si alzi in piedi, all'inizio. Mettetelo nella posizione in cui solitamente dorme, ditegli «Dormi bene» e «Buonanotte», poi uscite dalla stanza senza voltarvi. Compilate la tabella dei tempi e non rientrate nella stanza, a meno che non comincino le urla in crescendo. Se dovete entrare per tranquillizzarlo, fatelo e poi uscite senza guardare se si alza in piedi immediatamente. Potrebbe infine coricarsi da solo, ma se si zittisce e dopo un quarto d'ora è ancora in piedi, entrate nella stanza e mettetelo giù senza dire una parola.

Non sono sicura di riuscire a distinguere le urla in crescendo da quelle normali. A me sembrano tutte in crescendo!
Esistono grida di protesta, di sconcerto e di incertezza, e queste vanno bene, ma quando il tono sale fino a diventare un urlo acuto, la bambina ha raggiunto un livello di frustrazione tale da non riuscire a tranquillizzarsi da sola. Le urla in crescendo sono continue, senza pause (a parte per respirare). Alcuni bambini devono gridare in crescendo per diversi minuti, prima di calmarsi e mettersi a dormire.

Quante volte devo andare a tranquillizzare mio figlio perché si addormenti? Continuo a dover entrare nella sua cameretta, ma non si addormenta.
Raccomando di fare il possibile per non entrare più di due volte nella stanza, dopo aver messo il bambino a letto per la notte. Quanto più entrate, tanto più aumenterà la sua frustrazione. È stanco, e dentro di sé *vuole* dormire, ma continuate a interromperlo. Non dategli a intendere che se strilla in un

certo modo entrerete nella stanza, altrimenti continuerà a farlo. Provate a lasciarlo solo sempre più a lungo e, quando dovete effettivamente tranquillizzarlo, non dedicategli più di venti secondi.

Devo continuare a usare il timer e le tabelle, una volta concluso il programma di tre giorni?
Se non avete bisogno di un ausilio visivo per essere certe di non entrare troppo sovente nella camera del bimbo e riuscite a percepire le pause regolari, va benissimo. Andate avanti con la serata, prestando attenzione in caso di urla in crescendo. Usate un interfono, invece di aspettare nella stanza accanto: sarete molto più libere di sbrigare le vostre faccende – o di rilassarvi e distendere le gambe.

Cosa devo fare se sporca il pannolino mentre cerco di farla addormentare?
Cambiatela rapidamente e in silenzio. Non uscite dalla stanza. Evitate di chiacchierare o giocherellare. Non appena avrete sostituito il pannolino, iniziate nuovamente la procedura per tranquillizzarla. Mettetela nel lettino, auguratele la buonanotte, ditele che è una bellissima bambina e uscite dalla stanza, tirandovi dietro la porta.

Cosa succede se la bambina si ammala durante il programma?
Se ha un brutto raffreddore, la tosse, la febbre o è comunque malaticcia, interromperei il programma e ricomincerei quando si sente di nuovo bene. È dura imparare una cosa nuova mentre si combatte una malattia.

Se la bambina è solo un po' raffreddata e ha il naso che cola, dovrebbe farcela a continuare il programma.

Posso variare la routine al termine dei tre giorni?
Consiglio di mantenere gli stessi orari per almeno una set-

timana o dieci giorni. In seguito potrete modificarli un po', oppure passare un'intera giornata fuori casa, in modo che il bambino faccia il sonnellino nel passeggino invece che a letto. Ma l'ideale è garantire la maggiore costanza possibile. Va bene modificare leggermente gli orari per un giorno e poi tornare alla normalità, ma cambiandoli troppo sovente confonderete il bambino.

Quanto devo aspettare perché qualcun altro cominci a mettere a letto il bambino?
Quando vi sentirete fiduciose e a vostro agio con la routine, potrete mostrare a qualcun altro cosa fare. Vi consiglio di occuparvene direttamente per almeno cinque notti consecutive, prima di coinvolgere un'altra persona.

Non dimenticate di premiarvi al termine del programma. Magari la considerate un'idea balzana, ma è molto importante dal punto di vista psicologico. Regalatevi una serata fuori con le amiche, un vestito nuovo, un pomeriggio al centro benessere, una lunga dormita o qualsiasi altra cosa vi piaccia.

Riequilibrare il ritmo del sonno di un bambino può essere terribilmente stancante per il genitore che conduce il programma, perché si dorme poco e ciò alimenta il nervosismo, ma una volta abbandonate le vecchie abitudini e introdotte quelle nuove, i vantaggi saranno evidenti. Il comportamento del bimbo dovrebbe migliorare dopo una sana dormita, perché avrà più energia ed entusiasmo da sveglio. Se il bambino è felice, è felice anche il genitore. E tutto questo in cambio di soli tre giorni di duro lavoro! Sono sicura che, una volta stabiliti i nuovi ritmi del sonno, non ci ripenserete più.

Programma per i problemi legati all'alimentazione

Quando vostra figlia ha più o meno sei mesi, dovreste iniziare a passare ai cibi solidi e il modo in cui affronterete la cosa può influenzare moltissimo le sue abitudini alimentari future. Se siete preoccupate quando le proponete nuovi alimenti, perché magari temete che soffochi, sviluppi un'allergia o le venga mal di pancia, la piccola percepirà la vostra ansia e reagirà con la stessa preoccupazione. Se invece restate calme e rilassate, la bambina formerà associazioni positive con l'ora dei pasti. Non fate drammi a tavola. Se la bambina capisce che reagite a determinati comportamenti, per esempio il rifiuto del cibo, potrebbe iniziare ad adottarli anche solo per ottenere una reazione. Tutti i bambini amano avere un pubblico!

Non esistono regole ferree a proposito del momento in cui iniziare lo svezzamento. I bambini più robusti possono aver bisogno di essere svezzati prima di quelli più gracili. Noterete che vostra figlia non sembra essere sazia dopo che l'avete allattata e che si incanta a guardarvi mangiare. A questo punto è pronta per la prima fase dello svezzamento. Anche se non notate questi segnali, merita iniziare a darle cibi solidi verso i sei mesi per vedere come reagisce. La maggior parte dei piccoli è entusiasta di assaggiare sapori nuovi e deliziosi e di provare un senso di sazietà nel pancino.

Non smettete di darle il latte, però – non ancora. Tra i sei e i dodici mesi la bambina ha bisogno di 500 ml di latte al giorno. Il latte contiene calcio, importantissimo per rinforzare le ossa, e proteine necessarie per la crescita e lo sviluppo. In genere è somministrato la mattina e la sera (alle 7-8 e alle 20-20.30). Se la piccola ha solo sei mesi, potete darglielo anche quando si sveglia dopo il sonnellino pomeridiano.

A partire dalla seconda fase dello svezzamento, altri latticini vengono assunti sotto forma di yogurt, formaggio e dessert. Non date il latte alla bambina poco prima dell'ora dei pasti, però, perché le riempirà la pancia e le farà perdere l'appetito per i cibi solidi.

Superati i dodici mesi, le basteranno 350 ml di latte al giorno. Di frequente lo assumerà insieme a cereali e altri cibi, e da solo soltanto a fine giornata (alle 20-20.30). Continuate a darle il latte la sera fin quando non avrete raggiunto lo stadio in cui volete che impari a dormire tutta la notte senza pannolino (vedi il capitolo 6 per maggiori informazioni sull'argomento). A quel punto, non vorrete che si addormenti con la vescica piena.

Prima di iniziare lo svezzamento, dovrete acquistare un seggiolone stabile, che permetta alla bambina di stare seduta comodamente. Raccomando di allacciare la cintura del seggiolone, per evitare che scivoli e, col passare del tempo, salti fuori!

Ecco le quattro fasi – ma tenete presente che l'età alla quale vengono raggiunte non è un dogma.

Prima fase: dai sei ai sette mesi

Iniziate offrendo assaggi di farina di riso mista a latte, con un cucchiaino di plastica. Una volta pronta a essere imboccata in tal modo e abituatasi alla sensazione che prova deglutendo la consistenza sconosciuta, potete aggiungere altri gusti – ma introducete una sola novità alla volta, per darle il tempo di abituarsi. Provate:

- mela cotta al vapore
- pera cotta al vapore
- purea di patate
- verdure dolci: carote, zucca…

Inizialmente preparerete un solo pasto solido al giorno, ma presto potrete fare pranzo all'una e cena intorno alle sette di sera.

A distanza di qualche giorno, potete introdurre altri ortaggi o frutti – tutti passati – e magari iniziare a mescolare due o tre sapori diversi.

Seconda fase: dai sette ai nove mesi

Quando il bambino ormai accetta volentieri i passati di frutta e verdura, è il momento di aggiungere le proteine. Le prime da introdurre sono: pollo, pesce, lenticchie e carne rossa – ovviamente tutte passate nel frullatore, o servite sotto forma di omogeneizzati di qualità acquistati in negozio. Un'altra fonte di proteine che può essere proposta in questa fase è fornita da cibi contenenti latte di mucca, come i dessert al latte.

Al principio i pasti proteici dovrebbero essere serviti a pranzo, in modo da essere digeriti entro la fine della giornata. Continuate a dare al piccolo un pasto proteico al giorno per una settimana o dieci giorni, prima di introdurre le proteine a cena.

A questo punto potete cominciare a proporgli una colazione solida, per esempio pappa di riso e frutta, il pranzo presto, intorno alle 12.30-13, la cena verso le 19-20 e infine il latte della sera alle 20-20.30. Potete dargli del latte anche verso le 15.30-16, quando il bimbo si sveglia dal sonnellino pomeridiano, ma col passare del tempo potrete farne a meno.

Adesso i pasti avranno maggiore consistenza, e il bimbo sarà costretto a «masticare» prima di deglutire; potete quindi iniziare a dargli anche del cibo da mangiare con le mani. È straordinario vedere come un bambino senza denti riesca a rosicchiare uno spicchio di mela o un pezzo di pane fresco.

Rinforzare le gengive e favorire la dentizione sono due buone ragioni per cui raccomando di proporre una varietà di cibi da mangiare con le mani, ma si tratta anche di un'ottima maniera per aiutare il bambino all'idea di mangiare autonomamente.

Quando inizia la dentizione, è probabile che voglia avere un certo controllo su ciò che gli mettete in bocca, perché le gengive sono sensibili e il contatto con un cucchiaio duro potrebbe dargli fastidio e indisporlo. Siate particolarmente delicate quando lo imboccate con il cucchiaio e dategli cibo da mangiare con le mani, in modo che lo possa succhiare. I pezzi vanno tagliati abbastanza grandi da poterli tenere in mano lasciandone una parte esposta da infilare in bocca. Un quarto di pera sbucciata è più o meno la misura giusta.

Esistono molti cibi da mangiare con le mani che si possono dare ai bambini:

pezzo di pane fresco	spicchio di peperone	bastoncino di carota (leggermente cotta al vapore)	gambo di sedano
grissino	fette biscottate	un quarto di mela o pera	bastoncino di cetriolo
galletta di avena o riso	cimetta di broccolo cotta al vapore (fredda)	pezzi di pasta corta (maccheroni, sedani, fusilli)	mezza banana

Sistematene un paio su un vassoio di fronte alla bambina, in modo che possa scegliere. Potete poi infilarle in bocca uno o due cucchiaini di pappa, mentre è assorta nella scelta del cibo da mangiare con le mani.

Arriverà un momento in cui vostra figlia non vorrà più essere imboccata con il cucchiaio. Varia da bambino a bambino, ma generalmente avviene fra gli otto e i sedici mesi. In questa fase potrete cominciare a insegnarle come tenere il cucchiaio da sola, aumentando al contempo l'offerta di cibo da mangiare con le mani.

È a questo punto, quando introducono il cibo da mangiare con le mani, che molti genitori temono che il pargoletto possa soffocare. Il fatto è che i bambini devono arrivare al punto di «strozzarsi» con determinate consistenze per capire l'importanza di masticare. È importante mantenere la calma e non farsi prendere dal panico se la piccola ha un improvviso conato e il cibo torna su. I bambini rigurgitano il cibo dalla gola alla bocca. La cosa non li infastidisce ed è diversa dal soffocamento. In ogni caso non datele cibi di piccole dimensioni, come i pomodori ciliegini e i chicchi d'uva, senza tagliarli a metà. Potrebbero rimanere incastrati nell'esofago, se ingeriti interi. Non allontanatevi mentre la bambina mangia, nel caso dovesse accadere – ma nemmeno dovete preoccuparvi inutilmente.

Terza fase: dai nove ai dodici mesi

A questo stadio il bambino è in grado di mangiare tre pasti al giorno, oltre a prendere il latte due o tre volte. La quantità di cibi solidi consumati aumenterà, mentre le dosi di latte diminuiranno. Potete proporre una grande varietà di sapori e consistenze, e dovreste mirare a rendere il pasto del bambino simile al vostro, almeno in parte (anche se è bene evitare di proporgli uova, formaggi molli, sale, miele e frutta secca). Il traguardo da raggiungere è che tutta la famiglia mangi lo stesso pasto.

Ora il bambino ha i denti e mostra interesse a mangiare da solo con le mani e, occasionalmente, con il cucchiaio.

Quando una famiglia mi chiama per aiutare un bambino di questa età che si rifiuta di mangiare, sovente riscontro che il sapore blando degli alimenti per bambini non lo interessa più. Una volta iniziato lo svezzamento, avrà rapidamente bisogno di pasti veri, invece che di semplici verdure passate. Le fasi dello svezzamento possono avere breve durata, soprattutto se avete scelto di svezzare il bimbo più avanti nei mesi, piuttosto che in un momento precoce.

Ovviamente se il bambino segue una dieta specifica o è sotto controllo medico, potreste dover limitare i cibi proposti o adattarli alle necessità.

Diversamente, è ora di cominciare ad abituarlo alle pietanze che desiderate mangiare in famiglia.

Quarta fase: dai dodici ai diciotto mesi

Se la mattina date ancora il latte alla bambina quando si sveglia, farei passare da mezz'ora a un'ora prima di darle una colazione solida, in modo che abbia fame. Datele ciò che a cui siete abituati in famiglia (ceraeli, biscotti, fette biscottate, pane tostato...). Scegliete cereali a basso contenuto di zucchero e non spalmate prodotti dolci sul pane. Offrite della frutta, come dolce. Se siete abituati alla colazione salata, potete optare per uova o toast.

Ecco alcuni piatti che potreste imvece provare a pranzo e cena. Cucinateli senza sale e senza zucchero, ed evitate i formaggi molli:

	pranzo	cena
lunedì	pollo, patate dolci e piselli	crêpes salate
martedì	spaghetti al ragù	minestra di fagioli
mercoledì	pasta al pomodoro	frittata di formaggio, prosciutto e spinaci
giovedì	merluzzo, purea di patate e piselli	crema di zucca e crostini di pane

venerdì	broccoli e cavolfiore gratinato	tramezzini
sabato	stufato di carne e fagiolini	pizza, verdure crude con salsa
domenica	pollo arrosto e verdure	toast al prosciutto e formaggio

Per dessert, potete servire:

- purea di frutta e yogurt
- crema pasticcera
- budino di riso
- frappé alla frutta
- crostata di frutta
- gelatina di frutta

Leggendo questi menù, potreste pensare: «Mia figlia non mangerebbe mai cose del genere». Magari non le piace il cibo con pezzi dentro, oppure ama soltanto i dolci o urla inorridita se cercate di introdurre qualsiasi novità. Proprio per questo motivo abbiamo un programma di tre giorni. Vi mostrerò come cambiare l'atteggiamento di vostra figlia nei riguardi del cibo, finché non sarà disposta ad assaggiare cibi nuovi senza protestare e capace di mangiare più o meno quello che mangia il resto della famiglia.

Prepararsi al programma

I problemi possono presentarsi in ogni fase dello svezzamento. Se siete ancora all'inizio e la bambina rifiuta completamente i cibi solidi, può darsi che abbiate cominciato troppo presto e dobbiate continuare a darle il latte per qualche altra settimana. Tuttavia, se comincia a svegliarsi la notte e a chiedere il latte, significa che una dieta liquida non è più sufficiente. La maggior parte dei bambini accetta senza problemi la farina di riso mista al latte che beve di solito, e basta partire di lì. A sette mesi, dovreste senz'altro aver iniziato a svezzare la piccola.

Il programma descritto in questa parte è per bambini di età compresa fra nove e diciotto mesi che non accettano una gamma di sapori diversi e vogliono continuare a mangiare sempre e solo quelli conosciuti e preferiti. Devono imparare a mangiare una grande varietà di sostanze nutrienti per crescere sani, e il lavoro comincia qui.

Man mano che la varietà aumenta, potrete proporre i piatti preferiti a giorni alterni. È meglio se è presente un elemento familiare nei nuovi pasti. Per esempio, se il bambino mangia la pasta variatene il formato e cambiate il condimento; se il bambino mangia le svizzerine di carne, inserite nel menù le polpette o il ragù; se è goloso di dolci, cucinate piatti a base di zucca.

Elaborate un menù settimanale, in modo da poter fare la spesa in anticipo. Può sembrare un lavoro pesante, ma il segreto sta nel cucinare quantità abbondanti e poi congelare le porzioni. Le potete etichettare e tirare fuori dal congelatore la settimana dopo e quella dopo ancora. Cercheremo di seguire lo stesso menù settimanale per due settimane, in modo che il bambino acquisti familiarità con certe pietanze. Se ne cucinate una quantità maggiore di quella necessaria, potete etichettare e congelare gli avanzi e ben presto avrete un congelatore ben rifornito.

Vi consiglio di cucinare in modo da ottenere quattro porzioni da due o tre cucchiaiate ciascuna. A queste aggiungerete il cibo da mangiare con le mani, oltre alle verdure cotte al vapore e a volte un po' di riso, pasta o pane, quindi due o tre cucchiaiate sono sufficienti per una singola porzione.

Preparate i due pasti per il primo giorno del programma il giorno prima di iniziarlo e conservateli in frigo, e congelate le altre porzioni. Il primo giorno, durante il sonnellino pomeridiano del bambino, potrete cucinare i pasti per il secondo giorno, e il secondo per il terzo. Continuate a cucinare in buona quantità ogni volta che ne avete il tempo, finché non avrete nel congelatore una quantità di mini-pasti sufficienti per un paio di settimane. In tal modo, potrete riscaldare e servire i pasti con calma, senza affannarvi perché siete in ritardo. Tutto questo contribuisce a creare un'atmosfera tranquilla all'ora dei pasti.

Scegliete un momento in cui non avete molti altri impegni, perché dovrete mangiare pranzo e cena a casa per tutta la durata del programma.

Stampate delle tabelle da compilare, come quella qui sotto.

primo giorno	pranzo e dessert	numero di cucchiaiate	cibo da mangiare con le mani
colazione			
spuntino			
pranzo			
merenda			
cena			

Verificate che tutti i pasti per il primo giorno siano stati preparati. Siete pronte a partire!

Pianificazione del primo giorno

Date alla bambina il latte dieci o quindici minuti dopo il risveglio, poi fate passare un'ora prima della colazione. Preparate la tavola con tutto ciò che vi serve, in modo da non dovervi alzare in continuazione. I fiocchi di cereali nel latte sono una buona colazione a base di carboidrati a rilascio lento, che apporta energia per tutta la mattinata. Serviteli con della purea di frutta. Se la bambina mostra scarso interesse, mettetele davanti un pezzo di pane tostato, che prenderà quando sarà pronta. Potete anche offrirle della frutta tagliata a spicchi.

Se la bambina continua a mostrare scarso interesse per la colazione, probabilmente non ha fame. Finite la vostra colazione, ma lasciatele il suo cibo di fronte, in modo che lo veda. Parlatele, mentre mangiate. Che mangi o che non tocchi cibo, dovrà restare sul seggiolone e guardarvi mangiare. Le mostrate, con l'esempio, l'importanza di nutrirsi. È il primo traguardo della giornata.

Ricordatevi che il programma prevede piccoli passi. Annotate nella tabella del primo giorno ciò che ha mangiato a colazione.

Dopo colazione, vestite la bambina e lasciatela giocare fino all'ora del sonnellino (se lo fa ancora). Usate i momenti in cui dorme per cucinare i due pasti che proporrete a pranzo e cena il giorno seguente e per congelare le porzioni in esubero.

Dopo il sonnellino, cercate di uscire a prendere un po' d'aria. Permettete alla bambina di fare un po' di movimento, piuttosto che portarla a spasso seduta nel passeggino: serve a stimolarle l'appetito.

Se volete darle uno spuntino, dovrebbe finirlo non più tardi delle 11.30. Lo spuntino non deve essere abbondante (non è un pasto). La frutta è l'ideale, oppure una galletta di riso o avena, un biscottino ai cereali (a basso contenuto di zucchero e senza frutta secca) o un semplice grissino (a basso contenuto di sale).

Fate in modo di essere di ritorno entro le 12.45 e pronte a mangiare insieme all'una. Se la bambina è molto irrequieta e non sembra avere fame, potete posticipare il pranzo alle 13.30. Non dimenticate però che non è il caso che si stanchi eccessivamente, altrimenti perderà l'interesse per il cibo. Scegliete attentamente il momento più opportuno.

Pranzo

Preparate la tavola con tutto il necessario per entrambe.

- una ciotola con il cibo della bambina e due cucchiai di plastica
- un biberon o una tazza col beccuccio piena d'acqua
- un piatto di cibo da mangiare con le mani
- la pietanza e la bevanda per voi
- salviette

Fate in modo che il vostro pranzo sia in parte simile, se non identico, a quello della bambina. Verificate che sia seduta comoda e sicura nel suo seggiolone e che indossi un bavaglino per proteggere gli abiti.

Mettete entrambi i cucchiai nella ciotola della bimba e inclinatela in modo che possa vederne il contenuto, poi imboccatela con una cucchiaiata. Non riempite troppo il cucchiaio. Se si gira dall'altra parte, datele il suo cucchiaio con un po' di pappa dentro. Mentre si concentra su questo, portatele alla bocca il cucchiaio che tenete in mano. Cercate di sporcarle le labbra con un po' di pappa, in modo che se le lecchi e, con un po' di fortuna, assaggi quello che le viene offerto.

Continuate a imboccarla, ma prendetevela comoda. Se siete riuscite a darle da sei a dieci piccole cucchiaiate, state andando benissimo. Se fa ancora resistenza, mettete un pezzo di cibo intero nel suo vassoio, tipo una carota e qualche pisello. Oltre i dodici mesi i bambini possono gradire l'idea di avere cibo da mangiare con le mani sin dall'inizio. Se è in una fase in cui desidera essere indipendente e non vuole assolutamente essere imboccata, mettetele semplicemente davanti una piccola porzione di pappa e datele un cucchiaio.

Non concentratevi su quello che sta mangiando. Limitatevi a chiacchierare e a mangiare il vostro pasto. Parlatele del pomeriggio che passerete insieme. Non continuate a ricordarle che deve mangiare. Sa che il cibo è lì e ne prenderà un po' non appena sarà pronta. Siate calme e pazienti.

Se la bambina ha un conato e un rigurgito quando assaggia un cibo sconosciuto, non agitatevi e non spaventatela. Ditele semplicemente: «Ecco fatto, bel lavoro. Vuoi un po' d'acqua e poi continuiamo il nostro pranzo?» Datele l'acqua (potreste doverla aiutare a bere), poi continuate il pranzo.

Tenete il dessert nascosto alla vista mentre mangiate la pietanza. Andate a prenderlo solo quando avete finito la vostra pietanza e la bambina ha smesso di mangiare. Ricordate che la quantità di dessert deve essere proporzionata alla pappa mangiata. Non fatevi tentare dall'idea di dare alla bambina un dessert più abbondante se ha mangiato poco. Se non ha toccato cibo, datele solo della frutta.

Può valere la pena di proporle di nuovo la pappa dopo il dessert. A volte viene accettata, in caso contrario sparecchiate. Se alla fine della pappa notate che la bambina è assonnata, potete sempre metterla a dormire e darle il dessert quando si sveglia.

Mentre dorme, prendete nota di ciò che ha mangiato.

Dopo il sonnellino, datela la merenda, tipo una galletta di riso o avena, un grissino o della frutta, e dell'acqua. Se prende ancora il latte, non serve uno spuntino solido, ma vi consiglio di mantenere bassa la quantità: 120 ml, o un solo seno se la allattate naturalmente.

Lo spuntino pomeridiano non dovrebbe terminare più tardi delle 16.30. Dopo lo spuntino, raccomando un pomeriggio di attività e poi un po' d'aria fresca prima di cena. Fate in modo di essere di ritorno entro le 18.

Cena

Preparate il cibo da mangiare con le mani e scaldate la pappa. Fate in modo che tutto sia pronto in tavola per le 18.30, o il più possibile intorno a quell'ora.

Seguite le stesse modalità del pranzo. La bambina ha bisogno di coerenza.

- Iniziate proponendo la pappa con il cucchiaio.
- Date alla bambina il suo cucchiaio con un po' di pappa da tenere in mano.
- Introducete un cibo da mangiare con le mani (solo uno) e cercate di infilarle in bocca una cucchiaiata di pappa, mentre è distratta dal cibo da mangiare con le mani.
- Mettete sul suo vassoio tre tipi di cibo da mangiare con le mani.
- Bevete la vostra bevanda e mangiate un po' del cibo che mangia la bambina.
- Non mostratevi nervose e preoccupate, perché la bambina se ne accorge e si innervosisce a sua volta.
- Lasciate la pappa sul tavolo, mentre proponete il dessert.
- Offritele di nuovo la pappa dopo il dessert. Fatelo solo due volte, non di più.
- Finite il pasto e annotate la quantità mangiata.

Rilassatevi. Anche se la bimba non ha mangiato granché, ha ancora il latte da bere prima di andare a letto. Le riempirà il pancino e le basterà per dormire serena tutta la notte. Continuate con il rituale della sera: bagnetto, fiabe, latte e letto.

Domani è un altro giorno. Avete gestito perfettamente il primo giorno, se avete:

- preparato i pasti per tempo
- offerto pappe, cibi a pezzi o interi, a seconda dell'età della bambina
- offerto cibo da mangiare con le mani
- offerto molta acqua

- mangiato insieme alla bambina
- mantenuto la calma
- annotato la quantità di cibo assunto
- offerto piccoli spuntini

Passate una serata rilassante. La bambina ha mangiato a sufficienza per oggi ed è in grado di dormire tutta la notte. Staccate la spina e godetevi un po' di «tempo da adulti». Brave: siete riuscite a superare il primo giorno!

Pianificazione del secondo giorno

Date al bambino il latte dieci o quindici minuti dopo il risveglio, poi, un'ora dopo, una colazione solida. Se anticipate i tempi, il bambino non avrà fame. Fate in modo che la colazione sia già in tavola, così da non dovervi alzare e interrompere il pasto quando sarete entrambi seduti.

Mettete un po' di cereali sul cucchiaio (a seconda dell'età, potrebbe trattarsi di pappa di riso, fiocchi d'avena bolliti nel latte, ecc.) e date al bambino il cucchiaio. Mentre prende il cucchiaio dalle vostre mani, infilategli una cucchiaiata di cereali in bocca. Aspettate che apra la bocca, mentre pensa a che fare con il cucchiaio che gli avete messo in mano, e non spingete troppo a fondo il cucchiaio, perché rischiate di fargli venire un conato. Non soffocherà con i cereali, quindi non preoccupatevi; sono i cibi solidi, come i chicchi d'uva o i pomodori ciliegini, che tendono a provocare soffocamento. Una volta che ha ingerito la cucchiaiata di cereali, riconoscerà la consistenza e il sapore.

Mettetegli del cibo da mangiare con le mani sul vassoio del seggiolone. Mentre si concentra su quello, tentate di dargli un'altra cucchiaiata di cereali. Se non l'accetta, lasciategli il cibo da mangiare con le mani e continuate a mangiare la vostra colazione.

Continuate ad aspettare il momento opportuno. Il bambino potrebbe improvvisamente mostrare interesse per la pappa nella ciotola. Se accade, riempite un cucchiaio e dateglielo da tenere, poi imboccatelo rapidamente con il vostro.

Ad alcuni bambini piace stare seduti a tavola per un po', prima di cominciare a mangiare. Non sforzateli. Dovete solo essere pazienti e prevedere molto tempo per i pasti. Se il bimbo non mangia i cereali e voi avete finito la colazione, alzatevi e cominciate la giornata. Se fa un sonnellino a metà mattina, usate il tempo per preparare i due pasti del giorno e congelarne porzioni per uso futuro. Quando si sveglia, vestitelo, lavategli i denti e cercate di uscire per fargli fare un po' di movimento all'aria aperta, in modo da fargli venire appetito.

Ricordate: se gli date uno spuntino a metà mattina, fate in modo che finisca entro le 11.30. Lo spuntino dovrebbe consistere solo in un cracker, un biscotto o uno spicchio di frutta.

Pranzo

Questo è il quinto pasto che servite al bambino dall'inizio del programma, quindi dovrebbe ormai avere acquisito familiarità con il rituale.

- Assicuratevi di avere tutto l'occorrente pronto in tavola, eccetto il dessert.
- Ricordate di mangiare almeno qualcosa di uguale a ciò che mangia il bambino.
- Continuate a usare la tattica di dargli da tenere un cucchiaio con un po' di cibo dentro. E mentre si concentra su questo, iniziate a imboccarlo.
- Fategli i complimenti e mantenete un atteggiamento positivo ed entusiasta per tutto il pranzo. Ricordate che il bambino osserva le espressioni del viso e il linguaggio del

corpo. Se siete nervose, il bambino se ne accorge e sarà più incline a rifiutare il cibo.

- Introducete il cibo da mangiare con le mani, uno alla volta. Troppi cibi diversi lo confondono ed è a questo punto che il cibo può finire a decorare il pavimento!
- Se il bambino smette di mangiare, dategli soltanto un paio di cibi da mangiare con le mani e dell'acqua, mentre continuate a gustare il vostro pranzo.
- Dategli un piccolo dessert, ma non aumentate la porzione se non ha mangiato la pappa. Un piccolo yogurt al giorno è una buona soluzione.

Dopo pranzo, quando il bambino fa il sonnellino, compilate la tabella dell'alimentazione.

Dategli una piccola merenda a base di alimenti naturali e accertatevi che finisca entro le 16.30.

Durante il pomeriggio, suggerisco aria aperta e movimento, ma fate in modo di essere a casa entro le 18, in tempo per la cena.

Cena

È l'ultimo pasto del secondo giorno. A questo punto, sono certa che state cominciando a rilassarvi e ad accettare che se vostro figlio non mangia molto non è la fine del mondo. Gli darete il latte prima di andare a letto, in modo da essere sicure che non abbia fame.

A fine giornata, compilate la tabella dell'alimentazione e accettate il fatto che, se rimanete calme e serene, anche il piccolo lo sarà. Lo svezzamento può essere un processo lento e richiede tantissima pazienza. I bambini devono introdurre i nuovi alimenti nel proprio sistema digerente con lentezza e a piccole dosi. Devono seguire i propri ritmi e non bisogna metter loro fretta, altrimenti avvertiranno un senso di inquietudine che in futuro assoceranno al cibo.

Pianificazione del terzo giorno

Sono certa che a questo punto la routine vi sia ormai ben chiara e stiate vedendo emergere un modello. Se vostra figlia mangia sei-otto cucchiaiate di pappa a pasto, insieme con il cibo da mangiare con le mani, si tratta di un risultato fantastico. Datele poi un po' di frutta e sarà nutrita a sufficienza. L'aspetto principale è che state instaurando abitudini che la bambina si porterà dietro per tutta la vita. L'alimentazione deve essere varia. Non può mangiare solo il suo cibo preferito a ogni pasto.

Ho vissuto qualche anno in Australia e mentre ero là ho aiutato una famiglia con cinque figli. Il mio ruolo consisteva in gran parte nel cucinare per tutta la famiglia. Ogni sera la famiglia si riuniva a tavola per la cena e, un bel giorno, uno dei bambini iniziò a lamentarsi del pasto che aveva davanti.

La madre gli permise di continuare la protesta verbale, e una volta terminata disse: «Adesso ascoltami. Siamo in sette in famiglia, e ci sono sette giorni nella settimana. Se una volta alla settimana ti tocca il tuo piatto preferito, sei già fortunato! Gli altri sei giorni devi solo essere riconoscente e mangiare!»

Aveva ragione. Inoltre, se mangi il tuo piatto preferito tutti i giorni, diventa normale e non è più speciale.

È l'ultimo giorno del programma, ma dovrete continuare a seguirne le regole di base anche in seguito. Ecco un promemoria:

- Latte al mattino: dieci o quindici minuti dopo il risveglio (non prima delle sette).
- Colazione: un'ora dopo il latte del mattino.
- Se avete tempo in mattinata, preparate e cucinate i pasti per le prossime settimane. A questo punto avrete accumulato un po' di porzioni nel congelatore, che potrete

usare a rotazione nei prossimi dodici giorni senza dover cucinare altro. Il bambino acquisterà familiarità con queste pappe e riconoscendole si rilasserà e gradualmente assumerà una maggiore quantità di cibo.

- Lo spuntino a metà mattina deve terminare entro le 11.30.
- Pranzo alle 13-13.30. Offrite cibo da mangiare con le mani a ogni pasto.
- Sonnellino pomeridiano per il bambino, mentre compilate le tabelle dell'alimentazione.
- Merenda, se volete dargliela (in alternativa, 120 ml di latte o una poppata da un solo seno). Deve terminare entro le 16.30.
- Cena alle 18.30-19. Ricordate che se il bambino mangia poco, ha ancora il latte della sera da bere. Non morirà di fame!

Nella mia esperienza, ho notato che i bambini tendono ad avere un pasto preferito nella giornata. Voglio dire che mangiano bene a pranzo oppure a cena, raramente in entrambe le occasioni. Ho anche notato che, i maschietti in particolare, mangiano parecchio un giorno e quello seguente quasi non toccano cibo. Il nostro appetito non è sempre costante. Anche noi, a volte, mangiamo di più un giorno e meno quello successivo, e funzioniamo ugualmente. I bambini non sono diversi.

Siete dunque arrivate alla fine del terzo giorno e siete riuscite a compilare le tabelle dell'alimentazione, alle quali potrete poi fare riferimento. Vi consiglio di continuare a servire i pasti accumulati nel congelatore per i prossimi dodici giorni, prima di ricominciare a cucinare in quantità. A quel punto, potrete cucinare per tre giorni consecutivi e inserire qualche novità tra i pasti vecchi e conosciuti. In tal modo la bambina riconoscerà alcuni cibi, e sperimenterà nuovi sapori durante altri pasti. Senza dubbio continuerà ad avere i suoi alimenti preferiti – tutti li abbiamo – ma l'importante è insistere sull'ampliare la gamma con nuovi sapori e consistenze. State instillando in lei l'importanza di assaggiare fiduciosamente cibi sconosciuti. Un'alimentazione varia migliora la vita.

Proseguite lungo questa strada e vedrete risultati formidabili. Dovete solo fare un passetto alla volta.

Domande frequenti

Sto cercando di svezzare il mio bambino di sei mesi, ma sputa la pappa di riso e la frutta cotta. Cosa devo fare?
Vi consiglio di offrirgli la pappa di riso per tre giorni consecutivi, ma se la rifiuta aspettate una settimana o dieci giorni, prima di riprovare. Può darsi che non sia ancora pronto. In alternativa, potete provare con altri cereali per neonati e frutta, ma non insisterei oltre i tre giorni. Presto afferrerà il concetto e verso i sette mesi dovrebbe accettare alcuni cibi solidi.

Mia figlia ha l'abitudine di buttare il cibo sul pavimento. Cosa devo fare?
Se butta il cibo per terra, mantenete la calma e continuate a mangiare il vostro pasto. Non reagite immediatamente. Quando inizia a gridare, rimettete il cibo nel piatto e metteteglielo davanti, ma a una certa distanza, in modo che non possa raggiungerlo, e ditele: «Se deve finire sul pavimento, lo metto qui. Dimmi quando lo vuoi. Io mangio il mio pranzo».

Aspettate che la bambina allunghi la mano verso il piatto o la ciotola, prima di offrirgliela di nuovo. Se la rifiuta, datele il dessert (frutta).

L'importante è che vi veda mangiare e noti che restate calme. Non ha ottenuto la reazione che si aspettava. Dopo un po' inizierà a rendersi conto che è inutile buttare il cibo per terra.

Cosa faccio se mia figlia grida per tutto il pasto?
Se la piccola ha tra i sei e i dodici mesi, si stancherà presto di strillare. Consiglio di lasciarla nel seggiolone a guardarvi mangiare per cinque minuti e, se continua a gridare, di portarla nel suo lettino per un sonnellino per darle il pasto quando si sarà svegliata. Se la bambina ha tra i dodici e i diciotto mesi, potete chiederle di smetterla di urlare. Usate il sistema della guida descritto a p. 129, nella parte di questo capitolo dedicata al comportamento.

Quanta acqua dovrebbe bere?
A mio parere, le tazze con beccuccio sono la soluzione migliore per i bambini che stanno imparando a bere. Mettetene una sul vassoio del seggiolone a ogni pasto, in modo che il bimbo possa bere quanto vuole. Potete anche dargli della frutta ricca d'acqua, tipo chicchi d'uva (tagliati a metà), mango, melone e cetriolo: contengono tutti molta acqua. L'idratazione è fornita anche dal latte, quindi è molto improbabile che il suo organismo si disidrati. Offrite l'acqua con maggiore frequenza nelle giornate molto calde.

I bambini compiono progressi a ritmi diversi, e questo vale tanto per l'alimentazione quanto per imparare a camminare e a parlare. Alcuni bambini partono a razzo, mentre altri sono più cauti e procedono con comodo.

Il messaggio principale è mantenere la calma e continuare a introdurre nuovi cibi e sapori, alternandoli a quelli vecchi preferiti. Fate uno sforzo di volontà per evitare di ritrovarvi a cucinare sempre gli stessi tre piatti all'infinito, perché alla fine il bambino si annoierà e avrete un'altra bella sfida da affrontare.

Riunirsi attorno al tavolo da pranzo, discutere della giornata e fare piani per il futuro è una parte sana della vita familiare. Preservatela. Per quanto schizzinoso possa essere vostro figlio adesso, non dimenticate che ha comunque buone probabilità di trasformarsi in un adolescente che vi svuoterà l'intera dispensa!

Programma per i problemi legati al comportamento

Il primo anno di vita di un bambino sembra passare in un lampo e in men che non si dica lo vedrete gattonare per casa, e poi planare da un mobile all'altro. Normalmente è a questo stadio che vi accorgerete di dover educare vostro figlio, assicurandovi che non tocchi determinate cose in giro per la casa. Ogni stanza deve essere messa in sicurezza per mezzo di serrature agli sportelli, protezioni per le prese elettriche e cancelletti per le scale, e il bambino deve imparare a obbedire quando riceve un'istruzione precisa, che gli diciate di non toccare un oggetto bollente o di non picchiare un altro bambino.

Vostro figlio non sa ancora distinguere tra giusto e sbagliato e sicuramente non conosce i propri limiti o le «regole di casa», ma è vostra responsabilità cominciare a insegnargliele. I miei sistemi potrebbero non funzionare nell'immediato. La prima volta che applicate un nuovo metodo è probabile che il bambino si ribelli.

Servono almeno tre giorni consecutivi durante i quali dovrete agire esattamente alla stessa maniera, prima che il piccolo inizi ad accettare il sistema. Una volta che lo abbia compreso, comincerà a pensare prima di agire. È il primo passo verso l'autodisciplina.

Lo strumento principale che userete con un bambino di età inferiore a diciotto mesi è il sistema della guida. Una sua descrizione completa è fornita alle pp. 77-80, ma eccone un breve riassunto.

- Impartire un'istruzione precisa.
- Indirizzare il bambino verso un altro giocattolo o un'altra attività.
- Accertarsi che sia interessato.
- Lodarlo.
- Indicare l'attività successiva.
- Allontanarsi e lasciarlo giocare da solo.

Adesso vedremo come applicare il sistema in alcune situazioni in cui il bambino potrebbe facilmente ritrovarsi e che possono provocare comportamenti scorretti. Leggete l'elenco seguente e scegliete quella che considerate più difficile da affrontare nel comportamento di vostro figlio.

- Rifiuta di condividere le proprie cose.
- Non vuole giocare da solo.
- Rifiuta di salire sul passeggino o in auto.
- Rifiuta di camminare tenendosi per mano.
- Non vuole sentire la parola «no».
- Strilla di continuo.

Per affrontare il comportamento prescelto con un programma di tre giorni, dovrete creare situazioni in cui possa sorgere il problema. Per esempio, se il bambino non vuole condividere i propri giocattoli con altri bimbi, organizzate incontri con gli amichetti per ciascuno dei tre giorni. Invitate amiche con le quali vi sentite tranquille e a vostro agio e spiegate loro i metodi che intendete applicare. Se il bambino non vuole salire sul passeggino o in auto, prevedete un paio di uscite al giorno che vi permettano di applicare il nuovo sistema.

Non rinunciate a chiedere a vostro figlio di non fare una determinata cosa perché temete che cominci a urlare. Imparate a dire ciò che volete e ad andare fino in fondo. Dopo tre giorni di rieducazione, durante i quali avrete premuto i tasti di vostro figlio e lo avrete guidato verso il comportamento desiderato, il messaggio dovrebbe arrivargli forte e chiaro.

Rifiuta di condividere le proprie cose

Per molti bambini la condivisione non è un concetto semplice da imparare. Può essere difficile accettare che quando arrivano altri bambini bisogna lasciarli giocare con i propri giocattoli e sperare che non li rompano o li portino via. Per i bambini, i giocattoli sono parte dell'identità personale. Sono le loro cose, il loro mondo.

Quando invitate altri bambini a giocare con il vostro, vi consiglio di usare il termine «scambiare», anziché parlare di «dare». Forse pensate che un bimbo tra i dodici e i diciotto mesi non comprenda la parola «scambiare», ma i bambini basano la comprensione su tutto il linguaggio che usate con loro. E in questo caso non è diverso. Quanto prima mostrate al bambino come scambiare i giocattoli, tanto meglio.

«Oggi scambiamo i giocattoli con i nostri amichetti. Quando arrivano, ti mostreranno i loro giochi, e tu potrai tirare fuori i tuoi».

Chiarite subito che i suoi giocattoli non usciranno di casa.

«Sono sempre al sicuro qui, e quando i tuoi amichetti andranno a casa, ti aiuteranno a sistemarli tutti al loro posto».

La maggior parte dei bambini possiede alcuni giocattoli speciali, che non riesce nemmeno a immaginare di condividere con altri, per cui questi andrebbero ritirati prima dell'arrivo degli altri bimbi. Voler tenere qualcosa soltanto per se stessi è un desiderio comprensibile. Immagino lo proviate anche voi per alcuni oggetti.

Quando giocate con il bambino, incoraggiatelo a scambiare i giochi con voi. Prendetene uno e giocateci. Se tenta di toglievelo, dite semplicemente: «Ci sta giocando la mamma. Tu stai giocando con la macchinina. Possiamo fare scambio tra un attimo». Il bimbo potrebbe mettersi a urlare e lamentarsi, ma gli state insegnando l'importanza della condivisione. Aspettate un momento, poi scambiate i giocattoli. «Ottimo, questo si chiama scambiare». È un metodo che consiglierei di praticare quotidianamente, se ritenete che vostro figlio abbia difficoltà a condividere le proprie cose, per esempio se sembra volere sempre il giocattolo che ha in mano qualcun altro.

Quando invitate un'amica a prendere il caffè, vi aspettate che i bimbi giochino insieme tranquilli – e invece non se ne parla. In effetti, i bambini cominciano a giocare davvero insieme a partire dai due anni e mezzo o tre. Tra i dodici e i ventiquattro mesi, il gioco è semplicemente parallelo. Ciò significa che giocheranno uno accanto all'altro, senza interagire. Anzi, l'unico momento in cui è probabile assistere a un'interazione è quando un bambino vuol prendere qualcosa all'altro.

Immaginiamo una situazione in cui due bambini di un anno e mezzo giocano l'uno accanto all'altro e uno prende il giocattolo dalle mani dell'altro. Ecco come applicare il programma per il comportamento:

Impartire un'istruzione precisa

- «Rendiglielo subito».
- Prendete il giocattolo e passatelo all'altro bambino.

Indirizzarlo

- «Perché non giochi con la tua fattoria?»
- Prendete il bambino per mano e indirizzatelo verso la fattoria.

Accertarsi che sia interessato

- Sedetevi un attimo con lui a costruire il recinto, poi metteteci dentro qualche animale.

Lodarlo

- «Adesso hai una bellissima fattoria per giocare e possiamo dare qualche animale a [nome dell'altro bambino] da mettere nel recinto».
- Date tre o quattro animali all'altro bimbo.
- «Penso che questa fattoria sarà proprio perfetta. Hai fatto bene a dare qualche animale al tuo amichetto, così potete giocare bene tutti e due».

Indicare l'attività successiva

- «Torno in cucina a chiacchierare con [nome dell'amica]».

Allontanarsi

- «Siete due contadini fantastici. Complimenti!»

Non vuole giocare da solo

Tutti i bambini raggiungono uno stadio del loro sviluppo nel quale soffrono di ansia da separazione e patiscono se la persona che normalmente si prende cura di loro lascia la stanza in cui si trovano. Può accadere in qualsiasi momento tra i nove mesi e i tre anni, ma è più consueto si verifichi tra i nove e i diciotto mesi.

È importante non assecondare la dipendenza eccessiva. Non prendete la bambina in braccio appena ve lo chiede. Chinatevi alla sua altezza e tranquillizzatela, invece di prenderla in braccio e appoggiarvela all'anca, altrimenti avrete problemi a rimetterla giù per continuare la vostra giornata. Quanto più assecondate questo comportamento, tanto più a lungo durerà. Dovete insegnare alla bambina a giocare da sola, assicurandole che tornerete sempre poco dopo.

Immaginiamo una bambina di quattordici mesi che gioca felice insieme alla mamma, ma inizia a strillare non appena lei si alza. Ecco la procedura:

Impartire un'istruzione precisa

- «Su, [nome della bambina], smetti di fare tutto questo chiasso».

Indirizzarla

- Accovacciatevi e toccate i vari giocattoli.
- «Ma guarda che bei giocattoli. Tutti questi animali meravigliosi».

Accertarsi che sia interessata

- «Penso che l'elefante abbraccerà la giraffa e le parlerà».
- Mostratele gli animali che si abbracciano.

Lodarla

- «Ti prendi cura degli animali come un vero custode dello zoo. Complimenti».
- Alzatevi, pronte ad allontanarvi. Sentitevi forti. Non dubitate della capacità di vostra figlia di giocare da sola.

Indicare l'attività successiva

- «Vado a caricare la lavatrice e a preparare la cena. Poi torno a guardare te e i tuoi animaletti».

Allontanarsi

- Allontanatevi, dicendo: «Brava la mia custode. Sei grande!»

Mentre vi allontanate, la piccola potrebbe piagnucolare e lamentarsi. Uscite comunque, e ripetetele che non starete via a lungo. Sbrigate le vostre faccende, ascoltando con attenzione i vocalizzi della bimba. Non aspettate che i piagnucolii si trasformino in grida, ma al tempo stesso non accorrete a calmarla immediatamente. Ricordate che quante più volte portate a termine la procedura, tanto più rapidamente la bambina imparerà. Cercate di applicarla almeno tre volte al giorno.

Se la bimba è in grado di muoversi autonomamente e cerca di seguirvi invece di giocare da sola, la lascerei fare, purché non vi intralci in alcun modo. Lasciate che vi aiuti in casa. Se invece piagnucola e si lamenta, create un'area per il gioco nella stanza in cui vi trovate o in quella accanto. Continuate a indirizzarla verso i suoi giocattoli. Alla fine capirà che giocare è molto più interessante che rimanere appiccicata alla mamma o al papà.

L'ideale è poter disporre di un'apposita cameretta in cui tenere i giochi della bambina, che potrete rendere completamente sicura e chiudere con un cancelletto sulla soglia. In tal modo potrete lasciarla sola un momento, sapendo che non può farsi del male. La bimba avrà così la possibilità di abituarsi a giocare da sola. Se non avete un locale da destinare a questo scopo, potreste escogitare un modo per delimitare parte di una stanza.

Ogni volta che la bambina gioca da sola, anche se per pochissimo tempo, lodatela per l'impegno non appena rientrate nella cameretta.

«Che brava bambina. Guarda che bella costruzione hai fatto. Hai giocato con i tuoi bellissimi giocattoli. Sono tanto contenta di te».

Rifiuta di salire sul passeggino o in auto

Molti bambini protestano quando arriva il momento di essere allacciati a una sedia. Inarcano la schiena nel tentativo di resistere e alcuni urlano fino a diventare paonazzi. La cosa è più frequente tra i sette mesi e i tre anni, quando i bambini lottano per asserire la propria indipendenza e saggiano i propri limiti. Ho scoperto che non è così difficile farli salire sul passeggino quando si esce di casa per andare da qualche parte. I problemi iniziano quando si è fuori e ci si diverte, e arriva l'ora di andare via.

La prima regola è avvisare il bambino cinque minuti prima di abbandonare un'attività che gli piace. Ai bimbi piccoli che non comprendono il concetto del tempo, comunico sempre tre altre cose che faremo prima di tornare a casa.

Trovo utile preparare anche un sacchetto di giocattoli e oggetti che generalmente non dareste al bambino per giocare. Questo «sacchetto dei trucchi» può essere conservato nella parte inferiore del passeggino o in auto e tirato fuori soltanto quando il bambino è seduto e allacciato al seggiolino.

Dategli l'intero sacchetto. L'attività si basa sulla scoperta e sulla scelta. Per le bambine è una specie di imitazione della mamma e della sua borsetta. Gli oggetti all'interno possono comprendere:

- un vecchio rossetto
- una macchinina
- un libriccino illustrato
- una pinza per il bucato
- un giocattolo pieghevole
- una pallina antistress
- un vecchio orologio da polso
- un mazzo di vecchie chiavi
- un vecchio telefono cellulare

Scegliete oggetti di piccole dimensioni, che siano considerati «speciali», e cambiate regolarmente il contenuto del sacchetto. Non aspettate che il bambino perda interesse.

Ecco un esempio di come potrebbe funzionare il metodo quando cercate di convincere il bambino a tornare a casa dai giardinetti.

Impartire un'istruzione precisa

- «Bene, [nome del bambino], tra cinque minuti andiamo a casa e bisogna che sali sul passeggino».

Indirizzarlo

- Accompagnate il bambino verso un gioco, per esempio lo scivolo.
- «Facciamo un giro sullo scivolo, uno sul cavallino a molla e poi uno sull'altalena, prima di andare a casa».
- Avviatevi verso il cavallo a molla: «Andiamo un po' su e giù e poi facciamo un ultimo giro sull'altalena».

Accertarsi che sia interessato

- Avviatevi verso l'altalena. Accertatevi che capisca che è l'ultima attività prima di rientrare a casa.
- «Un bellissimo giro in altalena e poi andiamo a casa per pranzo».

Lodarlo

- «Bravo [nome del bambino]. Ora di corsa al passeggino e cerchiamo il tuo sacchetto speciale».
- Prendetelo per la mano e accompagnatelo al passeggino. Fatelo rapidamente, senza esitazione. Se necessario, prendetelo in braccio e depositatelo accanto al passeggino.
- «Tiriamo fuori il nostro sacchetto dei trucchi. Vediamo un po' cosa c'è dentro».

- Guardate nel sacchetto, estraete un oggetto e datelo al bimbo.
- Mentre lo osserva, mettetelo nel passeggino.
- «Guarda, è il vecchio orologio di papà. Lo senti? Fa tic tac, tic tac».
- Sorridete per distrarlo dal passeggino.

Indicare l'attività successiva

- «Ora prenditi cura dell'orologio di papà e torniamo a casa per pranzo».

Allontanarsi

- «Sei salito sul passeggino da bravo bambino. Sono contenta di te».

Se non funziona e il bambino continua a rifiutarsi di salire sul passeggino, fatelo camminare per un po', finché non si stanca. Magari dovrete avviarvi un po' prima verso casa, se pensate che il bambino preferisca camminare prima di salire sul passeggino.

Quando si stanca di camminare, non prendetelo in braccio. Estraete un oggetto dal sacchetto dei trucchi per distrarlo e sistematelo nel passeggino mentre lo osserva. Se si rifiuta di camminare tenendovi per mano, però, forse vi conviene leggere prima il paragrafo successivo!

Rifiuta di camminare tenendosi per mano

Quando i bambini incominciano a provare il piacere di camminare autonomamente, invece di essere trasportati su un passeggino, potreste scoprire che spesso tentano la fuga. È difficile tenere stretta una manina mentre si spinge il passeggino, magari reggendo anche la borsa della spesa, per cui è necessaria la loro collaborazione. Devono imparare a tenere la mano della mamma o del papà quando camminano in una strada affollata. Non devono esserci discussioni né fughe.

Il metodo che uso per cambiare questo comportamento è semplice ma efficace. Al principio impiegherete parecchio tempo a coprire anche un breve tratto di strada, per cui scegliete giornate in cui non avete scadenze urgenti.

Uscendo di casa, chinatevi all'altezza della bambina e ditele: «Adesso camminiamo tenendoci per mano. Tu stai attenta alla mamma e la mamma sta attenta a te».

Non appena la piccola vi lascia la mano, fatela sedere sul marciapiede e ditele:

«Quando camminiamo, ci teniamo per mano. Senza mano, ci sediamo».

Quando la bambina si alza, pronta a ripartire, deve prendervi per mano, altrimenti la farete sedere di nuovo. Deve capire che non andrete da nessuna parte se non vi dà la mano.

Quando arrivate ai giardinetti o in uno spazio aperto, la regola è diversa e dovrete spiegarlo. «Ora non ci sono macchine e qui si può correre al sicuro. Divertiamoci».

Durante le tre giornate in cui seguite il programma, cercate di uscire due volte al giorno e fatela sedere a terra ogni volta che rifiuta di darvi la mano. Alla fine del terzo giorno, dovrebbe aver recepito il messaggio!

Non vuole sentire la parola «no»

A nessuno piace sentire la parola «no» e i bambini non sono diversi. Il mio consiglio è di evitare di usarla, se possibile. Quando il bambino si comporta in una maniera che non vi piace, suggerisco di fermarvi un attimo e pensare a cosa dire al suo posto.

Per esempio, se il bambino si avvicina al forno o al caminetto, invece di dire «No!», potreste dire: «Non toccarlo. È rovente. Non si tocca».

Se sta per toccare qualcosa di affilato, dite: «Non toccare. Ahia! Fa male».

Potreste fare un giro per casa insieme al bambino, per fargli notare i pericoli e spiegargli che se tocca determinati oggetti si farà male: «Ahia!» Fatelo però seriamente, in modo che non lo consideri un gioco.

Risparmiate la parola «no» e usatela solo per le emergenze: sarà molto più efficace. Se il bimbo sta per lanciarsi in mezzo al traffico, gridare «No!» potrebbe essere essenziale per fermarlo. Trovo che quando la uso, in casi rarissimi, il bambino tende a rimanere inchiodato dove si trova e scoppia in lacrime. Se la usassi con maggiore frequenza, sarebbe molto meno efficace.

Dopo le lacrime, fornite la spiegazione: «Guarda come vanno veloci le macchine. Non vogliamo che una ti metta sotto». Imitate il rumore di uno scontro battendo forte le mani. «Ti farebbe tanto male».

Per altri tipi di comportamenti indesiderati, impartite un'istruzione semplice, con voce decisa (quella che avete provato davanti allo specchio).

«Basta. Ne ho abbastanza».

«Smettila immediatamente».

«Vieni subito qui».

«Allontanati subito di lì».

«Non farlo».

«Adesso basta».

«Ferma lì, signorina».

Queste frasi sono più efficaci della parola «no». Il segreto sta nel tono e nella fermezza della voce. Ecco una guida schematica:

- Chinatevi all'altezza del bambino.
- Guardatelo negli occhi.
- Impartite l'istruzione con fermezza.
- Dissuadetelo dal suo proposito.
- Accertatevi che distolga l'attenzione dall'inconveniente.
- Se necessario, spiegate i motivi della vostra fermezza.
- Sorridete per comunicargli che la cosa è finita.
- Indicate l'attività successiva.
- Passate ad altro. Ciò significa che non c'è bisogno di riparlare dell'inconveniente.

È un metodo che dovrete praticare ogni volta che vi confronterete con un comportamento indesiderato, ma dovrebbe diventare più semplice quando il bambino imparerà a riconoscere il tono di voce deciso. A questa età, la maggior parte dei bambini ha desiderio di piacere.

Strilla di continuo

Dev'essere davvero frustrante non avere parole per spiegarsi. Un paio di anni fa andai in vacanza in Marocco e mi ritrovai in un villaggio sulle montagne dell'Atlante dove nessuno parlava la mia lingua. La frustrazione era enorme, e mentre cercavo di fare del mio meglio a gesti per procurarmi una bottiglia d'acqua, per un attimo pensai a come si sentono i bambini.

Già a un anno un bambino è in grado di capire tutto ciò che dite, ma non sa rispondere a parole. Esprime la sua frustrazione in vari modi, mentre cerca di ottenere quello che vuole o di cui ha bisogno. Un metodo che potrebbe usare è strillare, o piangere, ma bisogna insegnargli che è la maniera sbagliata di affrontare le cose. Non è possibile passare la vita a urlare per averla vinta. Se vostro figlio tende a farlo, è ora di insegnargli qualche tecnica di controllo della rabbia!

Il tipo di grida può variare. Con alcuni bambini, somiglia più a un lamento o un piagnucolio, con altri sembra un vero e proprio pianto, altri ancora non fanno che urlare a squarciagola. Qualunque baccano faccia, è frustrante ed estenuante per entrambi. Dovete insegnare a vostro figlio a esprimersi diversamente. Anche in questo caso, inizierete con il sistema della guida, ma se non funziona potete spingervi oltre e offrirgli una «scelta».

Impartire un'istruzione precisa

- Chinatevi, tenetegli le braccia e guardatelo negli occhi.
- «Mamma non vuole che tu faccia tutto questo baccano. Non è bello».

Indirizzarlo

- Distraete il bimbo con un oggetto estratto dal sacchetto dei trucchi se siete fuori, o con un giocattolo se siete a casa.
- «Facciamo un bel picnic con gli orsacchiotti, così possiamo dare una buona merenda a tutti».

Scelta

- Se il chiasso persiste, offrite al bambino una scelta. Può urlare fin che vuole, ma solo in un punto preciso della casa.
- Ditegli in tono pacato: «Vieni con me un momento. Devo farti vedere una cosa».
- In silenzio, accompagnate il bambino fino al gradino in fondo alla scala, una seggiola o una poltroncina nell'ingresso.
- «Allora, se vuoi urlare o fare tutto quel baccano, puoi venire a farlo qui».

- Mantenete la calma, mentre parlate. Non è una punizione. È una scelta che offrite al bambino, e i bambini lo capiscono già a dodici mesi.
- Fate sedere il bambino, poi chinatevi di fronte a lui e guardatelo negli occhi.
- «Si urla qui». Battete la mano sulla poltroncina o sullo scalino.
- «Niente urla là». Indicate la cucina.
- «Niente urla là». Indicate il soggiorno.
- Ripetetelo per ogni stanza su quel piano della casa.
- «Questo è il posto dove si urla». Battete di nuovo la mano sulla poltroncina.
- Se il bambino continua a strillare, fatelo sedere sulla poltroncina o sullo scalino e dite: «Urla qui, io torno da te quando hai finito e fai silenzio».
- Allontanatevi.
- Se vi segue, continuando a strillare, riaccompagnatelo alla poltroncina. Fatelo sedere.
- «È questo il posto dove si urla, [nome del bimbo]». Voltatevi e allontanatevi.

Continuate così finché il bambino non comprende che da quel momento in poi, se decide di strillare in casa, dovrà andare a farlo in quel posto lì. Potrebbe volerci anche un'ora, ma dovete perseverare.

- Quando si è calmato ed è tranquillo, chinatevi alla sua altezza.
- «Bene. Tutto quel gridare è finito. Grazie, poltroncina/gradino/seggiola degli urli. Abbracciamoci per dire che ci dispiace di aver strillato. Poi possiamo andare a giocare».
- Sedetevi e giocate insieme.

Può essere stato estenuante, ma vostro figlio ricorderà il sistema e la prossima volta che si metterà a urlare potrete chiedergli: «Devi andare alla poltroncina/seggiola degli urli?» Se le grida continuano, potete portarlo alla seggiola e ricominciare da capo.

Seguite sempre lo stesso principio. Se insistete per tre giorni consecutivi, il bambino capirà che se inizia a strillare questo è ciò che accade. Il segreto è la costanza.

Domande frequenti

Se altri bambini portano i loro giocattoli a casa nostra, mio figlio glieli strappa immediatamente di mano. Che devo fare?
Sedetevi sul pavimento insieme ai bambini e chiedete al proprietario del giocattolo se vostro figlio può dargli un'occhiata. Se è d'accordo, sedetevi con il bambino mentre dà un'occhiata e, quando ha finito, chiedetegli se potete prendere il giocattolo e metterlo al sicuro fin quando il proprietario va a casa.

Se il proprietario non vuole condividere il giocattolo, ditegli: «Diamolo alla tua mamma per quando vai a casa». Portatelo via e distraete immediatamente i bambini proponendo un'altra attività (vedi p. 131).

A quale età dovrei incoraggiare mia figlia a rimettere a posto i suoi giocattoli?
Quando la bimba ha circa nove mesi, potete cominciare a spiegarle che cosa fate quando mettete a posto i suoi giochi: «Vedi, metto a posto tutti i tuoi giocattoli nella loro scatola».

Date alla bambina un giocattolo e ditele: «Tieni, mettilo nella scatola. Brava. È ora di mettere a posto».

Ben presto assocerà l'espressione «è ora di mettere a posto» al gesto di mettere i giocattoli nella scatola.

A questa età mi limiterei a riordinare insieme, magari chiedendo ogni tanto alla bambina di mettere un giocattolo nel contenitore. È un'età alla quale i bambini imparano dall'esempio e dovete fare quasi tutto da sole, ma vale la pena di iniziare a parlare di mettere in ordine e lasciare che vi osservino mentre lo fate.

Mia figlia si rifiuta di andare dal mio partner e se esco dalla stanza non fa che strillare finché non torno io.
La bambina strilla, e il vostro partner dovrebbe applicare il metodo descritto a p. 141:

- impartire un'istruzione precisa
- indirizzare la bambina
- offrirle una scelta

Mentre lo fa, voi dovrete restare nascoste alla vista della bambina. Rientrando nella stanza, le dareste l'impressione che strillare è una tattica che funziona. Fate ricorso al metodo descritto, applicatelo con costanza e presto vedrete una differenza.

Mio figlio sovente inizia a strillare quando siamo per strada con il passeggino, procurandomi grande imbarazzo. Cosa devo fare?
Uscire a far compere con i bambini è sempre problematico, perché per loro può essere noioso. Aiuto molti genitori che devono affrontare questo dilemma e consiglio sempre di dare al bambino un sacchetto di trucchi da esplorare e di non fare acquisti per più di mezz'ora senza fermarsi per una pausa in cui il bambino possa scendere dal passeggino e sgranchirsi le gambe. La maggior parte dei centri commerciali dispone di spazi dedicati ai piccoli e nei pressi delle vie dello shopping è spesso presente un'area verde.

Lasciatelo correre, poi rimettetelo nel passeggino con una bevanda e uno spuntino. A quel punto potreste riuscire a strappare un altro quarto d'ora, prima che il bambino voglia semplicemente tornare a casa. Con i bimbi piccoli, un giro per negozi di tre quarti d'ora può essere il limite massimo. Il resto degli acquisti andrà fatto... via Internet!

La mia bimba di quindici mesi ha iniziato a mordermi e se la rimprovero ride divertita. Temo si metta a mordere altri bambini. Cosa devo fare?
Mordere è un comportamento cui si applica la tolleranza zero, anche a quell'età, e dovete reagire con fermezza e costanza ogni volta che lo fa. Seguite la tecnica di offrire una «scelta» che ho suggerito di adoperare per le urla continue (vedi p. 141) e chiarite alla bimba che dovrà sempre andare al suo scalino/seggiola/poltroncina ogni volta che morde. Chiunque altro si occupi della bambina dovrà fare esattamente la stessa cosa. La piccola dovrebbe recepire in fretta il messaggio che, se morde, le conseguenze non sono divertenti. Mostratevi coerenti, in modo che ottenga sempre la stessa reazione.

Come metto in atto la tecnica di offrire una «scelta» quando sono fuori casa?
Se siete in un parco, scegliete una panchina. In un centro commerciale, trovate un posto tranquillo dove sedervi. A casa di amici, usate il gradino in fondo alla scala o una sedia nell'ingresso, poi seguite esattamente la stessa procedura che usate a casa.

Se applicate un programma di tre giorni per affrontare un determinato comportamento, avvertite il bambino in anticipo che, se urla/morde/lancia oggetti/dà spintoni, dovrà starsene seduto sulla panchina. Non preoccupatevi dei passanti che potrebbero osservarvi. Semmai, rimarranno colpiti dal fatto che reagite con fermezza e non ignorate un cattivo comportamento. Date il buon esempio!

Se seguite i passi fondamentali del sistema della guida – impartire un'istruzione precisa, indirizzare il bambino verso un'altra attività, accertarvi che sia interessato, lodarlo per essersi comportato bene, indicare l'attività successiva e allontanarsi per svolgerla, lasciandolo giocare tranquillo – getterete le fondamenta per crescere un bambino educato e garbato. Aggiungete l'offerta della «scelta», se lo ritenete necessario.

Quanto prima applicherete questi metodi, tanto meno lavoro avrete da fare quando il bambino sarà più grande. Ponete appena possibile i fondamenti che lo aiutano a distinguere il giusto dallo sbagliato, rispettandovi e ascoltando ciò che gli dite, e partirà in vantaggio quando comincerà la scuola e dovrà obbedire ai propri insegnanti. State piantando i semi dell'autodisciplina e gli state insegnando le regole di base della buona creanza. Se riuscite a farlo quando il bambino è ancora piccolo, avete la stoffa per essere un genitore fantastico!

CAPITOLO 4

Dai diciotto mesi ai tre anni

Quando la bambina raggiunge i diciotto mesi, non è più una neonata. Muove i primi passi, chiacchiera nella sua lingua ed è una personcina con le sue idee e opinioni. È determinata e tutta intenta a saggiare i propri limiti – e i vostri.

Questa determinazione prosegue negli anni prescolastici, man mano che il carattere si sviluppa, e quando la bambina avrà tre anni la sua personalità sarà completamente formata. Non cambierete la sua natura profonda, ma se riuscirete a entrare in sintonia e a lavorarci con lei potrete comunque aiutarla a prendere le decisione giuste nella vita.

Tra i diciotto mesi e i tre anni i bambini cercano di assumere il controllo di alcune sfere fondamentali della loro vita, che si tratti di dormire, di mangiare o del comportamento. La difficoltà sta nel giudicare quando permettere loro di avere il controllo e quando invece è necessario intervenire con fermezza. È importante che la bambina si senta in grado di prendere delle decisioni; è un primo passo verso l'indipendenza di cui avrà bisogno quando comincerà la scuola e altre attività al di fuori delle pareti domestiche. Tuttavia non potete lasciare che la bimba controlli la vita del resto della famiglia, in particolare la vostra.

I capricci sono la classica reazione che si ottiene quando si dice a una bambina che non può averla vinta. È una protesta, con la quale spera di farvi cambiare idea, e se rafforzate quel tipo di comportamento cedendo, la incoraggiate a riprovarci la volta dopo. I capricci possono essere più frequenti quando si verifica un cambiamento nella vita della bambina, per esempio l'arrivo di un fratellino, la separazione dei genitori, un genitore in trasferta che torna a casa saltuariamente, o quando inizia a frequentare la scuola materna.

Che siate o no a conoscenza della ragione emotiva alla base dei capricci, vanno comunque affrontati e scoraggiati.

A questa età la bimba capisce praticamente tutto ciò che le dite, ma potrebbe provare enorme frustrazione quando voi non riuscite a capire quello che lei cerca di comunicarvi. Anche con la migliore volontà del mondo, non sempre è facile capire un linguaggio stentato. Consiglio, quando accade, di chinarvi alla sua altezza, guardarla negli occhi e chiederle di fare un bel respiro. Fatelo insieme diverse volte, in modo da sbuffare l'una sul viso dell'altra e ridere, poi dite: «La mamma non è sicura di capire quello che dici. Mi fai vedere che cos'è?» Ricordate che sta ancora imparando a parlare e ha bisogno d'aiuto, proprio come succederebbe a voi in un paese straniero in cui nessuno parla la vostra lingua.

Come abbiamo già visto, una delle cose principali di cui i bambini hanno bisogno per essere sereni è una routine quotidiana. Sono creature abitudinarie e amano la regolarità. Qui di seguito riporto il tipo di routine che raccomando per questa fascia d'età:

8	Risveglio nel proprio lettino
8.30	Colazione
9	Vestirsi e lavarsi i denti
10-12.30	Attività del mattino
13-14	Pranzo
14-15	Sonnellino di un'ora-un'ora e mezzo
15.30-16	Merenda
16-18.30	Attività pomeridiana
19	Cena
19.30	Bagnetto

20 Televisione, poi fiabe e latte (se lo prende ancora)
20.30-21 A letto

Ci saranno occasioni in cui la routine cambierà – in vacanza, per esempio, o durante una gita – ma in generale i bambini hanno bisogno di riprendere le loro abitudini quando tornano a casa. È comprensibile che vogliano conoscere la successione degli eventi. Immaginate di non sapere quando mangerete la prossima volta, o quando finisce la giornata di lavoro. La sensazione alla fine sarebbe effettivamente disorientante.

Anche se il bambino dormiva e mangiava tranquillamente da neonato, i cambiamenti che intervengono man mano che cresce possono scombussolarlo. Quando passa dal lettino a un letto più grande, ha la possibilità di alzarsi dal letto da solo se si sveglia di notte, e molto probabilmente verrà a cercarvi. Avrà un regime alimentare più vario e incontrerà altri bambini nei pomeriggi di gioco, alcuni dei quali saranno beneducati, altri meno. Mentre impara a usare il gabinetto, potrebbe svegliarsi disorientato nel cuore della notte e aver bisogno di fare la pipì. Tutti questi sviluppi sono stressanti e possono causare comportamenti problematici, ma i miei programmi di tre giorni vi aiuteranno a reindirizzarlo verso abitudini sane.

Ricordate: se avete più di un problema da risolvere, occupatevi sempre prima del sonno, poi passate a quello che causa maggior scompiglio in famiglia.

Programma per i problemi legati al sonno

Se il bimbo ha preso cattive abitudini – si rifiuta di dormire a meno che non vi sdraiate accanto a lui, si sveglia di notte e insiste per dormire nel vostro letto o rifiuta del tutto di andare a letto – quanto prima correrete ai ripari, tanto meglio sarà. I bambini in questa fascia d'età hanno bisogno di dormire tra le undici e le quattordici ore al giorno per crescere bene. A questa età vostro figlio si opporrà furiosamente ai cambiamenti di abitudini consolidate che gli piacciono, come venire nel vostro letto ogni volta che si sveglia di notte, e potrebbero volerci più di tre giorni per togliergli certi vizi, ma è indispensabile farlo.

Prima di tutto, non affrettatevi a trasferirlo dal lettino a un letto più grande. Alcuni genitori lo fanno troppo presto, magari perché è arrivato un nuovo bebè e il lettino serve. Se il bambino pare gradire, vi consiglio di lasciarlo nel suo lettino fino a due anni e mezzo o anche tre. Se invece inizia a scavalcare per scendere dal letto, o tenta di farlo, dovrete anticipare il cambiamento, onde evitare incidenti. Se un bambino di meno di due anni riesce a scendere dal letto da solo, è una buona idea mettere un cancelletto sulla soglia della cameretta, in modo che non possa vagare per casa di notte, rischiando di farsi male.

Prima di cominciare un programma per il sonno, accertatevi che la camera da letto del bambino sia il più possibile buia (foderate i vetri delle finestre con del foglio di alluminio, se necessario: vedi p. 19), che la temperatura sia fresca ma gradevole e che non ci siano rumori o distrazioni che possano svegliarlo durante la notte. Se usate una lampada da notte, posizionatela in basso, sotto il livello degli occhi del bambino quando è coricato.

Il programma per il sonno dovrebbe essere applicato dalla stessa persona ogni sera, finché non si instaura la nuova routine, e condotto nella stessa identica maniera. Avrete bisogno del materiale seguente:

- un orologio digitale o un timer
- una tabella sulla quale annotare i tempi e una penna
- carta, penne, forbici, adesivi e colla per realizzare un cartellone delle ricompense

Verificate che il bambino sia in buone condizioni di salute e di non avere impegni nei cinque giorni successivi. È una buona idea riempire il frigo con tutti i cibi preferiti della famiglia e arruolare una rete di sostegno – il vostro partner, un familiare o un'amica all'altro capo del telefono che sia al corrente del programma.

Pianificazione del primo giorno

Condurrete il programma per il sonno insieme a vostro figlio, quindi è necessario spiegarglielo. Al mattino, dopo colazione, sedetevi al tavolo della cucina con il materiale già predisposto e illustrategli il programma, dicendo qualcosa tipo:

> **«Voglio fare con te una cosa molto speciale, questa settimana. Abbiamo un compito che dobbiamo svolgere insieme. Sai che abbiamo difficoltà ad andare a letto la sera e/o a stare a letto fino alla mattina? Bene, una signora ha scritto un libro per spiegarci come fare a stare nel nostro letto e sembra davvero divertente. La prima cosa che dobbiamo fare è un cartellone colorato con cinque giorni della settimana scritti sopra! Con quale cartoncino cominciamo?»**

Disegnate cinque cerchi e scrivete un giorno della settimana su ciascuno. Se volete, potete decorarli intorno ai bordi incollandoci personaggi dei cartoni animati ritagliati da una rivista per bambini. In alternativa, potete disegnare un treno con cinque vagoni, oppure un fiore con cinque petali o cinque pesci che nuotano nel mare. Lasciate scegliere al bambino, in base a quello che preferisce. Personalizzate il cartellone, in modo che si senta orgoglioso dell'oggetto finito.

Una volta terminato, portatelo nella cameretta e appendetelo alla parete in un punto in cui il bambino possa vederlo da coricato. Potrebbe essere necessario collocarlo vicino alla lampada da notte. Ora arriva la seconda spiegazione:

«Dobbiamo appenderlo alla parete in modo che tutti vedano il capolavoro che hai fatto. Stasera, all'ora di dormire, vedremo se vai a letto come un bravo bambino. Facciamo il bagnetto e ti racconto due fiabe, poi ci infiliamo nel letto. Se stai a letto e ti addormenti, attacchiamo un adesivo sul cartellone e, se ci resti fino a domattina, ne attacchiamo un altro. Proviamo a riempire tutti i [cerchi/vagoni/petali/pesci], così poi arriva una ricompensa. Un premio!»

Indicate il cartellone leggendo i nomi dei giorni della settimana. Non inserite più di cinque giorni e non mostrate gli adesivi al bambino in questo momento. Saranno una sorpresa la mattina dopo.

«Allora, quali premi/ricompense vogliamo?»

La cosa che i bambini amano di più a questa età è passare tempo con i genitori. Chiedete al bimbo che cosa vorrebbe e fornite qualche suggerimento, se necessario. Per esempio:

- giocare a pallone con papà ai giardinetti
- andare al bar con la mamma e il papà e mangiare una fetta di torta
- fare un picnic
- accoccolarsi sul divano con la mamma ad ascoltare le favole
- fare una torta con la mamma
- andare tutti insieme in piscina

Scrivete le ricompense che desidera su un altro foglio di carta o cartoncino e appendetelo alla parete in cucina.

Se una ricompensa viene guadagnata durante la notte, sarà scelta al mattino dopo colazione e goduta durante il giorno, quindi fate in modo che siano tutte realistiche. Non rischiate di dover dire «no» al bambino.

Un bambino di diciotto mesi potrebbe accontentarsi degli adesivi. Potrebbe essere troppo complicato introdurre anche le ricompense. Prendete la decisione in base alla vostra conoscenza del bimbo. I bambini più grandi, dai due anni e mezzo in poi, risponderanno sicuramente al sistema delle ricompense.

Accertatevi che capisca il sistema. Se si addormenta nel suo letto/resta nel suo letto, sarà ricompensato con:

- un abbraccio
- un adesivo
- e un premio (facoltativo)

Sonnellino pomeridiano

Andate avanti con la giornata e non parlate del programma finché non arriva il momento del sonnellino pomeridiano. Ditegli che, se si addormenta da solo e dorme per più di un'ora, quando si sveglia avrà un adesivo da attaccare al cartellone. (Se non fa più il sonnellino pomeridiano, continuate con la normale attività pomeridiana e non parlate del programma fino all'ora del bagno serale.) Ecco la procedura per il sonnellino pomeridiano.

- Accompagnate il bimbo a letto e parlategli di quello che farete dopo.
- «Speriamo ci sia il sole, più tardi, così possiamo uscire e giocare a palla. Fai il bravo e chiudi gli occhi e quando ti svegli mettiamo un adesivo sul tuo bellissimo cartellone».
- Voltatevi e uscite dalla stanza, chiudendo la porta.
- Se il bambino inizia immediatamente a strillare, avviate il timer e aspettate la pausa tra le grida. Quando arriva,

annotate l'ora e la durata della pausa nella tabella. Non rientrate nella stanza a meno che non inizino le urla in crescendo – un urlo ininterrotto che dura cinque minuti, senza pause, e con un tono crescente (vedi p. 70).

- Se dovete rientrare e il bambino è in piedi o è sceso dal letto, rimettetelo a letto, carezzategli i capelli o massaggiategli la schiena per dieci secondi per calmarlo, poi ditegli: «Bravo il mio bambino, so che puoi farcela. Fai un sonnellino e ci vediamo presto».
- Uscite dalla stanza e ricominciate il cronometraggio. Se dopo mezz'ora non ne vuol sapere di dormire, mettetelo nel passeggino e portatelo fuori per una passeggiata. Con un po' di fortuna, si appisolerà. Non vince un adesivo per questo, ma non diteglielo.
- Se il bambino si addormenta nel suo letto e si sveglia dopo un'ora, tirate fuori degli adesivi accattivanti che non abbia mai visto prima e fategli attaccare il primo sul cartellone. Lodatelo, dicendo: «È proprio bravo il mio bimbo a dormire nel suo letto. Se riesci a dormire qui stasera, arriveranno altri adesivi. Non è fantastico? Sei davvero in gamba, hai imparato una cosa nuova».

L'ideale è passare il pomeriggio all'aria aperta. Dovrebbe scendere dal passeggino e correre un po'. In tal modo si stancherà, ma fate attenzione a non affaticarlo eccessivamente.

Il rituale della sera

- Bisogna cenare a casa, tra le 18.30 e le 19.30.
- L'ora del bagno dovrebbe essere intorno alle 19.30-20. Mentre il bambino gioca tranquillo nell'acqua, raccontategli che cosa farete e ricordategli gli adesivi che vincerà.
- «Ricordi il cartellone che abbiamo preparato stamattina e appeso in camera tua? Domattina vogliamo vedere quei

bellissimi adesivi. Adesso, finito il bagno, ci mettiamo il pigiama e dopo andiamo a lavarci i denti e a leggere due belle fiabe. Poi ti infili sotto le coperte e fai una bella dormita, fino a domattina a colazione. Sei tanto, tanto bravo. So che puoi farcela. Ora mettiamo il pigiamino».

- Lavategli i denti e andate in bagno o cambiategli il pannolino, se lo porta ancora.
- Leggetegli due favole nell'intimità della cameretta poi, prima di rimboccargli le coperte, verificate che non gli manchi nulla. Deve avere con sé il suo oggetto preferito e il biberon o la tazza col beccuccio accanto al letto, se normalmente chiede da bere.
- Mentre gli rimboccate le coperte, parlategli del giorno dopo: «Speriamo ci sia il sole, domani, così andiamo al parco. Possiamo portarci uno spuntino e dare da mangiare alle anatre. Potremmo anche mangiare un gelato. Ora sii buono, così domani attacchiamo altri adesivi al cartellone».
- Se il bambino inizia a strillare non appena lo mettete a letto, abbracciatelo stretto e ditegli nell'orecchio: «Sei un bambino meraviglioso, so che puoi farcela. Su, mettiti sotto le coperte». Se il bambino si rifiuta di mettersi a letto, lasciatelo sdraiato sul pavimento.
- Voltatevi e uscite dalla stanza. Chiudete la porta.
- È probabile che si metta a strillare, perché la procedura è nuova e lui non sa bene cosa fare. Appena uscite dalla stanza, fate partire il timer e annotate l'ora nella tabella. Sedetevi da qualche parte, nella stanza accanto o nell'ingresso, ma fate in modo che il bambino non vi veda né vi senta. I bambini sono più inclini a esibirsi quando sanno di avere un pubblico!
- Controllate i tempi per dieci minuti e non rientrate, a meno che non abbia tirato fuori i giocattoli o stia deva-

stando la sua cameretta. Se il bimbo non ha fatto pause tra le grida per dieci minuti e le urla sono in crescendo, dovete rientrare.

- Mettete il bambino a letto e carezzategli i capelli o massaggiategli la schiena per dieci secondi, per calmarlo un po'. «So che puoi farcela. Sei un bambino così bravo. La mamma ti vuole tanto bene. Ora prova a dormire, ci vediamo domattina a colazione».
- Alzatevi e uscite dalla stanza. Mettetevi in testa di non rientrare finché il bambino non dorme. Ha bisogno di tempo per capire cosa succede e d'ora in poi, ogni volta che rientrerete nella stanza, è probabile che la situazione peggiori. Ricordate: vostro figlio sta cercando di imparare una cosa nuova. Dategli il tempo di cui ha bisogno.
- Compilate la tabella dei tempi e vedrete che le proteste gradualmente si affievoliranno e il tempo di riflessione si allungherà. Il bambino si sta comportando bene, e anche voi. Abbiate fiducia in lui.

avvio timer	arresto timer	durata protesta	durata riflessione	momento di calma
20.40	20.50	10 minuti	2 secondi	
20.50	21.00	10 minuti	2 secondi	
21.00	21.08	8 minuti	5 secondi	
21.08	21.15	7 minuti	10 secondi	

- Quando la durata della riflessione è superiore a dieci secondi, si raggiunge lo stadio che definisco «momento di calma» e il bambino sta per addormentarsi. Può volerci un po' la prima sera, ma perseverate.

Qualunque cosa facciate, non arrendetevi dopo la prima notte, per quanto difficile possa essere stata. Alla fine funzionerà, e va fatto.

Risvegli notturni

Preparatevi a un sonno disturbato la prima notte del programma, così resterete piacevolmente sorprese se invece dorme fino al mattino. La maggior parte dei bambini mette alla prova il sistema svegliandosi quando entra nella fase di sonno leggero.

- Se il bimbo si sveglia di notte e si alza dal letto, riportatelo in camera sua, dicendogli: «Cosa succede? Ti sei alzato dal tuo bel lettino. È notte fonda. Torniamo a dormire».
- Accompagnate il bambino appoggiandogli una mano sulle spalle. Cercate di non prenderlo in braccio. Fatelo camminare da solo fino alla sua cameretta. Guidatelo verso il letto e lodatelo: «Bene, da bravo, in silenzio. Sei proprio un bravo bambino. Ora infiliamoci sotto le coperte».
- Se si rifiuta di mettersi a letto, continuate con i complimenti. «So che puoi farcela. Sei un bravo bambino. Mettiti nel tuo bel lettino quando sei pronto». Poi uscite dalla stanza.
- Riprendete la tabella dei tempi se il bambino inizia a protestare. Compilatela usando il timer e prestate attenzione alle variazioni. Alla fine il tempo di riflessione si allungherà. Tutti dobbiamo dormire, prima o poi!

Magari vi sentite esauste e private del sonno, ma congratulatevi con voi stesse per la buona partenza sulla strada che vi porterà ad avere un bambino che dorme serenamente. Se vi atterrete al programma, in soli altri due giorni vedrete grandi cambiamenti. Credeteci, credeteci, credeteci!

Pianificazione del secondo giorno

La bambina ha trascorso la notte nella sua cameretta: magari non l'aveva mai fatto prima. Merita un adesivo e dovete spiegarle perché glielo date.

«Stai imparando una cosa nuova. Sono tanto orgogliosa di te, perché sei rimasta nella tua cameretta. Brava. Scegliamo un adesivo speciale».

Se la bambina si è alzata dal letto durante la notte, ma poi ci è tornata in silenzio quando l'avete riaccompagnata, vince un altro adesivo. La bambina ha bisogno di sentirsi premiata, per continuare a impegnarsi. Mantenete sempre un atteggiamento positivo. Non dimenticate che sta imparando una cosa nuova.

Quando andate in cucina a fare colazione, date un'occhiata alle ricompense sulla parete e sceglietene una. «Ho guardato i premi e oggi mi piacerebbe fare dei biscotti e portarli con noi ai giardinetti».

Se la bambina dice di voler scegliere lei il premio, ditele decise: «Se stasera vai a letto in silenzio, senza fare un sacco di baccano, potrai sceglierlo domani».

Non lasciate che la piccola tenti di negoziare. Avete preso una decisione. Proseguite la giornata, ricordandovi di darle la ricompensa. Non parlatele del programma durante il giorno, ed evitate di parlarne con chiunque altro in sua presenza.

Se fa un sonnellino pomeridiano, seguite la stessa routine del primo giorno e poi esattamente la stessa procedura dopo cena, quando si avvicina l'ora di andare a letto.

- All'ora del bagnetto parlate di nuovo del momento in cui andrà a letto e fate esattamente le stesse cose di ieri. Siate decise.
- Guardate la televisione (se è abituata a farlo), lavate i denti, andate in bagno (se necessario) e poi leggete due fiabe nell'intimità della cameretta.
- Adesso mettete la bimba a letto e ditele ciò che farete domani per non più di trenta secondi. Se rifiuta di coricarsi, potete parlarle mentre è seduta sulla sua seggiola o sul

tappeto. Se strilla, tenetela accanto a voi e parlatele a bassa voce nell'orecchio: «So che puoi farcela. Ricordati che sceglieremo gli adesivi e i premi. Calmati ora, da brava».

- Uscite dalla stanza e avviate il timer. Fate in modo che la bambina non possa vedervi.
- Se dovete rientrare dopo i primi dieci minuti, siate calme ma ferme. Ora sa che cosa il sistema comporta. Non è più un concetto nuovo. Ditele con voce chiara e decisa (senza gridare): «Allora, signorina, sai cosa devi fare. Che ne dici di infilarti nel tuo meraviglioso lettino e calmarti? Ti voglio tanto, tanto bene».
- Abbracciatela o datele un bacio e uscite dalla stanza. Non rientrate, a meno che le urla siano in crescendo, con un tono sempre più acuto e per cinque minuti ininterrotti.

avvio timer	arresto timer	durata protesta	durata riflessione	momento di calma
20.40	20.50	10 minuti	2 secondi	
20.50	20.55	5 minuti	3 secondi	
20.55	21.00	5 minuti	10 secondi	
21.00	21.07	7 minuti		20 secondi
21.07	21.11	4 minuti		30 secondi
21.12	21.16	4 minuti		30 secondi

Se avete applicato il metodo con costanza, dovreste sentirvi più fiduciose. Confrontate la tabella del secondo giorno con quella del primo e forse vedrete che la bambina ha compiuto qualche progresso. Fissatelo nella vostra memoria. Il miglioramento è dovuto al vostro paziente insegnamento. Brave!

Se la bimba si sveglia durante la notte, applicate il metodo con costanza. Se è uscita dalla sua stanza, fatele fare dietrofront e riaccompagnatecela, tenendole la mano sulla spalla. Nel mentre, parlatele: «Bene, da brava e in silenzio, torniamo nella tua meravigliosa cameretta». Se necessario, cominciate a compilare la tabella dei tempi. Ce la farete!

Pianificazione del terzo giorno

La giornata non dovrebbe cominciare prima delle sette del mattino, alle otto è ancora meglio. Se il bambino si sveglia troppo presto, riaccompagnatelo a letto seguendo la stessa procedura dei risvegli notturni.

Quando è ora di alzarsi, prima di tutto attaccate almeno un adesivo sul cartellone, poi arriva il momento dei festeggiamenti, degli abbracci e dei complimenti. Anche se il bambino ha protestato all'ora di andare a letto e durante la notte, dovreste riuscire a cogliere qualche segno di comprensione. Conosce il programma e sa che non lo cambierete. A questo punto, le proteste si faranno più brevi e alla fine scompariranno del tutto – in genere nell'arco di una settimana.

Lasciategli scegliere la ricompensa a colazione, poi proseguite normalmente la giornata. Se si addormenta nel suo letto e dorme più di un'ora nel pomeriggio, vince un adesivo. La sera, quando si avvicina l'ora di andare a dormire, fate tutto esattamente nello stesso ordine: bagno, televisione, denti, pipì, fiabe. Ormai siete maestre nell'applicare il programma e il bimbo capirà che questo è il modo in cui d'ora in poi andrà a dormire.

Il terzo giorno non dovreste aver bisogno di rientrare nella stanza dopo avergli augurato la buonanotte. Entrate solo in caso di urla in crescendo, passate trenta secondi con lui per calmarlo e ricordargli che è notte. Ditegli che è bravissimo, perché è capace di addormentarsi da solo.

Continuate a compilare le tabelle dei tempi finché continua a strillare. Confrontate la notte con quella precedente. Di sicuro vedrete segni di miglioramento, a dimostrazione che il bambino compie progressi nella giusta direzione.

Dovreste sentirvi molto orgogliose di vostro figlio e di voi stesse. Avete introdotto una cosa assolutamente nuova nella vita familiare e siete state coerenti e determinate, anche quando eravate stanche.

Il quarto giorno, trovate un po' di tempo per lodarvi e premiarmi.

- Compratevi dei fiori, una rivista, o entrambe le cose!
- Ordinatevi qualcosa su Internet.
- Chiedete al vostro partner di cucinare una cena speciale.

Avete passato settantadue ore dedicandovi anima e corpo a cambiare in meglio la vita di vostro figlio. Siate orgogliose di voi stesse: gli state insegnando a fare le scelte giuste.

Al termine del programma, è una buona idea continuare a usare il sistema degli adesivi e dei premi per sei o sette notti consecutive, finché l'abitudine non sia ben impressa nella memoria. Cercate di evitare viaggi o di passare notti fuori casa. Il bambino ha bisogno di dormire nella sua stanza per almeno dieci notti consecutive.

A quel punto, vi sentirete rilassate e fiduciose, e tutto quello strillare all'ora di andare a letto sarà solo un lontano ricordo.

Se vi avventurate in vacanza o in gita per il fine settimana, potete modificare leggermente la routine. Non è un problema, purché spieghiate al bambino che una volta a casa si tornerà alla normalità. Se a un certo punto pensate che il bambino abbia difficoltà, suggerisco di inventare un altro sistema di ricompense per riportarlo in carreggiata.

Domande frequenti

Mia figlia continua ad alzarsi dal letto e a venire da noi. Però non strilla. Cosa facciamo?

La bambina vi sta mettendo alla prova silenziosamente. Consiglio di usare lo stesso trattamento e di limitarvi a farle fare dietro-front riaccompagnandola in camera sua senza parlare. Se si rifiuta di camminare, prendetela per le ascelle con il viso rivolto verso l'esterno e sospingetela. Cercate di intercettarla prima che arrivi in cucina, nel soggiorno o ovunque vi troviate. Continuate a fare esattamente la stessa cosa ogni volta e alla fine otterrete dei risultati.

Quando metto a letto la bambina, mi dice che non ha sonno. Cosa le rispondo?
«Non devi addormentarti subito. È il tuo momento speciale per rilassarti nel tuo letto e ripensare a tutte le cose belle che abbiamo fatto oggi».

Datele qualcosa a cui pensare e rimboccatele le coperte. «Fai bei pensieri e si trasformeranno in sogni felici. Ci vediamo a colazione!»

Il mio bambino sta tranquillo nella sua stanza, ma lo sento giocare con i suoi giocattoli. Devo lasciarlo fare?
No, assolutamente no. Entrate nella stanza e ditegli che non è ora di giocare. Anche i giocattoli hanno bisogno di riposarsi, come i bambini! Mettetelo a letto e fategli capire che se continua a giocare porterete via tutti i giocattoli dalla sua cameretta. Dovete andare fino in fondo. Se ricomincia a giocare, entrate nella stanza e portate via i giochi. Ditegli: «Puoi farcela. È ora di rilassarsi a letto. Con i giocattoli potrai giocare domani. Ci vediamo domattina a colazione. Sogni d'oro». Uscite dalla stanza e, se strilla, cominciate a compilare la tabella dei tempi.

Mio figlio neanche si avvicina al letto. Le grida iniziano non appena finisco di leggere le fiabe.
Fate sedere il bambino sul bordo del letto o sul pavimento il più vicino possibile al letto. Ditegli: «È ora di rilassarsi e poi

addormentarsi. Il tuo letto è il miglior posto in cui rilassarsi e dormire. Puoi dormire sul pavimento, se vuoi, oppure nel tuo letto. Io dormo nel mio letto, stanotte. Dormi bene, e domattina facciamo colazione insieme».

Baciate il piccolo e uscite dalla stanza, lasciandolo dov'è. Se inizia a strillare, lasciatelo fare per dieci minuti, poi rientrate nella stanza se non è ancora a letto. «Penso tu abbia finito di gridare. Il tuo corpo vuole sdraiarsi. Proviamo questo letto meraviglioso». Andate insieme al letto e fatelo coricare. Se rifiuta ancora, lasciatelo dove vuole. Lasciate che prenda da solo la decisione.

Mentre sta per addormentarsi, entrate di nuovo nella stanza e ditegli con calma che il pavimento diventa molto freddo di notte. Accompagnatelo a letto, se necessario prendendolo in braccio. «Dormirai benissimo nel tuo letto. Ci vediamo a colazione». Cercate di farlo prima che si sia effettivamente addormentato. Se lo prendete in braccio mentre dorme, è probabile si svegli durante la notte e inizi a gridare, perché si ritrova in un posto diverso da quello dove si era addormentato. Siate certe che se lo ricorderà!

Quando esco dalla sua cameretta, mio figlio comincia a lanciare oggetti in giro per la stanza. Cosa devo fare?

Entrate e ditegli: «Allora, così non va. Andiamo a letto. Voglio dirti una cosa». Prendetelo per mano e mettetelo a letto. «Quando vuoi, sei proprio un bravo bambino. Lo sai che non si tirano le cose. È ora di stare tranquillo e pensare a tutti i bei giochi che farai domani. Se lasci in giro delle cose, dovrò portare via tutto. Resterai solo con il letto, qui dentro. I tuoi giocattoli vogliono stare nella tua cameretta, quindi calmati. Ci vediamo domattina a colazione».

Mantenete la parola. Se lancia altri oggetti, portateli via dalla stanza e teneteli nascosti alla vista del bambino per le ventiquattr'ore successive. Dopodiché, decidete se riportarceli o no.

Se il bambino non si comporta bene durante la notte, devo comunque dargli un adesivo e un premio?
Gli adesivi vanno sempre dati, e dovreste lodare il piccolo per i suoi sforzi. Ditegli che sapete che sta facendo del suo meglio. Dategli anche una ricompensa al giorno, ma dopo una nottata particolarmente difficile magari scegliete qualcosa di modesto. Però non diteglielo: non è una punizione. È probabile che non abbiate voglia di dargli una ricompensa importante dopo una nottata passata a far su e giù dal letto come uno yo-yo, quindi tenete i premi più importanti per quando si comporta meglio.

Quando smetto di usare gli adesivi e i premi?
Ho riscontrato che, dopo sette notti consecutive, l'abitudine si consolida e gli adesivi non sono più così importanti per il bambino. Lasciate il cartellone appeso alla parete, come promemoria visivo di cui parlare di tanto in tanto, ma il sistema degli incentivi non è più necessario.

Programma per i problemi legati all'alimentazione

A diciotto mesi i bambini sono inclini a mettere in discussione ciò che mangiano. Anche se fino a quel momento hanno apprezzato una grande varietà di cibi, possono diventare schizzinosi da un giorno all'altro. Il fatto è che amano ciò che conoscono, specialmente all'ora dei pasti. Vogliono riconoscere il cibo che si trovano davanti e avere un chiaro ricordo del suo sapore. Per questo vogliono sempre i loro piatti preferiti e sono poco disposti ad assaggiare cose nuove.

Nel corso di vent'anni di consulenza alle famiglie, ho scoperto che la maggior parte dei bambini sarebbe più che felice di sopravvivere con una scelta di due o tre piatti soltanto – ma non apporterebbero tutte le sostanze nutrienti di cui hanno bisogno per crescere sani, quindi non potete assecondarli. Capisco perfettamente perché alcuni genitori danno ai figli il cibo che sanno che mangeranno, perché è orribile pensare che vadano a letto affamati, ma per la loro salute è indispensabile che a questa età imparino ad avere un'alimentazione equilibrata. E l'unico modo per insegnarglielo è servire loro pasti nutrienti e non offrire alternative se non li mangiano.

A diciotto mesi i bambini hanno i denti e possono mangiare le stesse pietanze che cucinate per voi e il vostro partner. Quando lavoro a casa di una famiglia, mi siedo con i genitori e chiedo quali piatti amino cucinare e cosa preferiscano mangiare. L'obiettivo è che alla fine tutta la famiglia mangi insieme le stesse pietanze.

Consiglio di sedervi una sera con il vostro partner e chiunque altro viva in casa per stilare un elenco di tutti i piatti che vi piace mangiare a casa. Inserite anche quelli che piacciono al vostro bambino, anche se si limitano a bastoncini di pesce e patate fritte. Scegliete pietanze che il bambino possa aiutarvi a preparare, perché questo elemento è parte integrante del programma di tre giorni.

Scegliendo dall'elenco, elaborate un menù settimanale che contenga i piatti che piacciono al piccolo e quelli che piacciono a voi. Per il momento forse è bene evitare le pietanze particolarmente speziate o piccanti, oppure cucinatele in varianti più delicate. Fate in modo che ogni giorno ci sia sempre un pasto che piace al bambino e uno nuovo. In quelli nuovi, è una buona idea includere un alimento che sapete il bambino mangerà. Per esempio, se il mercoledì proponete la fettina di carne in padella come novità, abbinatelo a qualcosa di familiare, come il riso, che di solito mangia. Se non tocca la carne – e anche se non mangia nemmeno il riso – dategli della frutta e uno yogurt, e magari il latte prima di andare a dormire, in modo che non si svegli affamato durante la notte.

Ecco un esempio di menù settimanale:

	pranzo	cena
lunedì	frittata con prosciutto e formaggio	pollo e cous cous
martedì	toast farciti	pesce con fagiolini
mercoledì	pizza	fettina di carne in padella con riso
giovedì	patate al cartoccio e fagioli stufati	stufato di salsiccia con purea di carote
venerdì	uovo sodo e pane tostato	bistecca, patate fritte e piselli
sabato	panini imbottiti	pasta al sugo
domenica	pollo arrosto con verdure	crêpes salate

Durante il programma, consiglio di offrire dopo i pasti principali un dessert a base di alimenti naturali, per esempio frutta e yogurt, oppure gelatina di frutta, un biscotto ai cereali fatto in casa, un po' di crema pasticcera o una fettina di torta di mele. Tenete i dolci farciti di creme e i budini alla cioccolata per le occasioni speciali.

Evitate di dare da bere alla bambina subito prima del pasto, perché potrebbe guastarle l'appetito. Mangiando può bere acqua, eventualmente mista a succo di frutta o aromatizzata con qualche goccia di sciroppo. Evitate le bevande gassate, che sono piene di zucchero, coloranti e conservanti, e il latte, che riempie la pancia e la fa sentire sazia.

È bene che i bambini si abituino a mangiare fuori casa, quindi se vi piace mangiare al ristorante portateli con voi. Ordinate un paio di antipasti e mangiateli insieme come «piatto di assaggi». Non fatevi portare un cestino di pane, però, o state certe che vostra figlia si riempirà la pancia di quello!

Ogni famiglia ha il proprio modo di vivere, unico, e non ci sono modi «giusti» o «sbagliati». Dovete trovare un menù settimanale realistico, che funzioni per la vostra famiglia e al contempo offra alla bambina gli elementi essenziali di un'alimentazione sana.

Proponendo alternative vanificherete lo scopo del menù settimanale e trasmetterete un messaggio confuso: «Se ti va, mangialo, se no ti do quello che preferisci». Il programma non prevede alternative.

Prima di cominciare, accertatevi di avere a disposizione:

- il menù settimanale
- tutti gli ingredienti nel frigorifero, nel congelatore e nella dispensa
- una comoda seggiola da tavolo, dalla quale la bambina non possa scendere senza il vostro aiuto (fate in modo che sia a un'altezza tale da permetterle di vedere cosa succede; personalmente, preferisco il classico seggiolone Tripp-Trapp, ma scegliete quello che meglio si adatta alla piccola)
- bavaglini per i più piccoli
- salviette per pulire mani e viso alla fine del pasto
- una tazza con la quale la bambina riesca a bere comodamente
- materiale per le lodi e le ricompense (vedi oltre)

Scegliete il momento opportuno per iniziare il programma. È importante che voi, il vostro partner e chiunque altro si prenda cura del piccolo trasmettiate lo stesso messaggio, che comprendiate tutti il programma e che nessuno ceda di fronte alle proteste del bambino. La persona che conduce il programma avrà bisogno del sostegno di tutti.

Scegliete un periodo durante il quale rimarrete a casa per almeno dieci giorni. Se il bambino di solito pranza all'asilo, cominciate il programma durante le vacanze scolastiche, in modo che il piccolo si abitui prima di tornarci.

È importante mantenere la calma e credere che funzionerà, anche se i primi giorni il bambino non accetterà alcun cibo nuovo. Potrebbe essere necessario continuare a provare, e mantenere la calma. Non lasciate che il tavolo da pranzo diventi un campo di battaglia.

Pianificazione del primo giorno

A colazione, sedetevi e mangiate insieme alla bambina e spiegatele i cambiamenti che intendete introdurre. Adattate la spiegazione alla capacità di comprensione della piccola. Ecco un esempio:

«Papà e io abbiamo parlato e abbiamo deciso che faremo dei fantastici cambiamenti in casa. Ci siederemo a tavola e mangeremo tutti insieme e vorrei che tu mi aiutassi a cucinare. Cosa ne pensi?»

Fate una pausa per rispondere a eventuali domande.
Poi proseguite così:

«Mi piacerebbe fare un bel disegno con te, così ogni volta che ci sediamo a tavola e mangiamo, attacchiamo un bell'adesivo sul nostro cartellone e poi andiamo a caccia di un premio! Non è divertente? Su, finiamo la colazione e poi ci mettiamo a disegnare un bel cartellone per i nostri adesivi».

I bambini più grandi adorano la caccia al premio, mentre i più piccoli potrebbero anche accontentarsi degli adesivi. Conoscete vostra figlia, quindi scegliete il sistema di ricompense più adatto a lei.

Il cartellone degli adesivi

Prendete un bel foglio di cartoncino e con una tazzina disegnate quattordici cerchi. I cerchi rappresentano dei piatti e sono due per ciascuno dei sette giorni successivi. (La colazione non è inclusa nel programma, perché tutti i bambini hanno qualcosa che amano mangiare a colazione, che siano cereali, biscotti, toast, yogurt, frutta... Se però a casa vostra anche la colazione è un problema, potete scegliere di includerla.) Fatevi aiutare dalla bambina a disegnare i cerchi, se riesce, poi può colorarli o dipingerli.

Sopra ogni cerchio scrivete il giorno e il pasto: lunedì pranzo, lunedì cena, martedì pranzo, martedì cena, e così via.

Adesso spiegatele che metterete due adesivi su ciascun piatto dopo ogni pasto:

- uno per le buone maniere e perché rimane seduta a tavola
- uno perché mangia un po' della pietanza che ha nel piatto da brava bambina

Appendete il cartellone su una parete ben visibile dal tavolo.

Adesso annunciate: «Dopo pranzo ti farò vedere gli adesivi. Vedrai, ci divertiremo un mondo».

La bambina potrebbe continuare a chiedervi degli adesivi, ma distraetela parlando della prossima cosa che farete nella giornata.

Organizzare la caccia al tesoro

Farete la caccia al tesoro soltanto se il bambino si è guadagnato due adesivi a pasto. Dategli una tazza o un barattolo vuoto e ditegli che c'è un tesoro in [giardino/soggiorno/una stanza a scelta] e che deve andare a cercarlo e poi metterlo nel barattolo. Spiegategli che, quando avrà riempito di adesivi tutti i piatti sul cartellone, il barattolo sarà pieno di tesori.

Come tesoro, potete scegliere:

- animaletti di gomma
- macchinine
- pietre preziose
- grosse biglie
- perline per fare una collana

L'essenziale è che il tesoro sia una cosa «preziosa», che catturi l'immaginazione del bambino, una cosa che normalmente non riceve, in modo che si senta importante e responsabile.

Chiedetegli di sedersi sul seggiolone al tavolo e di chiudere gli occhi. Può contare fino a dieci, se è capace. A quel punto andate a nascondere uno dei pezzi del tesoro.

Dovrete vigilare sulla caccia al tesoro e accertare che metta l'oggetto nel barattolo non appena lo trova. Il barattolo sarà quindi collocato in un punto in alto, dove tutta la famiglia lo veda, ma il bambino non possa toccarlo fino alla prossima caccia al tesoro.

Spiegategli: «Il tesoro deve essere conservato in un posto molto sicuro. Non vogliamo perderlo. Stiamo cercando di riempire il barattolo». Ditegli: «Speriamo di mettere gli adesivi sul prossimo piatto, così andiamo di nuovo a caccia!»

Se il bambino vuole giocare con il barattolo, passate rapidamente all'attività successiva della giornata. Mostratevi fiduciose e il bimbo vi seguirà. Non cedete consegnandogli il barattolo. Se necessario, ditegli che lo guarderete di nuovo insieme più tardi.

Cucinare insieme

Durante il programma e poi nel corso della settimana, vi consiglio di cucinare insieme alla bimba la mattina, dopo colazione. Tenetela vicino a voi e coinvolgetela il più possibile. Non sottovalutate mai le sue capacità in cucina. Una bambina di due o tre anni è capace di spezzettare le foglie dell'insalata, mettere le verdure nella pentola, stendere la pasta sfoglia e mescolare le salse (lontano dai fuochi). Aiutandovi a cucinare, si sentirà responsabile delle pietanze che ha contribuito a preparare e ne sarà orgogliosa. Questo potrebbe renderla più propensa a consumare il pasto.

Vi consiglio di passare parte della mattinata e del pomeriggio all'aria aperta, perché stimola l'appetito. È importante che la bambina abbia fame all'ora del pasto.

Spuntini e merende

Il bambino può aver bisogno di fare uno spuntino a metà mattina e a metà pomeriggio. Cercate di darglielo almeno un'ora e mezzo prima del pasto successivo; per esempio, se il pranzo è all'una lo spuntino va concluso entro le 11.30. Lo spuntino non deve essere abbondante: è sufficiente un biscotto, o qualcosa di equivalente! Scegliete tra:

- frutta secca
- uno spicchio di frutta fresca
- un grissino
- un biscotto (solo uno)
- una galletta di riso o avena
- un bastoncino di carota
- un cracker con formaggio
- uno yogurt
- un sorbetto alla frutta fatto in casa

Non dategli mai lo spuntino meno di un'ora e mezzo prima di sedervi a tavola. Se il bimbo dice di aver fame, anticipate un po' l'ora del pasto, piuttosto che dargli qualcosa «per reggersi in piedi».

Pranzo

Il pranzo va consumato tra le 13 e le 14.30. Se la bambina fa ancora il sonnellino pomeridiano, dovrà addormentarsi intorno alle 15. Datele un preavviso di cinque minuti, prima di servire in tavola, in modo che l'annuncio non arrivi a sorpresa. Incoraggiatela a lavarsi le mani insieme a voi e poi a sedersi a tavola, nella sua «comoda seggiola».

- Quando servite la porzione alla bambina, datele al massimo due cucchiaiate di cibo. Sedetevi insieme e spiegatele che cosa mangerete per pranzo (a meno che non lo sappia già, perché lo avete preparato insieme).
- «Questo è quello che mamma e papà hanno mangiato a cena ieri sera. Carne e riso. Mi piace tantissimo. Assaggiamone un po' insieme e poi diamo un'occhiata agli adesivi e li attacchiamo sui nostri piatti!» Parlate in tono tranquillo, ma deciso. È essenziale che la bambina non percepisca impazienza da parte vostra.
- Iniziate a mangiare il vostro pranzo e parlate delle attività pomeridiane o di qualcosa che sapete che interessa alla piccola. Se le piacciono i personaggi dei cartoni animati, accennate al fatto che probabilmente anche loro stanno pranzando.
- Ora mettete un po' di cibo sulla forchetta o sul cucchiaio della bambina. «Quando sei pronta, assaggiane un po'. Solo un pochino».
- Continuate a mangiare e, dopo aver terminato, chiedetele di nuovo se vuole sentire quel buon sapore. Non lodatela mentre solleva il cucchiaio per mangiare, o potrebbe venirle la «paura del palcoscenico» e bloccarsi. A nessuno piace essere osservato mentre mangia.
- Poi lodatela, ma senza esagerare. «Brava, hai assaggiato il riso. La prossima volta che lo cuciniamo sono sicura che

ne mangerai un po' di più. È buono, vero? Più ne mangi, più diventi grande!»

- Se si rifiuta di mangiare, toglietele semplicemente il piatto da davanti, spingetelo in mezzo al tavolo e annunciate che arriva un «piccolo dessert» di yogurt e frutta. Datele il dessert. La bambina ha bisogno delle vitamine e dei minerali presenti nella frutta e nei latticini.
- Non cadete nella trappola di darle un dessert abbondante perché non ha mangiato il pasto. Piccolo pasto = piccolo dessert.
- Dopo il dessert, chiedetele un'ultima volta se vuole assaggiare il riso. Se la risposta è «no», lasciate perdere. Potrà fare merenda tra un paio d'ore.

Quando la bambina chiede il permesso di alzarsi da tavola, dovete andare insieme al «cartellone dei piatti» e attaccare un adesivo. Se non ha toccato cibo, ma è rimasta seduta a tavola, premiatela con un adesivo. Se è stata seduta tranquilla e ha anche assaggiato il cibo, vince due adesivi e potete organizzare una caccia al tesoro, in caso contrario non parlatene.

Uscite all'aria aperta e fatele fare un po' di moto per stimolare l'appetito. Datele la merenda non più tardi delle 16.15, in modo che la finisca entro le 16.30. Basatevi sui suggerimenti precedenti relativi agli spuntini.

Cena

Consiglio di servire la cena tra le 18.30 e le 19.30, quando il bambino ha appetito, ma non è troppo stanco. Non fate tardi. Seguite la stessa procedura del pranzo.

- Dategli un preavviso di cinque minuti.
- Lavatevi le mani insieme.
- Fate sedere il bambino a tavola.

- Servite il pasto e sedetevi con lui.
- Complimentatevi con il bimbo se ha preparato il pasto con voi. Ditegli quanto vi è piaciuto cucinare insieme.
- Iniziate a mangiare lentamente la vostra pietanza (non dovete finire prima che il piccolo abbia assaggiato la prima forchettata).
- Mettete il cibo sulla forchetta o sul cucchiaio del bambino, dicendo: «Assaggialo quando sei pronto, da bravo bambino».
- Continuate a mangiare e a parlare della giornata trascorsa insieme. Conversate con il vostro partner o con gli altri figli, se presenti.
- Mantenete la calma e non affrettate il pasto.
- Proponetegli un assaggio per la seconda volta. «Sono sicura che questa pietanza ti piacerà. Ti farà diventare grande e forte».
- Servite un dessert a base di alimenti naturali e lasciate il piatto del bambino sul tavolo.
- Dopo il dessert, chiedetegli un'ultima volta se vuole assaggiare la pietanza.
- Incoraggiate il piccolo a chiedere il permesso di alzarsi da tavola a fine pasto.
- Andate al cartellone dei piatti per attaccare uno o due adesivi, a seconda che abbia assaggiato il pasto e sia rimasto seduto tranquillo.
- Fategli un sacco di complimenti per gli sforzi fatti durante la giornata.
- Se ha vinto due adesivi, fate la caccia al tesoro.

Quando la mettete a letto, ricordate alla bambina quanto siete orgogliose di lei e, con tenerezza, ditele che vi divertirete a cucinare insieme l'indomani e che attaccherete altri adesivi.

Se dice di avere fame, rispondete semplicemente che ha avuto da mangiare a sufficienza per oggi e concludete la giornata con un po' di latte. Ditele che il corpo adesso ha bisogno di dormire e, quando si sveglierà domattina, sarà tutto contento di fare colazione. Passate rapidamente alle favole o alla ninna nanna e auguratele la buonanotte. Non preoccupatevi che sia affamata, dato che non ha bisogno di energia quando dorme e al risveglio farà colazione.

Ecco, il primo giorno è giunto al termine. Avete iniziato a seguire un nuovo metodo e sono certa che sia voi sia la bambina sarete esauste, con tutte le informazioni che avete dovuto assorbire e i cambiamenti introdotti nelle abitudini quotidiane. Domani sarà tutto più facile. Avete superato il primo scoglio!

Prendete nota di tutto ciò che la bambina ha mangiato e segnate quanti adesivi si è guadagnata. Tra qualche giorno, quando rileggerete gli appunti, apprezzerete i progressi fatti. Ora distendete le gambe e rilassatevi!

Pianificazione del secondo giorno

A questo punto il sistema delle ricompense è chiaro sia a voi sia al bambino. È importante che seguiate la stessa procedura del giorno prima, in modo che il piccolo inizi ad accettare l'idea che si tratta di un cambiamento duraturo nella vostra vita.

La maggior parte dei bambini fa colazione; dopodiché proporrete al bambino un pasto che già gli piace e uno nuovo, oltre a due spuntini a base di alimenti naturali e al latte prima di andare a dormire.

Non createvi aspettative irrealistiche. Attenetevi al programma e il bambino mangerà ciò di cui ha bisogno, quando ne avrà bisogno. La giornata potrebbe prospettarsi grossomodo così:

8-9	Colazione con cereali/biscotti/toast... Yogurt e frutta Un bicchiere di succo di frutta
9.30-11	Cucinate insieme il pasto principale della giornata Spuntino a metà mattina
11-12.30	Attività del mattino, in parte all'aperto (per esempio, giocare in giardino o fare una passeggiata nel parco)
13-14	Ora di pranzo (offrite il cibo esattamente alla stessa maniera del primo giorno: iniziate a mangiare la vostra pietanza, mettete un po' di cibo sulla forchetta o sul cucchiaio del piccolo, continuate a parlare della giornata, invitatelo due volte ad assaggiare, poi servite il dessert, lasciando il piatto principale sul tavolo nel caso il bambino voglia assaggiarlo) Adesivi e caccia al tesoro (se meritati)
14.30-16	Sonnellino o attività tranquilla in casa Merenda
16-18	Attività all'aperto, se possibile
18.30-19.30	Ora di cena (servite il cibo esattamente alla stessa maniera del primo giorno) Adesivi e caccia al tesoro (se meritati)
19.30-20	Bagno Latte (se lo prende)
20.15-20.30	Ora delle fiabe Lodi per i risultati ottenuti durante la giornata e breve chiacchierata su adesivi e ora dei pasti

Alcuni bambini impiegano più tempo di altri, ma alla fine vostro figlio ci arriverà, se terrete duro. Dovete crederci, potete farcela!

Pianificazione del terzo giorno

A questo punto, la maggior parte dei bambini accetterà che le abitudini all'ora dei pasti sono cambiate. Sovente le novità li lasciano estenuati, e ciò può riflettersi sul loro comportamento. Vostra figlia potrebbe iniziare a protestare e ribellarsi, ma dovete tenere duro. Questo cambiamento farà bene a lei e a tutta la famiglia.

Oggi cucinerete di nuovo insieme dopo la colazione, ma questa volta preparerete un pasto al quale inviterete ospiti. Invitate un'amichetta della bambina a cena e cucinate qualcosa che sapete sarà apprezzato dalla piccola ospite. Preparate un bel dessert, da servire dopo cena.

Mentre cucinate, parlate di come al vostro corpo piacciano le novità e come sia contento di conoscere cibi nuovi. Fate un verso buffo, fingendo di inghiottire qualcosa, per far ridere la bambina.

Dopo aver cucinato, fate uno spuntino e una corsetta all'aria aperta, per stimolare l'appetito.

Pranzo

Ricordatevi di mantenere la calma, e non preoccupatevi se un certo alimento non verrà toccato. È probabile che sul piatto ci sia almeno qualcosa che la bambina mangerà, altrimenti potrà avere un buon dessert, a base di alimenti naturali. Seguite la procedura.

- Annunciate il pranzo in arrivo tra cinque minuti.
- Lavatevi le mani.
- Sedete a tavola insieme e servite il pranzo.
- Iniziate a mangiare lentamente la vostra pietanza.
- Incoraggiate la bambina una prima volta.
- Mangiate e parlate della giornata.
- Mettete un po' di cibo sulla forchetta o sul cucchiaio della bimba.

- Incoraggiatela una seconda volta.
- Continuate a mangiare e terminate il pasto.
- Incoraggiatela ancora una volta.
- Servite il dessert.
- Dite alla bambina di chiedere il permesso per alzarsi da tavola.
- Attaccate l'adesivo o gli adesivi al cartellone.
- Fate la caccia al tesoro, se meritata.

Non incoraggiate la bambina più di tre volte, a tavola.

Dopo pranzo e dopo il sonnellino pomeridiano arriverà il momento di ricevere gli ospiti. Date alla bimba la merenda e poi iniziate il pomeriggio all'aria aperta.

Fate in modo che le invitate arrivino intorno alle cinque e lasciate giocare insieme le bambine. Mostrate all'amica il cartellone degli adesivi che state completando. Potete anche accennare alla caccia al tesoro e mostrare il barattolo. Dite alle bambine che, se si comportano bene all'ora di cena, farete una caccia al tesoro prima che le invitate tornino a casa.

Incartate due regalini e nascondeteli in modo che siano pronti alla fine del dessert. Con un po' di fortuna, la pressione esercitata dalla coetanea indurrà vostra figlia a mangiare lo stesso cibo che mangia lei, in caso contrario potrete comunque premiarla per essersi comportata bene a tavola o per aver mangiato parte del pasto. Cercate di fare in modo che si guadagni la ricompensa, almeno in parte.

Dopo il pomeriggio di gioco con l'amica, è probabile che sia esausta – e che lo siate anche voi. È stata una curva di apprendimento di tre giorni per tutta la famiglia, tutti insieme avete introdotto un cambiamento. Consideratelo permanente. Dobbiamo accogliere novità nel corso della vita, ed è una buona idea iniziare nell'ambiente domestico protetto, attorno al tavolo da pranzo.

E ora che succede?

Dopo tre giorni, può darsi che vostro figlio non sia ancora perfetto a tavola, ma avrà capito che i cambiamenti introdotti saranno duraturi. Un nuovo modello ha preso forma, e se lo seguirete rigorosamente vedrete che lo accetterà e forse si dimenticherà persino di protestare. Avete ripreso il controllo della situazione e dovrete mantenerlo fino a quando il bambino non sarà sufficientemente maturo per scegliere da sé un'alimentazione equilibrata.

In generale, vi accorgerete che il sistema delle ricompense funziona per una decina di giorni al massimo, poi la novità comincia a perdere il suo fascino. A questo punto dovrete affrontare nuovamente la situazione. Dopo due settimane anche il menù comincerà a diventare noioso, per cui saranno necessarie modifiche e integrazioni.

Sedetevi con il vostro partner e gli altri membri della famiglia per scegliere nuovi menù. Se la bambina è abbastanza grande, potete incoraggiarla a sfogliare libri di cucina e suggerire piatti appetitosi che vorrebbe assaggiare. State lontani dalle pagine dei dolci e della cioccolata, però!

Stampate un nuovo menù per la settimana successiva e appendetelo in cucina, dove tutti possano vederlo.

Dopo dieci giorni, continuate a seguire la procedura per i pasti, ma eliminate il sistema delle ricompense. Lodate la bambina, ma senza esagerare, e non cercate mai di costringerla a mangiare. Sedersi a tavola è un risultato e il cibo assunto è una gratificazione.

Dopo due settimane senza ricompense, potrebbe essere necessario introdurre un nuovo sistema. Pensate a cosa piace veramente alla bambina e inventate qualcosa che catturi il suo interesse. Una volta ho fatto visita a una famiglia che stava lentamente costruendo un modellino con il Lego. Ogni volta che un nuovo piatto veniva introdotto e assaggiato, si recavano insieme nella stanza dove tenevano i mattoncini sparsi su un tavolo e dedicavano dieci minuti alla costruzione. Il bambino acquisiva così la consapevolezza di compiere qualcosa di importante. I suoi sforzi si concretizzavano sotto i suoi occhi attraverso il Lego.

Individuate un sistema di ricompense adatto alla vostra bambina, oppure lanciate una nuova caccia al tesoro con altri premi, se pensate che le sue abitudini alimentari abbiano bisogno di nuovi incentivi.

Domande frequenti

Mio figlio si rifiuta di venire a sedersi a tavola. Cosa devo fare?
Dategli un preavviso di cinque minuti prima dei pasti. Usate un timer da cucina in modo che, quando suona, il bambino sappia che è ora di mangiare. Andate in bagno, lavatevi le mani insieme e ditegli: «Adesso puoi scegliere: sederti a tavola o sederti sulla poltroncina nell'ingresso. Non è il momento di giocare. Tavola o poltroncina, scegli tu».

A quel punto dovrete andare fino in fondo e continuare a farlo tornare alla poltroncina fin quando non sarà disposto a sedersi a tavola. Magari ci vorrà un po' di tempo, ma dovete fargli perdere l'abitudine di non venire a tavola. Coraggio, supererete anche questo ostacolo!

Quanto tempo posso lasciare la bambina senza mangiare?
Il menù settimanale va studiato in modo da assicurare che mangi almeno una volta al giorno e alla maggior parte dei bambini la colazione piace, almeno in parte: questo significa che mangia due volte. Non fatevi prendere dal panico se rifiuta completamente un pasto. Vorrà dire che avrà più

appetito per il pasto successivo, poche ore dopo. Ricordate che la bambina deve avere fame per mangiare, quindi non cercate di compensare offrendole spuntini più sostanziosi tra un pasto e l'altro. I bambini non sono capaci di lasciarsi morire di fame. Non le farà male saltare un pasto. Se dopo due giorni continua a rifiutare il cibo, potrebbe essere necessario intervenire, ma sono certa che non accadrà, se seguirete il programma alla lettera.

Mio figlio allontana il piatto da sé e se ne sta seduto tranquillo a tavola, rifiutandosi di mangiare. Suggerimenti?
Continuate a mangiare il vostro pasto e a parlare di argomenti che non riguardino il cibo. L'importante è non reagire. Il bambino allontana il piatto da sé per provocarvi. Vuol vedere la vostra reazione, quindi rimanete calme e continuate a mangiare. Ignoratelo per una decina di minuti, poi riavvicinategli il piatto e ditegli: «Io ne prendo ancora un po'. Perché non l'assaggi e senti che effetto fa in bocca?»

Non guardatelo. Restate sedute e finite il pasto. Se non vuole mangiare, potete dargli un piccolo dessert e un adesivo per ricompensarlo di essere tranquillo a tavola. Ricordatevi: domani è un altro giorno!

Il bambino si mette il cibo in bocca, lo mastica e poi lo sputa. Cosa consiglia?
Non fate scenate. Mantenete la calma e continuate a mangiare. Ditegli: «Se ingoiassi il cibo, il tuo corpo diventerebbe più forte. Il tuo corpo non è contento di te. Se lo mandi giù, arriva l'ora della caccia al tesoro, e sarà una grande caccia al tesoro, non una piccola». Se riesce a fare un pasto senza sputare il cibo, magari potete fargli trovare due tesori invece di uno solo.

Il bambino è chiaramente contento di mangiare. Vi sta soltanto mettendo alla prova, per cui non abboccate!

Mio figlio fa una colazione decisamente abbondante, ma poi non mangia altro. Cosa devo fare?
Abbiamo tutti il nostro pasto preferito e quello del bambino evidentemente è la colazione. Il suo corpo ha bisogno di nutrirsi per fornirgli l'energia di cui ha bisogno durante la giornata, perciò si abbuffa. Deve però assumere una gamma di cibi diversi, quindi ridimensionate la colazione ed eliminate tutti gli spuntini. Alla fine il bambino avrà fame e comincerà a piluccare almeno parte delle pietanze che gli offrirete a pranzo e cena. Mantenete la calma, la costanza e la determinazione. Ce la farà, fidatevi.

Programma per i problemi legati al comportamento

Questa è la fase in cui i bambini mettono in discussione il mondo che li circonda – e voi non ne siete escluse! È possibile che si rifiutino di obbedire alle istruzioni e che rispondano ai vostri consigli sempre con una sola parola: «No!» È un momento impegnativo.

Magari riconoscerete alcune caratteristiche ereditate da voi o dal vostro partner. Il bambino può essere estroverso e sicuro di sé quando affronta situazioni nuove, oppure cauto ed esitante. Può essere un tipo riflessivo, ch si prende il tempo di valutare le novità prima di agire, o un leader nato, che cerca di dare ordini a tutti. Quale che sia il carattere del bambino, non lo cambierete, quindi dovete lavorare con lui, non contro di lui.

Un elemento fondamentale quando si passa il tempo con un bambino di questa età è prevedere sempre le cose in anticipo. È una buona idea elaborare mentalmente un piano per la giornata, elencando le faccende da sbrigare insieme con le attività che vorreste svolgere con il bambino.

devo fare	voglio fare
ritirare gli abiti in tintoria	prendere un caffè a casa di amici
spedire tre e-mail	attività creative con il bambino
stirare	leggere il giornale per un quarto d'ora
preparare la cena	

Adesso stabilite mentalmente l'ordine in cui farete queste cose. Alcune persone preferiscono scrivere la scaletta, altre invece elaborano soltanto un «piano mentale». In ogni caso, questa sorta di programma vi aiuterà a essere sempre un passo avanti rispetto al bambino.

Tenete in considerazione gli interessi del piccolo e strutturate la giornata in modo che vari aspetti siano di suo gradimento. Se ama l'espressione artistica, fate in modo di avere sempre una buona scorta di materiali con cui possa intrattenersi al tavolo, mentre voi sbrigate le vostre faccende. Se gli piace giocare a palla, cercate di trovare il tempo per una partita tutti i giorni. Alcuni bambini si divertono ad aiutare nei mestieri di casa e in cucina.

Il segreto è fermarsi e riflettere. «Qual è la miglior maniera per intrattenere mio figlio, mentre finisco di fare quel che devo fare?» Organizzate l'attività e stimolatelo per cinque minuti, poi tornate a occuparvi del vostro lavoro. Potrebbe essere necessario avere già in mente l'attività successiva, per essere pronte quando quella attuale giunge alla sua naturale conclusione.

Interessarlo

- Proponete al bambino un'attività.

Stimolarlo

- Giocate insieme per cominciare l'attività.

Ritirarsi

- Lasciate che faccia scoperte giocando da solo.

Tutto sta nella voce!

Anche se vostro figlio a un anno e mezzo non parla ancora bene, capisce quello che gli dite. Potete rivolgervi a lui come fareste con un bambino di cinque anni. Non è necessario semplificare quello che dite, o parlargli come se fosse un neonato. Il tono di voce dovrebbe essere lo stesso che usate parlando con un adulto. Se il bambino sente di essere trattato al di sotto delle sue capacità, è così che si comporterà.

Ci sono momenti – molti – in cui il bambino ha bisogno di istruzioni precise. Ciò significa che dovrete alterare un po' il tono della voce, in modo che sappia che a quella voce bisogna rispondere. Molte donne tendono ad abbassare il tono quando impartiscono un'istruzione. I bambini reagiscono imvece a una voce decisa e profonda. È per questo che tanti rispondono più rapidamente quando sentono la voce del padre rispetto a quella della madre.

Il bambino è perfettamente in grado di eseguire semplici istruzioni, ma capirà in fretta se siete convinte che farà davvero quel che gli dite. Se siete convinte, è probabile che obbedisca. Altrimenti, è più facile il contrario.

Immaginate di chiedere a un bambino di venire a sedersi a tavola perché è ora di mangiare. Se continuate a chiederglielo stando in piedi davanti a lui, difficilmente lo farà. Sente che vi state innervosendo, perché glielo avete chiesto più volte, e sa che alla fine reagirete: o lo lascerete giocare in pace, oppure lo solleverete di peso e lo porterete a tavola.

Il modo in cui affrontare la questione è dire con voce chiara e decisa: «Dobbiamo fare pranzo adesso, perché abbiamo un sacco di cose da fare oggi pomeriggio. Ora metto il cibo nei piatti e mi siedo a tavola. Ci vediamo in cucina tra un minuto».

Allontanatevi da dove sta giocando e iniziare a servire il pranzo. Se non ha appena fatto uno spuntino e ha davvero fame, alla fine sgambetterà verso la cucina. Se il bambino percepisce incertezza, non farà quello che gli chiedete. Gli sembrerà inutile: in fondo, anche la mamma non sembra tanto convinta!

Prepararsi al programma

In questa sezione, ho elaborato un programma di tre giorni per affrontare diversi tipi di comportamento problematico. Applicato nella vita quotidiana, innesca cambiamenti formidabili entro il quarto giorno. Il segreto, come sempre, sta nella costanza e nell'applicazione del metodo da parte di tutte le persone che si prendono cura del piccolo. Insegna al bambino a modificare il proprio comportamento e a fare le scelte giuste, e migliora la vita dell'intera famiglia.

La vita familiare sta per subire un cambiamento ed è importante che gli dedichiate tutta la vostra energia per tre giorni. Accertatevi di poter contare su un po' di sostegno. Se possibile, chiedete al vostro partner di essere presente tutte le sere e se è disposto a discutere con voi le fasi della giornata. Se non è possibile, vi consiglio di trovare un'amica o una persona di famiglia con la quale parlare ogni sera per i tre giorni.

Cercate di liberare l'agenda dagli impegni, in modo da potervi concentrare sul comportamento in casa e anche durante le uscite ai giardinetti o nei negozi.

Se volete affrontare diversi tipi di problemi, fate un elenco in ordine d'importanza. Iniziate con quello che causa maggior scompiglio nella vita familiare. Scrivendo l'elenco, vedrete quali sono le sfide da affrontare e, man mano che applicherete i metodi, potrete cominciare a spuntarle!

Cercate di avere il frigo pieno e i pasti organizzati sia per i bambini sia per gli adulti. Avrete bisogno di molta energia durante i tre giorni, per cui dovrete mangiare bene e rilassarvi ogni sera.

Strutturate i tre giorni successivi in modo da trarne il massimo beneficio, prevedendo di svolgere le attività che in passato si sono rivelate più problematiche. Potrebbe trattarsi di andare a fare la spesa o a casa di amici, di fare una telefonata o inviare un'e-mail, oppure di invitare gli amichetti a giocare a casa vostra.

È fondamentale adottare un sistema di ricompense. Deve essere una cosa visibile, che catturi l'interesse del bambino. Ecco alcuni suggerimenti:

- costruire una torre con il Lego, mattoncino dopo mattoncino
- mettere biglie in un barattolo di vetro
- attaccare adesivi su un disegno
- leggere una fiaba dal libro preferito

Il primo giorno, a colazione, spiegate al bambino il sistema. La spiegazione deve essere semplice. Potreste accorgervi che non capisce bene, ma una volta che comincerete a usarlo e gli darete i premi tutto si chiarirà.

Non si tratta di «corrompere» il bambino perché si comporti bene. È uno strumento che deve essere visibile per tenere entrambi concentrati sugli elementi positivi del buon comportamento, ed evitare di parlare continuamente di «cattivo comportamento».

Il posto degli urli

Se la vita non va come desiderano, i bambini tra i due e i tre anni perlopiù strillano. Spesso si dice che «fanno i capricci». Personalmente, non amo l'idea che i genitori reprimano le emozioni dei figli.

Bisogna permettere a un bambino di strillare, ed è per questo che raccomando di destinare un punto della casa agli urli.

I due principali sistemi che useremo in questo capitolo sono quello delle conseguenze e quello della tolleranza zero. Entrambi richiedono un «posto degli urli», che ho indicato con la chiocciola @ nell'elenco seguente.

conseguenze	tolleranza zero
istruzione precisa	dire
avvertimento	agire @
spazio/tempo @	scusarsi
scusarsi	spiegarsi
passare ad altro	passare ad altro

Ogni membro della famiglia può usare il posto degli urli. Il principio è semplice. Se la bambina vuole urlare e strillare, è autorizzata a farlo soltanto nel posto degli urli. Questo le permetterà di acquisire una competenza importante nella vita: allontanarsi da una situazione collettiva quando comincia a sentirsi arrabbiata o frustrata. All'inizio dovrete ricordare alla piccola che, quando inizia a strillare, la accompagnerete al posto degli urli. Dovrete farlo diverse volte prima che la bambina impari a controllarsi, ma ho visto bambini di due anni andarci da soli, una volta compreso il sistema.

Raccomando di destinare agli urli un posto sicuro della casa, lontano dall'attività della famiglia. La cucina non è una buona idea. Il gradino in fondo alla scala o una sedia nell'ingresso potrebbero andar bene. Dev'essere un posto in cui potete lasciare tranquillamente la bambina da sola. L'ideale sarebbe un posto con un unico accesso, perché è più facile far sì che resti lì.

Molti bambini a questa età inarcano la schiena quando si cerca di farli sedere. Si sdraiano sul pavimento e si divincolano mentre strillano. Va benissimo, purché siano vicini al posto degli urli. Quando vostra figlia inarca la schiena, lasciatela sdraiata sul pavimento e impartite istruzioni precise, evitando di farvi colpire dai calci; poi allontanatevi e datele il tempo di cui ha bisogno.

Ecco come funzionerebbe in una situazione alla quale va applicato il sistema delle conseguenze.

Dire

- Impartite un'istruzione precisa.

Avvertire

- Fate seguire un avvertimento (per esempio, contate fino a tre).

Agire

- «Ti ho chiesto di non farlo. Ora dobbiamo andare a [dite qualcos'altro che volete il bambino faccia]».
- Allontanatelo da ciò che sta facendo. È probabile che si metta a strillare e, se insiste, dovete accompagnarlo al posto degli urli.

Spazio

- «Quando sei pronto a calmarti e a fare quel che ti ha chiesto la mamma, possiamo andare avanti con la giornata. Siediti qui e, quando farai silenzio, la mamma tornerà a prenderti».
- Voltatevi e allontanatevi.

Tempo

- Se il bambino si alza, continuate a riaccompagnarlo al posto degli urli senza parlargli. Non rispondete alle sue domande o richieste.
- Dopo cinque minuti, o quanto vi pare appropriato, ricordategli l'attività successiva della giornata. «Quando ti calmi, possiamo fare il puzzle insieme».

- Se continua a gridare, allontanatevi. Alla fine il bambino rimarrà seduto in silenzio nel posto degli urli. Se gli serve un'ora per calmarsi, dategliela. Di solito i bambini si annoiano molto prima, e gradualmente si calmerà sempre più in fretta, man mano che capisce come funziona il sistema.

Scusarsi

- Avvicinatevi e ditegli: «Bene, sei rimasto al posto degli urli. Abbracciamoci per dire che ci dispiace e andiamo a cercare quel puzzle». Non obbligatelo a chiedere scusa. Un abbraccio è il primo passo per mostrarsi dispiaciuti.

Passare ad altro

- Non serbate rancore. Siate orgogliose di aver applicato il sistema fino in fondo.

Quando presenterete il posto degli urli, incontrerete una forte resistenza, ma dovrete essere determinate perché è ciò di cui la bambina ha bisogno. Anche se decidete insieme al vostro partner i comportamenti su cui lavorare, il metodo dovrà essere applicato soltanto da uno di voi alla volta. L'altro dovrebbe mantenere una posizione defilata, ed essere disposto a fornirvi sostegno morale più tardi.

Molti genitori mi hanno detto: «Non funziona. Mia figlia continua ad alzarsi dal gradino!»

Il fatto è che *il sistema funziona*. Dovete soltanto ricordare che voi capite già il principio, mentre la bambina sta ancora imparando. Ognuno impara in tempi diversi. Potreste doverla accompagnare allo scalino cinquanta volte, prima che il concetto sia chiaro.

Mi sono anche imbattuta in bambini molto ostinati, che vogliono forzare i limiti per vedere se i genitori «capitolano» – ma nel momento in cui «capitolate», vi piegate alla volontà di vostra figlia. Tenetelo presente, mentre vi preparate al primo giorno, con l'elenco dei comportamenti da cambiare in testa.

Potete affrontare al massimo tre comportamenti alla volta. Dopo il primo programma di tre giorni, la bambina avrà compreso il sistema delle conseguenze e potrete adoperarlo per altri comportamenti, se necessario.

Esempi del modo in cui può funzionare con diversi tipi di comportamento si trovano alle pp. 201-216 di questo capitolo.

Pianificazione del primo giorno

Dopo aver fatto colazione ed esservi vestiti, è il momento di sedersi con il piccolo e creare lo strumento per le «lodi e ricompense». Mostrate al bambino il barattolo di vetro da riempire con le biglie, la bambola nuda da vestire, o forse preferite un disegno sul quale attaccare degli adesivi. Spiegategli che cosa dovrà fare per vincere un premio, facendo il possibile per usare un linguaggio positivo ed evitare quello negativo.

Per esempio, poniamo che abbiate un disegno con delle macchine senza ruote e un foglio di adesivi di ruote.

Non dite:

> **«Sai che non fai mai quello che ti dico di fare? Bene, se non cominci a comportarti bene, non ti darò gli adesivi delle ruote».**

Dite invece:

> **«Sarà una cosa molto divertente. Ho fatto un bellissimo disegno, che coloreremo insieme. Ogni volta che la mamma o il papà ti chiedono di fare una cosa, e tu la fai, aggiungeremo un bell'adesivo di ruote al disegno, così le**

macchine saranno felici. Quando ti comporti bene fai felici la mamma, il papà e le macchine!»

Poi dovrete chiedergli di fare qualcosa: «Per favore, puoi buttare questo pezzo di carta nel cestino? Potrebbe aiutare una macchina!» Andate insieme fino al cestino, se necessario. Una volta che il primo adesivo è attaccato al disegno, il bambino comincerà a entusiasmarsi.

Dopo aver fornito la spiegazione e giocato un po' insieme, sedetevi al tavolo della cucina per uno spuntino e spiegategli il posto degli urli.

«È fantastico che aiuti la mamma e fai le cose quando te lo chiedo. Guarda quante biglie ci sono nel barattolo. Bravo! C'è un'altra cosa che la mamma e il papà hanno deciso, cioè cosa fare quando non ascolti o inizi a strillare. Chiameremo l'ultimo gradino della scala/la sedia all'ingresso il 'posto degli urli'. Se la mamma o il papà ti chiedono di fare una cosa e tu non la fai e ti metti a strillare, ti porteremo al posto degli urli e dovrai restarci fin quando non ti calmi e fai silenzio. Allora la mamma verrà a prenderti e andremo avanti con la giornata».

Il bambino potrebbe non rispondere, ma lentamente digerirà quello che avete detto. Non c'è bisogno di parlarne ancora. Verrà il momento in cui metterete in pratica il sistema.

Ora il bambino è a conoscenza di due elementi della giornata: il sistema delle ricompense e il posto degli urli. Sta a voi proseguire insieme e far ricorso ai due sistemi a seconda della situazione.

Discutete con il bambino il vostro programma per la giornata. Gli permetterà di avere qualche certezza. Elencate soltanto le cose che farete di sicuro. Non usate la frase: «E se avremo tempo, potremmo...» I bambini hanno bisogno di sapere soltanto ciò che accadrà veramente.

Finora forse avete evitato gli scontri con il bambino dandogli ciò che vuole e adattando la vostra vita alle sue condizioni, anziché imporre le vostre. Potreste persino esitare a dire «no», nel timore che la situazione precipiti. Il mio consiglio è: quanto prima, tanto meglio. Quando avrete adoperato il posto degli urli per la prima volta, dopo diventerà ogni volta più facile.

Non vi state mostrando crudeli nei confronti del bambino – gli state insegnando una competenza fondamentale nella vita: il rispetto. Vostro figlio deve imparare che se voi o un altro adulto che si occupa di lui gli chiede con calma e bel garbo di fare o non fare qualcosa, deve rispondere in maniera appropriata.

Durante la giornata cercate di notare e premiare tutti i comportamenti positivi del bambino. Ecco alcune cose che potrebbero meritare la ricompensa:

- Sedersi a tavola per mangiare quando gli viene chiesto.
- Spogliarsi per il bagnetto quando gli viene chiesto.
- Ricordarsi di andare in bagno e lavarsi le mani.
- Condividere le sue cose quando gli viene chiesto.
- Mettersi le scarpe e il giubbotto quando gli viene chiesto.
- Aiutarvi quando glielo chiedete.
- Chiedere con garbo qualcosa, anziché limitarsi a prenderlo.
- Dire «per favore» e «grazie».
- Permettervi di spegnere la televisione senza scatenare una guerra.
- Accettare che per alcune richieste la risposta sia: «Non ora, più tardi».

Alcuni bambini «reciteranno» per ottenere una ricompensa, ma fate in modo di essere voi a decidere quando è dovuta, non loro.

Bambina: «Mamma, ho appena buttato l'immondizia nel secchio in cucina. Mi dai un adesivo, adesso?»

Mamma (chinandosi all'altezza degli occhi della bambina): «Con questo magnifico sistema sono io a notare quando ti comporti in modo fantastico e decido io quando si danno le ricompense. Quando sarai una mamma, sarai tu a prendere le decisioni».

La bambina lo accetterà, se lo dite con voce chiara e decisa. Cercate di notare quando si comporta bene e premiatela non appena possibile, per rafforzare il fatto che siete voi a gestire il sistema.

Durante la giornata, vorrei che annotaste i motivi per cui avete dato le ricompense e usato il posto degli urli. Tenete i due elenchi separati.

Esempio di registro delle ricompense

numero ricompensa	ora	motivo
1	11.12	ha aiutato a ripulire dopo aver creato il cartellone delle ricompense
2	11.50	si è messa subito le scarpe quando ho detto che era ora di andare a fare la spesa
3	12.30	è venuta via dai giardinetti senza fare storie cinque minuti dopo il preavviso che saremmo andate via
4	14.00	ha fatto pranzo per bene e ha chiesto il permesso di alzarsi da tavola
5	14.15	è stata tranquilla per tre quarti d'ora in camera sua mentre facevo delle telefonate

Esempio di registro del posto degli urli

ora	tempo impiegato per calmarsi	abbraccio di scusa	motivo
13.15	35 minuti	x	si è rifiutato di venire a tavola, dicendo che non gli piaceva il cibo (un pasto che aveva già mangiato molte altre volte)
15.45	20 minuti	x	voleva il gelato dopo il sonnellino invece del biscotto che gli ho offerto; continuava ad aprire la porta del congelatore
18.45	15 minuti	x	si è di nuovo rifiutato di venire a tavola
19.45	20 minuti	x	ha morso il fratello mentre faceva il bagno

Non è il caso di passare l'intera giornata a mandarlo al posto degli urli. Dovete essere realistiche e accettare a volte di chiudere un occhio su un cattivo comportamento, se non danneggia altre persone. Dovete avere chiara in testa la definizione di che cosa è accettabile e che cosa non lo è, e poi applicare le regole con coerenza.

A cena, mettete il sistema delle ricompense in un punto in cui sia visibile mentre mangiate. Elencate al bambino tutte le cose positive che ha fatto durante la giornata e per le quali si è meritato un premio. È un esercizio che gioverà a entrambi. Le ricompense sono tanto sue quanto vostre.

Questo rinforzo esplicito vi tornerà assai utile il secondo giorno: domani i sistemi saranno chiari al bambino e le cose andranno un po' più lisce. State a vedere!

Pianificazione del secondo giorno

La bambina cercherà di mettervi alla prova anche oggi, per vedere se i sistemi di ieri continueranno. Confermateglielo lodandola per qualcosa non appena ve ne dà occasione e datele una ricompensa. Indirizzate sin dall'inizio la giornata nella direzione verso cui intendete condurla.

Dopo colazione, mentre vi vestite, fate un piano per la giornata e comunicatelo alla piccola, in modo che entrambe sappiate cosa vi attende. Oggi metterete alla prova il sistema svolgendo un'attività che normalmente si rivela molto problematica – magari mangiare al bar, o fare la spesa al supermercato o un viaggio in auto.

È una buona idea portare con voi un sacchettino pieno di oggetti curiosi con cui la piccola possa intrattenersi quando uscite e avete bisogno che stia seduta tranquilla e porti pazienza. Usate il sacchetto soltanto nei casi in cui vi trovate al bar, nella sala d'attesa del dentista, in viaggio in treno o in macchina. Dovrebbe contenere il tipo di oggetti che si possono trovare in una confezione di sorprese, oppure oggetti da adulti che normalmente non le dareste per giocare:

- un taccuino e una penna
- un libro da colorare e matite
- un vecchio cellulare
- un vecchio portacipria
- uno stick di burro di cacao
- un mazzo di vecchie chiavi
- una bambolina pieghevole
- un paio di collanine
- un po' di pasta da modellare
- qualche macchinina
- un sacchettino di uva passa (di tanto in tanto)

Il principio è quello di cambiare regolarmente il contenuto del sacchetto in modo che ci sia sempre qualcosa di nuovo da scoprire. Dateglielo non appena la legate al seggiolino per l'auto per un viaggio più lungo del solito, o quando dovete attendere dal dentista, o al bar dopo aver ordinato da mangiare, per darle qualcosa su cui concentrarsi.

Se ricomincia a comportarsi male, dovrete trovare un angolino tranquillo e applicare il metodo del posto degli urli. Ecco come potreste gestire la situazione in un locale, se il bambino cominciasse a lanciare il contenuto del sacchetto mentre aspettate che arrivino le ordinazioni.

- Per prima cosa, ditegli in anticipo dove andrete e quali saranno le conseguenze se non si comporterà bene. «Oggi vorrei pranzare con te al bar. Porteremo con noi il tuo 'sacchetto dei trucchi' per tenerci occupati e ti darò un sacco di adesivi se ti comporti bene. Ma se cominci a fare lo sciocco, ci toccherà trovare un posto degli urli nel bar, dove resterai fin quando non ti calmi. Mi hai capito?»
- Il luogo migliore per un posto degli urli in un bar è probabilmente il bagno. Se dovete ricorrere al posto degli urli, portate dentro il bambino e fatelo sedere sul pavimento vicino a una parete (ammesso che sia pulito, chiaramente). Altrimenti, chiudete il coperchio del gabinetto e fatelo sedere lì. Se avete più di un bambino e non ci sono altri adulti con voi, dovrete portarli tutti con voi.
- Chinatevi all'altezza degli occhi del piccolo. «Ascoltami. Questo comportamento non lo accetto. Lo sai che non si urla/non si tirano gli oggetti. Adesso stai seduto qui finché non sei pronto a comportarti bene. Poi possiamo andare a fare un bruco con la pasta da modellare mentre aspettiamo che ci portino da mangiare. Ora mi lavo le mani. Tu stai lì seduto e dimmi quando sei pronto a tornare di là».

- Lavatevi le mani e ignorate il bambino, anche se sta strillando. È la prima volta che usate il sistema fuori casa e il piccolo sta ancora imparando. Dategli il tempo che gli serve. Finite di lavarvi le mani. Fate un respiro profondo! Chinatevi di nuovo e guardatelo negli occhi.
- «Ora ci laviamo le mani con questo bel sapone profumato e poi andiamo a vedere cosa possiamo fare con la nostra pasta da modellare, da bravo, il mio bel bambino».
- Sorridetegli, datevi l'abbraccio di scusa, lavategli le mani e riportatelo al tavolo. Se continua a comportarsi male, dovrete ripetere l'intera procedura da capo.

Può essere imbarazzante, ma è indispensabile che vostro figlio capisca che il sistema delle conseguenze può essere usato anche fuori casa.

Continuate a registrare tutti i motivi per cui gli avete dato le ricompense e l'avete portato al posto degli urli. Osservate la differenza tra il primo e il secondo giorno. Potrebbe essere minima, ma piccole variazioni indicheranno che siete sulla strada giusta. Lentamente, il piccolo si sta adattando e impara a controllare il proprio comportamento.

Pianificazione del terzo giorno

Invitate un amichetto a giocare a casa vostra, in modo da osservare la capacità del bambino di tenere conto dei sentimenti di un'altra persona e di condividere le sue cose. È importante che il piccolo ospite e l'adulto che lo accompagna siano al corrente dei sistemi che avete introdotto di recente e del modo in cui funzionano. Potreste dover portare vostro figlio al posto degli urli durante la loro visita.

Immaginiamo che il bambino strappi una macchinina dalle mani dell'amichetto, facendolo piangere e strillare. Confortate il bambino in lacrime, ditegli che dovete parlare un attimo con [nome di vostro figlio] e che vi farete ridare la macchinina.

Istruzione precisa

- «Senti, hai tantissime macchinine e hai strappato proprio quella di mano al tuo amico. Andiamo a ridargliela».
- Prendete il bambino per mano e accompagnatelo dal suo amico. Se non lo fa da solo, tendete la mano del bambino con la macchinina.
- Se continua a rifiutarsi di darla all'amico, avvertitelo.

Avvertimento

- «Puoi scegliere. Lascialo giocare con la macchinina o dovremo andare al posto degli urli. Scegli: macchinina o gradino/sedia».
- Se continua a rifiutarsi, portatelo al posto degli urli e toglietegli il giocattolo.

Spazio

- «Quando sei pronto a scambiare giocattoli senza fare il prepotente, puoi venire a giocare. Se non giochi per bene, puoi restare qui. Torno tra un minuto».
- Allontanatevi e dategli lo spazio di cui ha bisogno.

Tempo

- Continuate a farlo tornare al posto degli urli finché non smette di strillare. Quando è tranquillo, tornate per l'abbraccio di scusa.

Scuse

- «Andiamo di là e ricominciamo a giocare. Dobbiamo abbracciare il tuo amico per dirgli che ci dispiace».
- Insegnate al bambino a farlo, abbracciandovi tutti e tre insieme.

Passare ad altro

- «I tuoi amici vogliono soltanto giocare con i tuoi giocattoli. Non li portano via. Dai, e passiamo un bel pomeriggio insieme».
- Proponete un'attività ai bambini, poi allontanatevi e lasciateli giocare.

Se al termine del terzo giorno riuscite a vedere cambiamenti significativi nel comportamento di vostro figlio, vi suggerisco di redigere un piccolo certificato di «Comportamento strabiliante». In alternativa, potreste comprare un regalino e fargliela trovare sotto il cuscino la mattina seguente.

Cercate di premiare anche voi stesse in qualche maniera. Avete compiuto un lavoro straordinario. Il bambino capisce meglio l'importanza di rispettare gli altri, rispetto a tre giorni prima, e siete entrambi più fiduciosi e ottimisti riguardo all'idea di passare del tempo insieme.

Una volta che avrete iniziato a usare il posto degli urli, dovrete adoperarlo con costanza in tutte le occasioni in cui il bambino adotta un comportamento che avete deciso di cambiare.

Continuate a usare il sistema delle ricompense per cinque giorni o una settimana. Dopo questo periodo vi renderete conto che il bambino non dà più molta importanza ai premi e che il suo comportamento è comunque migliorato.

Naturalmente, dovrete confrontarvi in continuazione con nuovi tipi di comportamento. Il lavoro di un genitore non finisce mai. Le regole auree sono:

- Mantenete un punto di vista positivo: lodi piuttosto che rimproveri.
- Accettate che a volte il bambino si comporterà male e che in tal caso è necessario ricorrere al posto degli urli.

Nella parte restante del capitolo ho esaminato una serie di situazioni che potrebbero causare comportamenti problematici e ho spiegato come affrontarli. Le situazioni sono:

- un nuovo arrivo
- imparare a chiedere scusa
- ora di mettere a posto
- lavarsi i capelli
- lotta per l'indipendenza
- passare un momento di tranquillità dopo pranzo
- capricci
- eseguire semplici istruzioni
- dire sempre «no»
- correre via in luoghi pubblici
- sputare

Trovate nel capitolo 2 (a p. 83) dei consigli su come affrontare i comportamenti da tolleranza zero, quali:

- mordere
- picchiare
- sputare
- rubare
- mentire
- dire cattiverie
- danneggiare o rompere apposta gli oggetti

Un nuovo arrivo

Molti genitori hanno un secondo figlio più o meno un paio d'anni dopo il primo, e provo sempre compassione per il primogenito che improvvisamente deve condividere il proprio spazio con un neonato. Il periodo che precede la nascita crea grandi aspettative e poi il bebè arriva e, dal punto di vista di un bambino, non si rivela poi così interessante. Non fa che piangere e ottenere un sacco di attenzioni, e ciò può essere frustrante per il primogenito, che potrebbe ingelosirsi e magari cominciare a comportarsi in maniera problematica.

Vi consiglio di annotare i momenti particolarmente difficili per il primogenito, in modo da poterli prevedere in anticipo. I bambini piccoli tendono a protestare quando il genitore dà da mangiare al nuovo arrivato. Suggerisco di creare una scatola per disegnare, che il più grande possa usare quando allattate il fratellino. Tiratela fuori immediatamente prima di dare il latte al piccolo e mettete il primogenito al lavoro su un progetto creativo con pastelli, adesivi o pasta da modellare. Chiedetegli di fare qualcosa di bello da far vedere alla mamma e al fratellino (che chiamerete sempre per nome). Sedetevi al tavolo con lui mentre allattate il piccolo, in modo che non si senta abbandonato.

Quando finite di dargli il latte, mettete il neonato nella culla o nel suo sdraietto e mostrate grande apprezzamento per l'oggetto creato dal primogenito. Potete fare attività creative anche in altri momenti della giornata, se lo desiderate, ma dovreste tirare fuori questa scatola speciale soltanto quando allattate il bebè.

I neonati sono creature minute, ma relativamente forti, e possono sopportare davvero tanto, quindi lasciate che il più grande giochi con il fratellino. Potrebbe sdraiarsi accanto a lui sul tappeto, oppure sedersi sul divano e coccolarlo. Dovete sempre essere vigili, ma cercate di rilassarvi e di gestire questo processo di creazione di legami affettivi senza usare la parola «no». È un'evoluzione positiva.

Spesso mi rivolgo al neonato quando mi accorgo che il primogenito sta ascoltando. «Sai quanto sei fortunato, [nome del neonato]? Lo so che per ora non puoi fare granché, perché stai ancora imparando. Ma se guardi cosa fa [nome del primogenito], imparerai a diventare un bimbo grande. Tuo fratello è proprio in gamba».

Per il più grande è una grande iniezione di fiducia, che lo rende consapevole del suo ruolo di fratello maggiore: insegnare al fratellino! Fategli sentire che avete bisogno del suo aiuto in questa grande avventura.

Tuttavia, se il più grande dovesse picchiare il fratellino, sarà necessario applicare il sistema della tolleranza zero (vedi le istruzioni specifiche a p. 83).

Imparare a chiedere scusa

Non sempre è facile per un bambino pronunciare la parola «scusa» e, quando glielo chiedete, potrebbe rifiutarsi di farlo. Con un bimbo al di sotto dei tre anni, eviterei di farla diventare una guerra. Quando avete portato il bambino al posto degli urli, lui ha protestato e poi alla fine si è calmato, è il momento di avvicinarsi e chiedergli se è pronto ad andare avanti con la giornata. Se non ricomincia a strillare, saprete che è pronto. È il momento di presentare una forma di scuse basata sull'abbraccio.

> **«Abbracciamoci per dire che ci dispiace. Non è bello prendere i giocattoli a tuo fratello. Andiamo ad abbracciarlo e troviamo un giocattolo da dargli».**

Così facendo insegnate al bambino a porgere le sue scuse. Basatevi su questo, e col tempo potrete incoraggiarlo a dire «mi dispiace» durante l'abbraccio.

All'estremità opposta dello spettro c'è il bambino che si comporta male e immediatamente pronuncia un insolente «scuu-saa». Non lasciatevi ingannare. In questo caso, deve ancora imparare come comportarsi facendo un viaggetto al posto degli urli. «Scusa» è una parola efficace soltanto se è pronunciata con convinzione.

> **«Ho sentito che hai chiesto scusa, ma continui a comportarti allo stesso modo, sempre. Non devi prendere i giocattoli di tua sorella. Adesso vieni con me al posto degli urli. Hai bisogno di sederti lì e pensare a quello che hai fatto».**

Se il bambino inizia a strillare per la frustrazione, aspettate che si calmi e, quando tornate, spiegategli che chiedere scusa significa che si smette di fare quella cosa. Quando si dice «scusa», bisogna dirlo sul serio. Stare seduto da solo per un po' lo aiuterà a ripensare all'accaduto. In genere, soltanto quando prova le emozioni delle conseguenze il bambino si sente davvero dispiaciuto. Quando il bambino si mette a gridare o piangere, saprete che il metodo delle conseguenze sta funzionando.

Ora di mettere a posto

A fine giornata, quando il pavimento è cosparso di giocattoli, è importante non trasformare il momento di mettere a posto in una battaglia, specialmente perché è probabile che la bambina sia abbastanza stanca. Fatelo insieme, come se fosse un gioco. Spesso metto della musica quando riordino la stanza insieme ai bambini, e ballo mentre lo faccio. Li fa ridere, e di frequente decidono di dare una mano.

Conservate i giocattoli in grossi contenitori, in modo che buttarceli dentro sia un compito facile e rumoroso. È una buona idea a mettere a posto più volte durante il giorno, non appena finisce un gioco, in modo da contenere il disordine. Per esempio, se avete finito di giocare con il trenino e la bambina chiede il puzzle, ditele: «Mettiamo il trenino e le locomotive a dormire nello scatolone, mentre costruiamo il puzzle».

Se aiuta a riordinare, potete ricompensarla in qualche maniera. In caso contrario, non fatene un dramma. Lasciate perdere per un paio di settimane e poi tornate sull'argomento. È possibile che voglia solo mettervi alla prova e, se ignorate il comportamento per un po', potrebbe scomparire da solo.

Lavarsi i capelli

Molti bambini detestano farsi lavare i capelli. Vi consiglio di iniziare a versare acqua sulla testa della bambina sin da quando è piccolissima, in modo che si abitui alla sensazione. Usate sempre prodotti che non provochino bruciore agli occhi in caso di contatto, perché è sufficiente una sola brutta esperienza per farle dichiarare guerra eterna contro lo shampoo. Dovrà farci l'abitudine, perché i capelli dei bimbi piccoli vanno lavati più o meno due volte la settimana (se non ogni volta che hanno del cibo o qualcosa di appiccicoso sopra!).

Se la piccola è restia a farsi lavare i capelli, provate ad appiccicare un collage di ritagli sul soffitto del bagno. Ditele di guardare le immagini e raccontarvi cosa vede. Spiegatele che con la testa inclinata all'indietro l'acqua le scorrerà sulla schiena lontano dal viso.

Mentre fate domande sul collage, versatele rapidamente una scodella di acqua calda sul capo. La sentirà scorrere lungo la schiena.

Fate subito una domanda per distrarla. «Lo vedi il gatto/cane/treno/pesce rosso?»

Se inizia a strillare, offritele una scelta: «Puoi strillare tutto il tempo oppure puoi guardare quelle belle immagini sul soffitto e lasciare che ti versi pian piano l'acqua sulla schiena».

Versate l'acqua e, se continua a strillare, limitatevi a proseguire l'operazione. Prendete il controllo della situazione e siate decise. Ci sono cose che si devono semplicemente fare.

È una buona idea fare il bagno insieme alla bambina e chiederle di insaponarvi i capelli e poi versarci sopra scodelle d'acqua per risciacquarli. Lasciate che cominci a farsi lo shampoo da sola. Esibite la vostra fiducia e sicurezza e lei le assorbirà e comincerà a rilassarsi quando dovrà farsi lavare i capelli.

Potrebbe essere un percorso graduale, ma alla fine arriverete alla meta con una guida sicura anziché con la forza. Quando un bambino si sente costretto, si ribella.

Lotta per l'indipendenza

Se il bambino crede di saper fare una cosa da solo, è importante non frustrare questa convinzione. Quando cammino per strada, mi fa sempre sorridere vedere un bambino con addosso i vestiti alla rovescia. Si è vestito da solo, e il genitore lo ha lasciato fare.

Il segreto per incoraggiare l'indipendenza del bambino sta nell'offrirgli alcune scelte limitate comunque accettabili. Troverete qualche esempio qui di seguito.

- Appena prima che la bambina vada a letto, tirate fuori due completini che possa indossare il giorno dopo. Fate due pile, mettendo anche le mutandine e le fasce per i capelli, e lasciate che la bimba al mattino scelga quello che preferisce. Scattatele una foto con il completino prescelto addosso e conservatela sul cellulare per rafforzare la sua fiducia.
- Preparate tre verdure per pranzo e lasciate il bambino libero di scegliere le due che preferisce. Favorirete così la sua indipendenza pur mantenendo il controllo generale della situazione.
- Distribuite sei libri di fiabe sul tappeto all'ora di andare a letto e chiedete alla bambina di scegliere i due che vuole

farsi leggere. Scostatevi e lasciatela decidere, poi avvicinatevi al letto e leggete le fiabe prescelte.

- Scegliere le scarpe può spesso essere un problema, dato che i bambini potrebbero voler mettere gli stivali in un'afosa giornata di agosto e i sandali in pieno inverno. Fate in modo di tenere in vista soltanto le scarpe adatte alla stagione, prima di invitare il bambino a scegliere.
- Quando siete in giro per negozi, potete chiedere al bambino di scegliere su quale lato della strada camminare, o se passare prima in tintoria o dal panettiere.

È importante che il bambino capisca che non può prendere tutte le decisioni e che alcune dovete prenderle voi. In questo caso, ditegli: «Grazie di avermi lasciato scegliere, oggi. Adesso puoi prendere tu la decisione su [indicate la prossima occasione, per esempio quanti libri prendere in prestito in biblioteca nel pomeriggio]».

Se il piccolo inizia a mettere in discussione la vostra decisione e la situazione degenera, è ora di sedersi un po' nel posto degli urli, poi scusarsi, abbracciarsi e proseguire la giornata. Può essere necessario ricorrere all'immaginazione per individuare posti adatti agli urli quando siete fuori casa: un bagno pubblico, una panchina in un angolo, o anche solo una corsia poco frequentata del supermercato andranno bene.

Passare un momento di tranquillità dopo pranzo

Tra i due e i tre anni la maggior parte dei bambini smette di fare il sonnellino pomeridiano, ma credo sia comunque importante per loro rimanere tranquilli per circa un'ora e mezzo dopo pranzo. Devono passare un po' di tempo tutti i giorni a imparare ad apprezzare la propria compagnia e a trovare stimoli da soli. Il momento di calma è come un segno di punteggiatura: divide a metà la giornata e permette al bambino di digerire il pranzo e accumulare energia per il pomeriggio. Ecco come persuaderlo.

Indirizzarlo

- «Ora che abbiamo mangiato pranzo dobbiamo riposare un pochino. Non c'è bisogno che tu dorma, rilassati soltanto un po' nella tua bellissima cameretta. È un momento tutto tuo, nessuno ti chiede di aiutare o di rispondere a domande. È il tuo momento speciale». Mentre parlate, accompagnatelo nella sua stanza tenendolo per mano.

Stimolarlo

- Andate in bagno a fare la pipì (se è già abituato a usare il gabinetto), poi andate in camera sua. Tirate fuori alcuni giocattoli insieme e iniziate a farlo giocare con qualcosa in particolare.

Ritirarsi

- Impostate un timer da cucina in modo che suoni al termine del momento di tranquillità. Mettetelo in un punto in cui possiate sentirlo entrambi, ma il bambino non possa raggiungerlo e maneggiarlo.
- «Adesso vado a spedire un paio di messaggi, poi devo stirare. Voglio finire prima che suoni la sveglia. Quando suona, comincerà il pomeriggio e potremo andare ai giardinetti. Ti voglio bene. Goditi il tuo riposo».

Uscite dalla stanza con sicurezza e convinte che il sistema funzionerà. Ci vuole perseveranza, ma dopo tre giorni consecutivi il bimbo afferrerà il concetto. In principio è facile che continui a uscire dalla sua stanza. Limitatevi a riaccompagnarcelo e spiegategli che la sveglia non ha ancora suonato. Mantenete la calma, ma usate un tono di voce deciso e diretto.

Il bambino potrebbe tentare di avviare una conversazione per trattenervi nella stanza. Non lasciatevi abbindolare. È anche il *vostro* momento di tranquillità. Tagliate corto: «Faremo una bella chiacchierata quando suona la sveglia. Non manca molto. Bravo».

Uscite dalla stanza confidando nel sistema. Se siete fiduciose, il bimbo lo sentirà e alla fine accetterà le nuove abitudini.

Eseguire semplici istruzioni

Ho incontrato molti genitori che dubitano dell'udito dei propri figli, perché sembrano proprio non sentire. In realtà sentono quello che vogliono, ovviamente, ma ignorano le comunicazioni che non li interessano. È un comportamento molto diffuso. I bambini vogliono fare soltanto ciò che reputano necessario e vogliono farlo a modo loro. Benvenuti nel mondo dei piccoli!

L'udito «selettivo» irrita e sfinisce, ma dovete affrontarlo con calma. Se avete chiesto più volte alla bambina di mettersi le scarpe o di venire a sedersi a tavola e non risponde, dovrete offrirle una scelta, in modo che capisca che ci saranno delle conseguenze.

Ecco come uso il sistema delle conseguenze per affrontare le situazioni in cui vengo ignorata.

Preavviso

- «Quando hai finito la colazione, dobbiamo andare a vestirci».

Istruzione precisa

- «Andiamo a vestirci e cominciamo la giornata. Una volta vestite, tiriamo fuori la casa delle bambole».

Avvertimento

- «Adesso andiamo in camera tua. Pronti... Uno, due, tre!»

- Sollevate la bambina di peso e mettetela nella direzione giusta.
- «Pronti, via!» Battete le mani sulle sue spalle e seguitela fino in camera.

Spazio

- Se l'avvertimento non è bastato, è il momento di agire. «Bene, signorina, è chiaro che non ti stai vestendo. Dovrai sederti un po' al posto degli urli, finché sei pronta a venire a vestirti. Quando sarai vestita, andremo a giocare».
- Allontanatevi e lasciatela seduta da sola a pensare. Non permettetele di alzarsi se non per andare a vestirsi.

Tempo

- Datele il tempo che le serve, ma continuate a riportarla al posto degli urli finché non si calma.

Scuse

- «Adesso è tutto tranquillo. Abbracciamoci e andiamo a vestirci. Brava che ti sei calmata. Brava la mia bambina».

Ripartire

- «Bene, sei vestita. Andiamo a cercare la casa delle bambole».

Dire sempre «no»

La maggior parte dei bambini attraversa questa fase e il miglior modo per affrontarla è smettere di fare richieste e impartire solo istruzioni chiare e precise. Non domandate al bambino se vuole infilarsi le scarpe. Ditegli: «È ora di mettere le scarpe, così andiamo a fare la spesa e scegliamo qualcosa di buono da mangiare a pranzo». Ignorate il «no», mettetevi le scarpe e poi mettetele al bambino, mentre parlate della prossima cosa da fare nella giornata.

Se le proteste si trasformano in urla e sentite che la situazione sta per degenerare, portate il piccolo al posto degli urli e applicate il sistema delle conseguenze.

Istruzione precisa

- (Fate in modo che non suoni come una domanda che richiede una risposta!) «Stiamo andando a fare la spesa, per cui mettiti immediatamente le scarpe».

Avvertimento

- «Facciamolo insieme al tre. Uno... due... tre!»

Spazio

- Accompagnate il piccolo al posto degli urli.

Tempo

- Lasciatelo strillare e tornate se e quando è necessario.

Scuse

- Dopo un minuto di silenzio, andate dal bambino e abbracciatevi.

Passare ad altro

- Dite qualcosa di positivo sulla prossima attività della giornata.

I bambini si comportano in una certa maniera se ottengono una reazione. Se smettete di reagire alla parola «no» e cominciate a ignorarla accompagnando il bambino al posto degli urli, smetterà di usarla perché saprà che è inutile.

Capricci

Penso che i capricci facciano parte dello sviluppo naturale di un bambino. Esprimono emozioni, e non credo che le emozioni si debbano reprimere. Anche gli adulti fanno le bizze, sebbene la maggior parte di noi abbia imparato a non buttarsi per terra urlando a squarciagola.

Non bisogna giustificare i capricci, ma i bambini devono imparare che, se intendono strillare, devono andare a farlo per conto proprio.

«Bene, giovanotto. Se hai bisogno di sfogarti, fai pure. Andiamo al posto degli urli e quando avrai strillato a sufficienza e ti sarai calmato, potremo andare avanti con la giornata».

Se inarca la schiena e si rotola sul pavimento, lasciatelo lì, il più vicino possibile al posto degli urli, e applicate il sistema. Se vi trovate in un luogo pubblico, potreste doverlo sollevare di peso per portarlo in un posto appartato, lontano dai passanti. Mettetelo giù e andate a sedervi o aspettate a breve distanza che si calmi. Sovente vedo genitori che abbracciano i figli e cercano di ragionarci mentre fanno le bizze in pubblico, ma questo non fa altro che incoraggiare quel comportamento.

Non scegliete la soluzione di comodo. Mantenete il controllo e abbiate fiducia nel sistema.

Correre via in luoghi pubblici

Quando vi trovate in un luogo pubblico vi consiglio caldamente di tenere vostro figlio per mano. È una regola semplice e andrebbe applicata ogni volta che vi spostate da un posto all'altro o vi trovate all'aperto in una zona in cui sono presenti pericoli, come il traffico. Se siete ai giardinetti o in uno spazio aperto, il bambino può correre, ma ditegli chiaramente quanto può allontanarsi e dove deve fermarsi: «Se vai nel bosco, mi arrabbierò tantissimo e dovrai passare un bel po' di tempo seduta nel passeggino».

A volte uso le briglie con i bambini che hanno una forte tendenza a correre via all'improvviso, ma capisco perfettamente che ad alcuni genitori l'idea delle briglie non piaccia, perché hanno l'impressione di trattare la loro creatura come un cane al guinzaglio. L'arte dell'indossare le briglie sta nel fatto che sono tanto in mano vostra quanto in quelle del bambino. Servono per precauzione, nel caso egli si sottragga alla presa, di sicuro non sono un'alternativa al tenerlo per mano.

Preavviso

Prima di uscire di casa, decidete quale sarà la regola e spiegatela al bambino. Volete che:

- cammini sempre tenendovi per mano?
- accetti sempre le briglie?
- salga sul passeggino quando camminate lungo una strada affollata?
- tenga sempre le mani strette al passeggino?

Non ci sono regole giuste e sbagliate. Semplicemente sceglietene una e applicatela con coerenza. Potete promettere una ricompensa per quando tornate a casa, se riesce a rispettare le regole per un'intera uscita.

Avvertimento

- Prima di uscire, dite al piccolo che, in caso di «corse sciocche», dovrà fermarsi e sedersi sul marciapiede, e potrebbe anche finire sul passeggino. Diteglielo con voce decisa e diretta, in modo che creda a ciò che affermate. Chinatevi alla sua altezza e guardatelo negli occhi: «Scappare via NON si fa. Se succede di nuovo, finisci dritto nel passeggino/ti metto le briglie. Dico sul serio».

Conseguenze

- Se succede, dovrete trarne le conseguenze, anche se non sarà facile. La sicurezza è l'aspetto prioritario e, personalmente, lo agguanterei e lo farei salire sul passeggino o gli metterei le briglie, anche se fa resistenza.
- Non ditegli che siete deluse. Rimanete in silenzio, indipendentemente da quanto protesta. Abbiate fiducia in questa tattica e funzionerà. Un paio di volte dovrebbero bastare a fargli capire che se corre via le conseguenze non sono piacevoli. Per voi sarà impegnativo, ma è una situazione in cui va applicata la tolleranza zero: allontanarsi di corsa è pericoloso e deve essere impedito.

Spazio/tempo

- Se usate le briglie, dovrete tenere sia la cinghia sia la mano del bambino. Potrebbe rifiutarsi di camminare, ma restate calme e portate pazienza. Non parlategli. Comportatevi come se fosse nel posto degli urli. Lasciatelo gridare, seduto o in piedi. Terrà le briglie finché non giungerete a destinazione.

Scuse

- Quando il bimbo smette di strillare e rimane in silenzio per un minuto, lodatelo. «Bene, ti sei calmato. Quando scappi via, la mamma si preoccupa. Adesso abbracciamoci per dire che ci dispiace».

Passare ad altro

- «Adesso incamminiamoci, e vediamo quante macchine ci superano».

Non è un sistema facile da applicare... ma nella vita, quanto più grande è la sfida tanto maggiore sarà la ricompensa!

Sputare

I bambini di frequente iniziano a sputare quando cominciano ad andare all'asilo e cercano di trovare il proprio posto in una classe con altri bambini. I genitori però detestano questo vizio, e potreste decidere di applicare il metodo della tolleranza zero prima che diventi un'abitudine radicata. Non appena vedete vostro figlio sputare a un altro bambino, intervenite.

Dire

- «Non si sputa, mai. La mamma e il papà non si sputano addosso e di certo non devi farlo tu».

Agire

- Portate il bambino al posto degli urli. «Siediti qui da solo finché non sarò pronta a parlarti. Adesso sono molto arrabbiata».
- Potrebbe allontanarsi diverse volte, ma voi continuate a farlo tornare al posto degli urli. Magari cercherà di spiegare i motivi per cui ha sputato o si metterà a piangere e strillare: non importa, fatelo tornare al suo posto. Se il bambino è veramente dispiaciuto di aver sputato, eviterà di rifarlo in futuro.
- «Quando ti sarai calmato e farai silenzio, tornerò a parlarti».

Scuse

- Quando il bambino si calma e rimane in silenzio al posto degli urli per almeno trenta secondi, potete avvicinarvi.
- «Bene. Sei rimasto al tuo posto e ti sei tranquillizzato. Ora dobbiamo chiedere scusa, poi possiamo tornare a giocare».
- Al bambino potrebbe risultare difficile chiedere scusa, specialmente se l'altra parte in causa lo ha fatto arrab-

biare. Aiutatelo a porgere un giocattolo all'altro bambino, oppure sedetevi e costruite qualcosa insieme.

Spiegare

- Ora potete discutere l'accaduto. «Non importa quanto gli amici ci facciano arrabbiare. Non si sputa, mai!» L'importante è affrontare innanzitutto il fatto che ha sputato.

Domande frequenti

Mia figlia non resta nel posto degli urli. Cosa devo fare?
Ognuno ha bisogno del proprio tempo per imparare una cosa nuova. Non arrendetevi e non decidete che la bambina non può farcela. Continuate a guidarla con coerenza e fatele capire che non intendete rinunciare ad applicare il sistema. Ripetetevi che *alla fine funzionerà* e perseverate, riportandola al posto degli urli ogni volta che si allontana, fin quando non riuscirà a rimanere seduta in silenzio.

Dov'è il posto degli urli quando siamo in giro per negozi?
Bisogna essere sempre un passo avanti rispetto ai bambini. Quando vi recate in un negozio o in un centro commerciale, guardatevi in giro e individuate un posto tranquillo, per esempio i bagni oppure un corridoio. Potete anche dirigervi verso un luogo non troppo esposto alla vista, per esempio una corsia poco frequentata del supermercato, e sedervi lì.

È facile che mi si veda lasciare borse e sacchetti vicino alla cassa o sul bancone di un negozio e rivolgermi così alla commessa: «Può dare un'occhiata alle mie borse? Torno immediatamente. Devo solo risolvere una cosetta». Sovente la commessa risponde con un sorriso di complicità.

Le persone che assistono alla scena in genere apprezzano i genitori capaci di gestire il comportamento dei figli. È quando lo ignorano che la gente disapprova.

Mio figlio si rifiuta di abbracciarmi per chiedere scusa.
Dovete insegnargli a farlo, sporgendovi verso di lui. Non basta stargli di fronte e dirgli: «Abbracciami». All'inizio abbracciatelo voi, e partite di lì. Potete anche offrirgli la scelta fra abbracciarvi e chiedere scusa, se sa già parlare.

Se vi sporgete per abbracciarlo e vi respinge, vi consiglio di dirgli che dovrà restare al posto degli urli finché non impara a chiedere scusa.

Mio figlio è molto contento di starsene seduto al posto degli urli in silenzio. Non credo che funzioni!
È vero: non funziona! Dovete sentirlo strillare e protestare per essere certe che il sistema funzioni. A quanto pare, il bambino ha bisogno di capire che le sue azioni hanno più conseguenze, per cui gli toglierei un giocattolo cui tiene molto. Per esempio: «Quando continui a spingere tuo fratello in quel modo, il tuo trattore non vuole vedere. Gli dà fastidio. Adesso va a nascondersi in alto, sullo scaffale. Tornerà quando è pronto».

Se il bambino protesta strillando, si ritroverà nel posto degli urli. Il trattore rimarrà sullo scaffale mezza giornata o giù di lì e riapparirà più tardi, quando il piccolo farà qualcosa di carino per il fratello. «Visto? Al tuo trattore piace vedere che sei gentile con tuo fratello!»

Scegliete un giocattolo tra quelli preferiti dal bambino. Alcuni valgono più di altri!

Il bambino sta tranquillo nel posto degli urli finché non mi avvicino. A quel punto ricomincia a strillare. Aiuto!
È una cosa piuttosto frequente. Vi siete soltanto avvicinate troppo presto. Sta ancora pensando e non si è ancora tranquillizzato. Ditegli solo: «Va bene, non sei ancora pronto. Vieni a cercarmi quando sei pronto per un abbraccio di scuse». Può anche darsi che preferisca essere lui ad avvicinarsi a voi, invece del contrario. Molti bambini vogliono concludere

la procedura del posto degli urli alle loro condizioni, e va bene, purché si calmino prima di allontanarsene.

Invitiamo l'amichetta a giocare a casa nostra. Come mi comporto se sento gridare nella stanza dei giochi, ma non ero presente e non so quale sia stata la causa scatenante?
Se nessuno si fa male, cioè non ci sono morsi, lividi o tagli, affronterei la situazione con un atteggiamento positivo.

«Allora, basta con tutti questi strilli. Siete due bellissime bambine e avete un sacco di giocattoli. Divertitevi».

Se ciascuna vuol raccontare la propria versione dell'accaduto, va bene, ma la situazione potrebbe degenerare. Limitatevi ad ascoltare e poi concludete così: «Adesso è tutto a posto, niente di grave. Troviamo qualcosa di divertente da fare!»

Proponete un'attività e organizzatela in modo che possano proseguire da sole. Ritiratevi e lasciate che ritrovino l'affiatamento.

Come mi comporto quando «fa la spia»? Mia figlia lo fa in continuazione.
Ci sono situazioni in cui è utile che un bambino riferisca un comportamento altrui, ma in generale non è necessario. Vi consiglio di restare calme e dire semplicemente: «A meno che qualcuno si faccia male o qualcosa si rompa, non c'è bisogno di dirmelo. Vai a divertirti».

Imporre con costanza la disciplina può rivelarsi stancante, soprattutto se avete un bambino che mette alla prova continuamente i propri limiti, ma non dimenticate che col passare del tempo il bambino diventerà più maturo e avrà una migliore comprensione del mondo. Le difficoltà cambieranno a ogni nuova fase del percorso educativo. Può essere utile leggere sin d'ora il prossimo capitolo, anche se vostro figlio non ha ancora tre anni, così da conservare un minimo di vantaggio!

CAPITOLO 5

Dai tre ai sei anni

Le competenze verbali dei bambini aumentano notevolmente in questa fascia d'età e un effetto collaterale è che sono in grado di discutere le cose con voi – e di litigare quando non sono d'accordo! Avranno opinioni irremovibili e la capacità di esprimerle, ed è importante che li ascoltiate e al tempo stesso facciate in modo che loro ascoltino voi. Sono convinta che si debba essere onesti e diretti con i bambini, anziché cercare di indurli a fare qualcosa con l'inganno. Spiegate cosa volete e non parlate con loro guardandoli dall'alto in basso, né sottovalutate la loro capacità di capire ciò che dite.

In questo periodo la maggior parte dei bambini inizia a frequentare la scuola e ciò richiede una buona preparazione, soprattutto se non sono andati all'asilo. Inserirli tra un gran numero di altri bambini e aiutarli a formare le prime amicizie è un passo importante nella crescita. Una volta a scuola, saranno esposti alle pressioni dei coetanei e dovranno essere preparati sotto il profilo emotivo, fisico ed evolutivo. Noterete che imiteranno cose che hanno visto fare ad altri bambini – buone e meno buone – e vi accorgerete che sarà ancora più importante per loro poter contare su abitudini regolari.

Dovranno anche imparare a stare lontano da voi qualche ora alla volta (se non ci sono già abituati), a vestirsi e mettersi le scarpe da soli e a stare seduti e ascoltare obbedienti l'insegnante. Spetta a voi, in quanto genitori, prepararli a tutto questo e nella sezione di questo capitolo dedicata al comportamento esamineremo alcuni metodi che possono rivelarsi utili.

In ogni caso, dovrete occuparvi innanzitutto degli aspetti essenziali. Se il bambino ha difficoltà a dormire o a mangiare, potrebbe non avere l'energia necessaria per passare la giornata a scuola, quindi è importante metterlo sulla buona strada.

Programma per i problemi legati al sonno

Il bambino discute sempre all'ora di andare a letto e cerca di ritardarla, poi si rifiuta di addormentarsi e viene a cercarvi? È sconfortante per un genitore sedersi finalmente per godersi un momento di meritato relax e poi sentire lo scalpiccio di piedini nella cameretta del piccolo. O magari il bambino si sveglia di notte e vuole venire nel vostro letto? Oppure si sveglia presto, facendovi spesso alzare prima dell'alba? È necessario affrontare tutti questi problemi, perché se la notte non dorme da dieci a dodici ore non sarà in grado di imparare a scuola o all'asilo e arriverà a casa stanco e piagnucoloso. Per questo dovete intervenire, e subito.

Il bambino potrebbe opporsi con tutte le sue forze ai cambiamenti. Se avete a che fare con un negoziatore, penserà a decine di motivi convincenti per tornare in soggiorno o in cucina. Un lottatore potrebbe cominciare a lanciare giocattoli in giro per la stanza. Un'attrice drammatica potrebbe buttarsi per terra e comportarsi come se foste il genitore più crudele del mondo. (Vedi p. 57 per maggiori informazioni su come trattare con questi tipi di bambini.) Dovrete dunque essere determinate.

Se seguite il programma alla lettera per tre giorni, il bambino capirà che si tratta di un cambiamento duraturo. Può darsi che continui a fare un sacco di storie all'ora di andare a letto, ma in genere si calmerà più in fretta rispetto a prima, perché sa che non può spuntarla. Tre giorni dovrebbero bastargli per capirlo. Potrebbe volerci di più, se avete a che fare con un tipo particolarmente indipendente, ma dovrete applicare il sistema fintanto che non gli sarà chiaro. Questo è il modo in cui volete che il bambino dorma d'ora in poi, per amore della sua salute, della sua felicità e della sua educazione.

Prepararsi al programma

È molto importante scegliere con cura il momento più opportuno. Per prima cosa dovete essere in grado di rispondere positivamente a tutte le affermazioni seguenti.

- Tutti in casa godono di buona salute.
- Entrambi i genitori possono concentrarsi pienamente sul programma.
- Dormirete a casa almeno per i dieci giorni successivi.
- Il bambino non intraprenderà nuove attività nei dieci giorni successivi.

Vi consiglio di cominciare parlando del programma un sabato mattina e poi applicarlo quella sera. Ciò significa che avrete due giorni a disposizione prima di tornare a scuola o al lavoro e che entrambi i genitori possono essere presenti in casa.

Uno dei due assumerà il ruolo guida, ma è importante che ci sia un'altra persona a offrire sostegno, che sia il partner, un altro membro della famiglia o un'amica all'altro capo del telefono. L'ideale è che il «sostenitore» sia presente all'ora del bagno serale e contribuisca a semplificarvi il più possibile la vita. Non sarà facile, specialmente se le cattive abitudini sono ormai consolidate.

Anche se sarete voi a svolgere il ruolo principale, il vostro partner o sostenitore deve sapere come funziona il sistema, perché potrebbe dover mettere a letto il bambino in futuro. Vi suggerisco di invitarlo a leggere le parti pertinenti di questo libro.

Ecco che cosa occorre.

- La camera da letto del bambino deve essere il più possibile buia, con tende scure o foglio di alluminio sui vetri delle finestre (vedi p. 19).
- Una lampada da notte, posizionata in basso e lontano dal letto.
- Un timer comodo da leggere nella penombra.
- Tabelle per i tempi.
- Un sussidio visivo.
- Un orologio nella stanza del bambino, in una posizione in cui possa vederlo facilmente.

Ora preparatevi alla battaglia. Non è facile ascoltare un bambino strillare nella stanza accanto dopo avergli augurato la buonanotte, ma dovrete pensare con la testa, non con il cuore. Diventerà più facile quando il bambino inizierà ad accettare il fatto che si tratta di un cambiamento duraturo.

Dovete credere che funzionerà.

Pianificazione del primo giorno

Iniziate discutendo il problema con il bambino, dicendogli che avrete bisogno del suo aiuto e della sua comprensione per risolverlo. Il segreto sta nel fargli prendere la decisione giusta e fargli capire che è una buona idea. Un bambino che va a scuola deve dormire nel proprio letto.

Trovo che i bambini siano molto più attenti la mattina, quindi fate una chiacchierata dopo la colazione. Accertatevi di avere la sua piena attenzione e che l'atmosfera in casa sia serena. È bene che non siano presenti altri membri della famiglia, e il computer e la televisione devono essere spenti. Ditegli qualcosa di questo tipo:

> **«Vorrei parlarti di una cosa per la quale mi serve il tuo aiuto. Pensi di potermi aiutare? La mamma e il papà hanno deciso che è ora che tu dorma nel tuo letto tutta la notte e che vada a dormire sereno e tranquillo. Ho trovato un libro speciale che ci aiuterà a farlo. Lo ha scritto una signora che da tantissimi anni aiuta i bambini a rimanere nel loro letto».**

Mostrate al bambino il libro.

> **«Penso che possiamo farcela, tutti insieme, e questa signora dice che non ci vorrà molto – forse solo una settimana».**

In realtà il programma, se seguito correttamente e con costanza, dovrebbe durare soltanto tre giorni, ma prendetevi un po' di margine, così il bambino non rimarrà deluso se non dovesse farcela.

Spiegategli che quando si sveglia di notte disturba tutti in casa e il giorno dopo tutti sono stanchi, a scuola e al lavoro.

> **«Papà la mattina deve alzarsi e andare a lavorare, e io pure. Tu e tuo fratello dovete andare a scuola. Abbiamo bisogno che il nostro cervello e il nostro corpo siano riposati e pieni di energia, per fare tutto quel che dobbiamo fare di giorno. Il nostro corpo ha bisogno di due cose principali: buon cibo e buon sonno. A mangiare sei già bravissimo, adesso diventerai bravissimo anche a dormire».**

La maggior parte dei bambini desidera essere grande e forte. Sapere che crescerà veramente soltanto se il suo corpo riposa potrebbe incentivarlo a dormire nel suo letto.

Accennate ad altre cose che potrà fare quando riuscirà a dormire tutta la notte tranquillo:

- dormire a casa di amici
- passare il fine settimana a casa dei nonni
- campeggiare in tenda
- avere un letto da grande (o a castello)
- andare al campo estivo o in gita scolastica

Alcuni di questi esempi potrebbero spaventare un bimbo piccolo, quindi dovrete scegliere cose capaci davvero di allettarlo. È importante che vi mostriate sicure e non chiediate al bimbo se vuole provarci. Non sa ancora che cosa comporta, quindi è probabile che se glielo chiedete risponda di no.

Dovete poi illustrare il sussidio visivo che intendete adoperare. Fare degli esempi probabilmente è il miglior modo per spiegare il concetto.

- Per un maschietto al quale piacciono i treni, potreste comprare un treno merci e ogni volta che lo lodate per i suoi sforzi dargli una pietra dura da «caricare» sul vagone.
- Un barattolo di vetro può essere riempito di biglie o pietre colorate dalla forma interessante.
- Per una bambina, potreste acquistare un bel nastro e delle perle graziose da infilare una per una a formare una collana.
- Anche i magneti che si uniscono e formano una catena o una scultura possono essere un valido sussidio visivo.
- Oppure potete acquistare un modellino di Lego e completarne una parte dopo ogni passo nella giusta direzione.
- Potete usare una Barbie nuda, alla quale mettere un capo di abbigliamento ogni volta che la bambina se lo guadagna. Scopo del gioco è vestire la bambola, ma potete anche andare oltre e dotarla di un intero guardaroba.

Conoscete vostro figlio meglio di chiunque altro, per cui scovate un sussidio visivo che catturi il suo interesse. Lo userete per una settimana, quindi scegliete qualcosa che appaia finito, o pieno, alla fine di tale periodo.

Se aggiungete tre pietre al giorno, dovrete averne a disposizione ventuno. Per la Barbie avrete bisogno di diversi vestiti, cercate di procurarvene a sufficienza. Mettete il barattolo/vagone/nastro/bambola nella stanza da letto del bimbo dove possa vederlo, ma non toccarlo, mentre pietre/magneti/perline/vestiti saranno nascosti e sotto il vostro controllo.

Mostrate al bambino il sussidio visivo durante la chiacchierata dopo la colazione, lasciateglielo toccare, ma spiegategli che fino alla mattina seguente non potrà guadagnarsi alcun premio.

Adesso dovete discutere le ricompense che riceverà quando guadagnerà tre pietre, magneti o perline. Ecco alcuni suggerimenti:

- un giro in bici al parco con papà
- un picnic con tutta la famiglia
- andare all'edicola e comprare un giornaletto
- cucinare biscotti con la mamma
- fare un gioco da tavolo con mamma e papà
- costruire un nascondiglio nella cameretta
- mezz'ora di televisione
- una nuotata con papà
- andare al bar per una merenda con tutta la famiglia

Sono soltanto alcune idee. Conoscete vostro figlio e saprete che cosa scegliere. Stilate un elenco delle ricompense e attaccatelo alla parete della cucina.

Fantastico! Fin qui, tutto bene. Avete:

- illustrato il concetto
- presentato il sussidio visivo
- organizzato il sistema delle ricompense

Proseguite la giornata, ma fate in modo di cenare con il bambino a un'ora ragionevole, preferibilmente entro le sette di sera. Dovreste sedervi tutti insieme e mangiare almeno un po' dello stesso cibo che date al piccolo.

Se avete più di un figlio, approfittate di questo momento per spiegare che cosa succederà dopo.

> **«Stasera, dopo la televisione, ognuno andrà nella sua stanza a leggere le fiabe e poi si metterà a dormire. Per [nome del bambino] useremo un sistema speciale e, se riesce a stare nella sua cameretta, gli daremo una biglia da mettere in questo bel barattolo, e una ricompensa scelta tra quelle appese alla parete. Quando avrà riempito il barattolo, ci sarà una sorpresa speciale per tutta la famiglia! Vorrei chiedere a tutti di avere pazienza e aiutare [nome del bimbo]. Sta per fare una cosa che non ha mai fatto prima. Stanotte, mentre dormite, la mamma e il papà sceglieranno il premio per tutta la famiglia: quando il barattolo sarà pieno, faremo una cosa speciale tutti insieme».**

Organizzate il premio speciale per il fine settimana seguente, ma aspettate ad annunciarlo, caso mai il programma dovesse cambiare all'ultimo momento. La prossima settimana, a quest'ora, il ritmo del sonno del bambino sarà completamente diverso. Credeteci. L'intera famiglia farà passi da gigante: abbiate costanza, non cedete e non tornate alle vecchie abitudini.

Dopo il bagnetto, la pulizia dei denti, la pipì e le fiabe, è ora di mettere il bimbo a letto. Accertatevi che abbia tutto ciò che gli serve.

- Ha a disposizione dell'acqua accanto al letto (se normalmente chiede da bere).
- Ha il suo oggetto preferito.
- La lampada da notte è accesa.
- La temperatura nella stanza è gradevole, né troppo calda, né troppo fredda.

Adesso dovete accompagnare il piccolo nel letto, se non è già lì.

> **«Sei un bambino tanto bravo. So che puoi farcela. Domattina metteremo le nostre prime biglie nel barattolo e sceglieremo una ricompensa. Bravo. Io scendo a chiacchierare un po' con il papà, poi andiamo a dormire anche noi. Sei un bravo bambino. Domattina facciamo colazione tutti insieme».**

Non parlate per più di trenta secondi. Uscite dalla stanza e accostate la porta. Non è necessario chiuderla completamente, se il bambino non ci è abituato.

Se strilla, aspettate in un punto vicino alla cameretta, dal quale possiate vedere immediatamente se esce dalla stanza. Adesso avviate il timer e prendete la tabella, in attesa della pausa di riflessione. Lasciatelo urlare per dieci minuti.

Se il bambino ha strillato ininterrottamente per dieci minuti, senza una pausa di riflessione, rientrate nella stanza. Avvicinatevi e abbassatevi alla sua altezza. Abbracciatelo, se ve lo permette. «Su, calmati. Adesso basta. Ce la puoi fare. Vai nel tuo lettino e domani passeremo una bellissima giornata insieme».

Mantenete un tono di voce deciso e diretto, ma non perdete la pazienza. Non siete arrabbiate. Sapevate che avrebbe protestato. In questa fase il bambino è confuso. Rassicuratelo per non più di trenta secondi e uscite di nuovo. Non preoccupatevi se rifiuta di tornare a letto.

Fate partire nuovamente il timer e prestate attenzione alla pausa.

avvio timer	arresto timer	durata protesta	durata riflessione	momento di calma
20.40	20.50	10 minuti	2 secondi	
20.50	21.00	10 minuti	5 secondi	
21.00	21.08	8 minuti	10 secondi	
21.08	21.15	7 minuti		15 secondi

Rientrerete nella stanza soltanto in caso di urla in crescendo (vedi p. 70), e se entrate seguirete di nuovo lo stesso principio dei trenta secondi.

Se esce dalla sua stanza per cercarvi, prendetelo per mano e riportatelo in camera. «Oh caro, su, torniamo nella tua bella cameretta con [il bel lettino azzurro, gli orsacchiotti, il tuo fantastico orologio]». Accompagnatelo a letto e ditegli: «Ecco fatto, bravo, ci vediamo a colazione».

Se si rifiuta di camminare, portatelo di peso, ma prendetelo per le ascelle e tenetelo giù, con il viso rivolto verso l'esterno, come se camminasse davanti a voi. Non prendetelo in braccio. Rimettetelo a letto come prima.

Non cominciate a compilare la tabella dei tempi finché non sarà rimasto nella sua stanza per cinque minuti.

Siate costanti. Questa sarà la notte più impegnativa per entrambi. Potete farcela. Sta saggiando i propri limiti e ricorda ancora bene le vecchie abitudini. Ha bisogno di una conferma che non tornerete indietro. Potrebbe urlarvi delle richieste per tentare di trattenervi, o gridare continuamente: «Voglio la mamma». Non replicate; continuate ad annotare i tempi.

Alla fine la pausa di riflessione si allungherà e il bimbo riuscirà ad addormentarsi.

Risvegli notturni

Se il bambino si sveglia di notte o si alza prima delle sette del mattino, dovrete seguire la stessa procedura della sera.

- Riaccompagnatelo nella sua stanza il più rapidamente e silenziosamente possibile, facendolo procedere davanti a voi senza prenderlo in braccio.
- Mettetelo a letto, dicendo: «Su, ce la puoi fare. Hai una stanza bellissima, da bimbo grande. Sistemati bene il cuscino e dormi. Bravo, calmo e tranquillo. Bravo bimbo. Ti voglio tanto bene. Ci vediamo a colazione».
- Se si mette a strillare, cominciate a compilare la tabella dei tempi e rimanete vicino alla cameretta, ma senza farvi vedere.
- Rientrate dopo dieci minuti soltanto in caso di urla in crescendo. Calmatelo per trenta secondi e uscite di nuovo.
- Aggiornate la tabella finché non si addormenta.

Supererete la nottata e, se vi applicherete con costanza, il bambino inizierà a imparare come comportarsi d'ora in poi. La prima notte è una grande conquista per voi e per il bimbo, perché state imparando una cosa nuova insieme, evitando di tornare alle «vecchie abitudini».

Pianificazione del secondo giorno

Quando la piccola si sveglia, dopo le sette, entrate nella sua stanza e abbracciatela. Lodatela per essere rimasta nel suo letto e per esserci tornata ogni volta che glielo avete chiesto e l'avete riaccompagnata. Spiegatele che è molto diverso da com'era prima, ma che così è meglio per tutti. Non dimenticate di dirle quanto siete orgogliose di lei (e, in cuor vostro, siate fiere di voi, perché la bimba non ce l'avrebbe mai fatta senza il vostro aiuto).

Per quanto disturbata sia stata la nottata, cercate di aggiungere almeno un elemento al sussidio visivo, o meglio ancora due o tre. Incoraggerà la piccola a perseverare e a seguire il programma la notte seguente.

- Potete darle una biglia/magnete/perla perché è «andata a letto tranquilla». Magari ha strillato per qualche minuto, appena siete uscite dalla stanza, ma quel che conta è che sia rimasta a letto e si sia addormentata.
- Potreste darle un secondo premio perché è tornata a letto quando glielo avete chiesto, o per esserci rimasta tutta la notte!
- Un terzo premio potrebbe essere concesso perché non si è svegliata troppo presto.

Probabilmente siete stanche, e lo sarà anche la bambina, per cui cominciate la mattinata con calma. Fate una buona colazione e discutete la ricompensa della giornata. Datele sempre una ricompensa di qualche tipo. Potete sceglierne una piccola o grande, a seconda dei progressi compiuti, ma non ditelo alla bambina. Incoraggiate gli eventuali altri figli a lodare la sorellina per i suoi sforzi.

Non continuate a discutere la nottata durante il giorno. Lo farete più tardi.

Anche in questo caso, cenate tutti insieme a casa alle 19 e fate il bagnetto alla bimba intorno alle 19.30. Durante il bagno, fate una breve chiacchierata sull'andare a dormire nel proprio letto e sulle biglie/magneti/perle che riceverà insieme alla ricompensa. Non parlatene per più di un paio di minuti. Non dev'essere una lunga discussione. E di certo non è momento di negoziare.

Se la bambina inizia a ribellarsi, fatela uscire dalla vasca da bagno, mantenete la calma e un atteggiamento positivo e ditele: «Non c'è bisogno di parlarne adesso. Andiamo a guardare un po' di televisione/cercare delle fiabe da leggere».

Dopo aver letto le fiabe, seguite la solita procedura.

- Fatele lavare i denti, fare la pipì, e accertatevi che in camera sua sia tutto pronto.
- Ora accompagnate la bambina a letto. Nel mentre, parlatele di quanto sarà brava: «La notte scorsa sei riuscita a tornare sempre nel tuo letto. Perché non provi a essere fantastica e ci resti tutta la notte? So che puoi farcela. Sei una bimba grande. Presto inviteremo le tue amichette a dormire qui da noi. Adesso mettiti a dormire. Ci vediamo a colazione, così scegliamo la ricompensa. Ti voglio bene».
- Se la bambina inizia a strillare, stringetela a voi e parlatele fiduciose nell'orecchio. Mettetela a letto, rimboccatele le coperte e uscite dalla stanza.
- Se la bambina non vi vuole vicino, ditele con calma, ma con un tono sufficientemente alto per farvi sentire in mezzo alle urla: «So che puoi farcela. Sei tanto brava. Quando sei pronta, vai nel tuo bel lettino. Ci vediamo domattina».

Il segreto è mantenere la calma e la determinazione. La bambina deve capire che siete serie riguardo al programma, credete in ciò che state facendo e siete convinte che anche lei possa farcela.

- Uscite dalla stanza e cominciate a compilare la tabella dei tempi. Non fatevi vedere dalla bimba.
- Se dopo dieci minuti sta ancora strillando, rientrate per rammentarle di mettersi a letto. Se rifiuta, ditele solo che le volete bene e che sapete che ce la può fare. Vi rivedrete domattina a colazione.
- Ricominciate a compilare la tabella. Ricordatevi di prestare attenzione alle pause e di riavviare il timer.
- Tornate nella stanza soltanto in caso di urla in crescendo.

Se la piccola esce dalla sua stanza, ricordate la procedura:

- riaccompagnatela a letto
- lodatela e rassicuratela
- compilate la tabella dei tempi
- lasciate che si addormenti da sola

Pianificazione del terzo giorno

Se siete rimaste calme, coerenti e decise, il bambino dovrebbe iniziare ad accettare il cambiamento e a mostrare segni di miglioramento: torna in camera sua con minore fatica, o si addormenta più rapidamente rispetto alla prima notte. Controllate i tempi del primo giorno e osservate la differenza.

Quando il bambino si sveglia (dopo le sette), entrate nella sua stanza (oppure, se è venuto a cercarvi, tornate insieme in camera sua). Lodatelo e dategli due o tre premi da aggiungere al sussidio visivo.

Mentre fate colazione, parlate della ricompensa del giorno e chiedetegli se è soddisfatto di sé. Ditegli che dovrebbe esserlo, perché sta andando forte nell'imparare una cosa nuova.

Proseguite la giornata come al solito. Se il bambino va a scuola o all'asilo, vi consiglio di scambiare due parole con l'insegnante per spiegarle cosa state facendo a casa. Non c'è bisogno che ne parli con il bambino, ma è bene che sia a conoscenza del motivo per cui il piccolo potrebbe mostrare segni di stanchezza.

Seguite il rituale della sera, con la cena servita puntuale alle 19, il bagnetto alle 19.30 e poi a letto alle 20.30. Mentre mettete a letto il bambino, lodatelo e parlate della ricompensa del giorno dopo per non più di un minuto. Ditegli: «Ci vediamo a colazione. Sei proprio un bravo bambino!»

Poi uscite dalla stanza e, se necessario, cominciate a compilare la tabella dei tempi. Rientrate soltanto in caso di urla in crescendo.

Pianificazione del quarto giorno e seguenti

Avete superato tre notti seguendo la nuova routine e si saranno verificati grandi cambiamenti. Questo non vuol dire che la bambina adesso si addormenti da sola e dorma tutta la notte. Probabilmente dovrà ancora compiere alcuni passi, soprattutto se è un po' più grande o ha un carattere particolarmente indipendente. È importante continuare a seguire la procedura di riportarla in camera sua, arricchire il sussidio visivo la mattina e assegnare la ricompensa, anche se nei giorni di scuola saranno soltanto piccole cose: un gelato dopo cena o una caccia al tesoro con una piccola confezione di sorprese come premio. Non dimenticate il premio speciale promesso per tutta la famiglia dopo una settimana di buone dormite. Fate in modo che sia qualcosa che piaccia a tutti.

Dopo sette notti consecutive, cominceranno a instaurarsi abitudini completamente nuove e, di lì a poco, le notti in bianco con la bambina che strilla non saranno altro che un lontano ricordo. Vi deve molto: le avete insegnato a cambiare. Avete lavorato insieme, con pazienza e determinazione. Avete migliorato la vita di tutta la famiglia. Brave.

Ora arriva un elemento importantissimo del programma: la vostra ricompensa.

- Andate a giocare a golf.
- Andate in pasticceria e gustatevi una deliziosa fetta di torta.
- Compratevi un vestito nuovo.
- Andate dalla pettinatrice.
- Crogiolatevi a letto una mattina, mentre il vostro partner prepara la colazione.

Quale che sia, trovate tempo per voi! Voi e vostra figlia siete le star dello spettacolo!

Domande frequenti

Mio figlio ha paura del buio e vuole la luce accesa.
Nessun bambino nasce con la paura del buio. È un'idea che gli è stata messa in testa. Parlate in modo positivo del buio e lasciate accesa la lampada da notte in camera e la luce del corridoio o nel bagno, che filtrerà attraverso lo spiraglio della porta socchiusa.

Non lasciate che il bambino prenda il controllo della situazione. È un fatto incontestabile che si dorma meglio al buio. Sovente dico ai bambini: «Non dovete ingannare il vostro corpo. Se nella stanza c'è troppa luce, il corpo pensa che sia giorno e non si addormenta. Abbiate cura del vostro corpo e insegnategli che è notte».

Ho due bambine che dormono nella stessa stanza. Una dorme bene, l'altra no. Come gestisco la situazione?
Affrontate la sfida come una cosa alla quale devono lavorare entrambe. Al mattino, tutte e due vincono le «biglie». La bambina che dorme bene le guadagnerà per essere rimasta tranquilla durante la notte agitata e per aver incoraggiato la sorellina. Ciò significa che ogni mattina potrete assegnare fino a sei biglie.

Se la bimba ha ancora il sonno molto disturbato dopo due notti del programma, potete prendere in considerazione l'idea di trasferire la sorella in un'altra camera – anche solo un materasso sul pavimento in camera vostra – fin quando la situazione non si risolverà. Dovrete spiegarle che è soltanto una soluzione temporanea, in modo che non si abitui all'idea.

Se la piccola inizia a lamentarsi («Non è giusto che mia sorella dorma in camera vostra!»), potete risponderle con una promessa: «Potrai fare un riposino in camera nostra quando sarai capace di stare tranquilla tutta la notte. Non ci vorrà molto. Ce la puoi fare, ne sono certa».

Devo separare i miei gemelli e insegnare loro a dormire nel proprio letto uno alla volta?
In genere i gemelli dividono la stessa cameretta, per cui è ragionevole seguire il programma con entrambi nello stesso momento e nella stessa stanza. Fatelo! È una sfida, ma si può vincere. Sicuramente vi daranno problemi la prima notte, ma abbiate costanza e non cedete alle loro richieste. Quando entrate nella stanza, rivolgetevi soltanto a quello che urla, ma uscendo sfiorate l'altro dicendogli: «Bravo».

Se insegnate loro ad addormentarsi in camere separate e poi li rimettete a dormire nella stessa stanza, è assai probabile che vi ritroverete a dover ricominciare da capo l'intero programma!

La battaglia all'ora di andare a letto comincia non appena mia figlia esce dalla vasca da bagno e si rifiuta di indossare il pigiama. Può aiutarmi?
Tirate fuori due completi da notte, lasciando che vi aiuti a sceglierli. Potrebbe trattarsi anche di una maglietta con calzoncini corti estivi, o di un vestitino da festa. Non è importante. Alzate un po' il riscaldamento, se temete possa avere freddo.

Parlate dei due completi al mattino, in modo che possa pensarci durante la giornata. Quando la bambina è nella vasca da bagno, ditele: «Sono molto curiosa, stasera, perché non so proprio quale dei due completi sceglierai di indossare dopo il bagno». Non menzionate la parola «letto». «Ti aiuto a uscire dalla vasca, poi aspetto in corridoio, mentre tu decidi cosa mettere. Quando uscirai, mi farai una grande sorpresa e ti dirò: 'Evviva! Mettiamo una biglia nel barattolo!'»

In questo modo darete alla bambina il controllo che desidera. Credeteci e abbiate fiducia in lei. Fatele una foto, quando esce dal bagno, e mostrategliela.

Mio figlio urla come un disperato mentre gli leggo le fiabe, perché sa che subito dopo arriva l'ora di andare a letto. Cosa mi consiglia di fare?
Non ha senso leggere fiabe a un bambino che urla. Bisogna che lo sappia, quindi diteglielo mentre fa il bagnetto.

«Stasera, all'ora delle fiabe, mi piacerebbe sfogliare con te qualche bel libro. Però, se fai tutto quel baccano, lasciamo perdere le favole e salti direttamente nel tuo lettino. Inteso? [Fate il nome della sua insegnante] a scuola non leggerebbe i libri ai bambini se tutti gridassero, vero?» Sorridetegli e poi continuate a lavarlo, mentre digerisce ciò che gli avete detto.

Dovrete andare fino in fondo e, se urla, saltare le fiabe, se necessario andando dritte al timer e alle tabelle. Continuate a fare la stessa cosa tutte le sere e alla fine si arrenderà.

Mio figlio gioca con l'interruttore della luce appena esco dalla sua stanza. Consigli?
Sì: togliete la lampadina!

Non appena la lascio sola nella sua stanza, inizia a strillare: ha troppo caldo, troppo freddo, troppa fame, troppa sete – le prova tutte.
Ho sentito ogni genere di scuse nella mia vita, potrei riempirne un intero volume. La preferita fra tutte è questa: «Ho dato da mangiare al mio elefante di peluche, oggi, e ho paura che cresca troppo di notte e mi schiacci!»

Le scuse di questo tipo devono essere ignorate, compresa la richiesta di un bicchier d'acqua (a meno che sia abituata a bere prima di addormentarsi e ve ne siate dimenticate). Può sembrarvi crudele, ma se lasciate che i limiti diventino labili cedendo a una richiesta, inevitabilmente ne arriverà un'altra. I bambini sono piccole creature intelligenti e se vi vedono arrendevoli continueranno a battere sullo stesso tasto. Partite con il piede giusto!

Ignorate le richieste e limitatevi a rimetterla a letto, dicendole: «Ci vediamo a colazione». Non discutete la questione, non accennate nemmeno a quel che chiede, ditele qualcosa tipo: «Non hai bisogno di bere. Berrai domattina». Se iniziate una discussione, continuerà a insistere.

Fatela semplice. Non uscite dal seminato!

Mio figlio mi chiama per dirmi che deve andare al bagno. Lo lascio andare?
Accompagnatelo in bagno, tenendo basse le luci e senza parlargli. Riportatelo in camera sua e mettetelo a letto. Non cominciate una conversazione. Ora che è andato in bagno, non avrà bisogno di tornarci.

La notte seguente accertatevi che usi il bagno prima di andare a letto, così quando vi chiamerà saprete che non ha un bisogno reale, ma è solo in cerca di attenzioni.

Mio figlio diventa aggressivo quando spengo la luce e chiudo la porta. Lancia giocattoli in giro e prende a calci la porta. Devo rientrare in camera per assicurarmi che stia bene.
Per me si tratta di una situazione da tolleranza zero. Dovete guardarlo negli occhi e usare un tono di voce deciso: «Smettila di tirare calci alla porta. Se continui, si romperà e non potremo più aprirla. Non potrai più uscire dalla tua stanza. Sono seria. Non prendere a calci la porta. Mi hai capito?»

Ditegli che, se lancia i giocattoli, li porterete via – e fatelo davvero.

Non appena lancia un oggetto, portatelo via dalla stanza e mettetelo in un'altra parte della casa, lontano dalla sua vista e dalla sua portata. Restituirete i giocattoli se e quando il bambino si comporterà bene, ma non fateglieli vedere per almeno ventiquattr'ore. Le lezioni severe a volte sono necessarie.

Mia figlia dice che si addormenterà in silenzio, se resto nella stanza con lei. Posso farlo e uscire quando si è addormentata?
No. Non appena entrerà in una fase di sonno leggero aprirà gli occhi, vedrà che non siete lì e vi chiamerà. Per la bambina diventerà un'abitudine. Comincerà a credere di potersi addormentare soltanto se siete lì a guardarla e a quel punto sarete in trappola, dovrete farlo ogni singola notte. Gliela avrete data vinta!

È faticoso applicare un programma per il sonno con i bambini in questa fascia d'età, perché ricorreranno a ogni espediente possibile per conservare le vecchie abitudini – semplicemente, dovrete farlo. Se non dormono a sufficienza, avranno difficoltà a scuola e la loro salute potrebbe risentirne. Mentre sedete accanto al timer ad ascoltare le grida di protesta di vostro figlio, ricordate che tutto questo è parte integrante dell'essere buoni genitori.

E ce la farete!

Programma per i problemi legati all'alimentazione

Ognuno ha bisogno di trovare il proprio rifugio: un posto in cui sentirsi al sicuro e avere la situazione sotto controllo. La maggior parte di noi trova conforto nella certezza delle abitudini. Ci svegliamo la mattina sapendo che berremo la nostra tazza di caffè, faremo la doccia, ci laveremo i denti e saremo fuori dalla porta di casa a una certa ora, e la giornata parte di lì.

I bambini non sono diversi. Desiderano sapere che cosa succederà durante la giornata. Per crescere felici hanno bisogno di una vita strutturata – e parte della struttura quotidiana è costituita da tre pasti.

Se vostra figlia è abituata a mangiare soltanto certi cibi e al solo pensiero di cambiare cade in preda al panico, potreste avere un problema. D'altro canto, se non ha un'alimentazione abbastanza varia, che apporti tutti le sostanze nutritive di cui ha bisogno, dovrete prendere provvedimenti per cambiare il suo atteggiamento nei confronti del cibo, prima che diventi troppo radicato.

E qui entra in scena il mio programma di tre giorni. Non dico che sarà facile, perché probabilmente non lo sarà, ma nell'arco di tre giorni la bambina dovrebbe assaggiare alcuni cibi che non ha mai toccato prima e ampliare almeno un po' la varietà di alimenti che è disposta a mangiare.

Scegliete con cura il momento opportuno, come per tutti i miei programmi. Se durante la settimana la bambina pranza a scuola, iniziate il programma di sabato, in modo da avere pieno controllo del menù e poterla seguire all'ora dei pasti per due giorni consecutivi. Accertatevi che tutti in famiglia godano di buona salute e siano pronti ad affrontare la sfida.

Prima di cominciare, dovreste elaborare un menù per i sette giorni successivi. La colazione di solito non è un problema, ma dovrete servire un pranzo e una cena diversi per ciascuno dei sette giorni, alternando pietanze che la bambina conosce e mangia già, ad altre che non ha mai assaggiato prima. L'aspetto più importante di cui tenere conto è che non sono previste alternative.

Abituatevi all'idea, perché è essenziale che non le diate pane e marmellata o qualsiasi altra cosa al posto del piatto principale.

Discutete il menù con il vostro partner o con i figli più grandi o con altri familiari presenti in casa. Chiedete a tutti di suggerire i piatti che vorrebbero mangiare e organizzateli in modo da elaborare un menù settimanale. Ricordate: il menù deve comprendere piatti che sapete che la bambina mangerà e introdurre cibi nuovi. Ho constatato che è meglio proporre gli alimenti «nuovi» a pranzo e quelli che già conosce a cena, perché a quell'ora della giornata può essere stanca, ma le abitudini familiari potrebbero rendere la cosa complicata. Vedete se riuscite a farlo almeno durante i tre giorni del programma.

Può essere utile cercare di rendere i cibi nuovi simili a quelli che già conosce.

- Potete togliere la pelle alla salsiccia e farne polpette, oppure usarla come ingrediente principale di una pietanza.
- Se alla bambina piace il cibo impanato, potete impanare il pollo, la braciola di maiale e il pesce.
- Se la bambina mangia le patate fritte, provate a proporle le patate al forno, che sono più salutari.
- Se le piace il pesto, o un altro sugo per la pasta, potete aggiungerci delle verdure tagliate finissime, per evitare che se ne accorga.
- Se mangia il riso, è probabile che mangerà anche il cous cous.
- Se le piace il ketchup, le piace il gusto del pomodoro! Significa che potete cucinare le lasagne, il ragù, la pizza e le pietanze in umido.

Di seguito trovate un esempio di menù settimanale.

	pranzo	cena
lunedì	pizzette fatte in casa	torta salata con patate, piselli e carote
martedì	toast farciti	insalata di pollo con peperoni
mercoledì	crespelle di spinaci e formaggio	spaghetti al ragù e insalata
giovedì	vellutata di pomodoro con crostini	pollo con riso e verdure saltate in padella

venerdì	hot dog	pesce impanato e patate al forno
sabato	penne al sugo di verdure e polpette	serata «pizza a piacere» (ognuno sceglie il proprio condimento)
domenica	pollo arrosto con patate, fagiolini e carote	minestra di fagioli

Naturalmente, si tratta di un semplice esempio. Elaborate il menù settimanale adatto alla vostra famiglia e procuratevi tutti gli ingredienti necessari, in modo da avere il frigo pieno di provviste prima di cominciare il programma.

Il dessert non deve essere abbondante. Ecco i miei suggerimenti:

- gelato e frutti di bosco
- banana e crema pasticcera
- crostata di mele
- yogurt
- budino di riso
- spicchi di frutta
- frutta secca e yogurt
- ghiacciolo alla frutta
- gelatina di frutta

Il bambino può fare anche due spuntini al giorno:

- misto di noci e frutta secca
- uno spicchio di frutta
- un ghiacciolo alla frutta
- un gelato allo yogurt
- un biscotto ai cereali
- un cracker al formaggio
- una cioccolata calda

- un frappè alla frutta
- un biscotto

Non dimenticate che lo spuntino non è un sostituto del pasto. Ne basta uno, e se la bambina dice di avere fame potete anticipare un po' l'ora del pasto successivo.

Pranzi a scuola

Se il bambino pranza a scuola, spiegate all'insegnante o al personale della mensa il programma che state seguendo a casa e domandate se è possibile avere una copia del menù, in modo da poter lavorare anche su quello. La maggior parte delle scuole propone menù settimanale a rotazione. Parlate con il bambino del pranzo che sarà servito quel giorno a scuola e incoraggiatelo a mettere nel piatto almeno una cosa che sa di poter mangiare, per esempio spaghetti, riso o patate al forno, e una cosa della quale non è tanto sicuro. Ditegli che, se lo fa, riceverà una ricompensa. Forse potete chiedere all'insegnante o a un'addetta alla mensa di verificare con discrezione che cosa mangia e invitarlo gentilmente ad assaggiare nuovi sapori.

Se il bambino deve portarsi il pranzo da casa, vi consiglio di seguire lo stesso principio: mettete nel cestino qualcosa che sapete che gli piace e introducete un sapore nuovo. Incoraggiatelo ad assaggiare prima la nuova pietanza e poi quella conosciuta.

Evitate le patatine e la cioccolata, che sarebbero inevitabilmente consumate per prime e hanno scarso valore nutritivo. Provate a darle invece una barretta ai cereali e frutta secca.

Tenete ovviamente conto dei regolamenti scolastici in materia di cibi portati da casa.

La vigilia del primo giorno

Dopo la colazione, fate una chiacchierata a tu per tu con il bambino e spiegategli chiaramente quel che succederà. Suggerisco un possibile «copione», ma ditelo con parole vostre.

> **«Ho bisogno di parlarti di una cosa. Adesso hai [età del bambino], e so che sei in grado di capire. Vorrei parlarti del nostro 'pulsante di arresto'. Tutte le persone del mondo hanno un 'pulsante di arresto'. Non si vede perché è dentro il cervello. Dorme quando giochi o sei a scuola, e si sveglia all'ora di pranzo e di cena. Inizi a mangiare e, quando il corpo ne ha a sufficienza, manda un messaggio al cervello e il cervello preme il pulsante.**
> **Il problema del tuo pulsante è che a volte scatta troppo presto. Il cervello lo preme prima che il tuo corpo abbia mangiato cibo, cibo come [elencate tre pietanze che non mangia]. Il tuo corpo ha bisogno di cibo, perché lo aiuta a crescere e a diventare sempre più forte. Il cibo fa bene ai muscoli [illustratelo mostrandogli il vostro braccio], alle ossa [battete sulla vostra gamba], ai denti [sorridete] e ti dà l'energia di cui hai bisogno a scuola per imparare e al parco giochi per correre e giocare.**
> **Mi capisci? C'è qualcosa che vorresti chiedermi?»**

Rispondete alle domande, ma con frasi semplici e brevi per evitare di confonderlo. Sono tante informazioni da assorbire, per un bambino.

> **«Te ne parlo perché sei abbastanza grande da capire, e io so come aiutarti a far funzionare il tuo 'pulsante di arresto'. Possiamo aggiustarlo insieme, in modo che si attivi soltanto al momento giusto».**

Spiegando al bambino il concetto del «pulsante di arresto», avete innescato una riflessione. Ora cominciate a scrivere insieme la lista dei cibi che mangia. Fate in modo che sia il più possibile lunga, elencando i cibi che può aver mangiato o anche solo assaggiato in passato.

Completata la lista, date al bambino un po' di tempo per giocare per conto proprio. Lasciate che si rifugi in giardino o si intrattenga nella sua cameretta. Ha bisogno di tempo per pensare a tutto ciò che gli avete detto.

Mentre gioca, potete elaborare il menù per i sette giorni successivi. Sapete già quali sono i piatti preferiti della famiglia, e adesso avete davanti anche la lista dei cibi che vostro figlio mangerà.

Andate a fare la spesa e procuratevi gli ingredienti necessari per il menù settimanale e mettete tutto in frigo, nel congelatore e nella dispensa. Non c'è altro da fare fino a domani.

Pianificazione del primo giorno

Dopo la colazione, consiglio di annunciare a tutta la famiglia che avete elaborato un menù per la settimana. Se avete altri figli, è il momento di spiegare a tutti la storia del «pulsante di arresto». Fatela breve, in modo da non allarmare la piccola.

La prossima cosa da fare è rendere il programma per l'alimentazione un'attività divertente, in modo che la bambina lo veda come un percorso gratificante. Consiglio di decorare insieme una scatoletta o un barattolo di vetro. Usate colori, colla, brillantini e adesivi. Mentre decorate il barattolo o la scatola, spiegate alla bimba che ogni volta che assaggerà un nuovo cibo – e lo deglutirà – metterete nel barattolo una cosa speciale. Non ditele che cosa sarà. Andrà bene qualunque cosa capace di catturare l'interesse della piccola.

- macchinine
- biglie
- magneti
- perline

- omini del Lego
- pietre o bigiotteria
- conchiglie
- animaletti in miniatura

Gli oggetti devono essere abbastanza piccoli da poter essere inseriti uno alla volta nella scatola o nel barattolo; se volete, potete anche nasconderli e organizzare una caccia al tesoro.

Dovrete anche preparare un cartellone da appendere alla parete, sul quale annotare ogni nuovo cibo che la bambina assaggerà. Per esempio, potete:

- Chiederle di disegnare il cibo nuovo sul cartellone.
- Scrivere il nome del cibo nuovo con lettere adesive.
- Disegnare dei piatti e, ogni volta che assaggia un cibo nuovo, disegnarlo sul piatto.
- Modellare il cibo nuovo con la pasta fimo o con l'argilla.

Il cartellone è importante perché permette alla bambina (e a voi) di vedere i progressi compiuti. Lo compilerete ogni volta che assaggia un nuovo alimento e lo terrete appeso in un punto ben visibile.

Mentre spiegate il principio alla base di questo sistema, è importante che vi mostriate sicure e fiduciose, sia con il tono della voce, sia con il linguaggio del corpo. Dovete essere davvero convinte di ciò che dite. Se manifestate incertezza, la piccola nutrirà dubbi sull'intero percorso.

Ora scegliete un punto della cucina in cui esporre tutto ciò che avete preparato:

- il cartellone dei cibi nuovi
- il menù settimanale
- la scatola/barattolo da riempire

Metà mattina

Intorno alle 11.15, terminati tutti i preparativi, se la bimba sa leggere chiedetele di dare un'occhiata al menù per vedere che cosa mangerete a pranzo. Tirate fuori gli ingredienti e cominciate a cucinare insieme.

L'ideale è che, durante i tre giorni in cui seguirete il programma, tutte le mattine la bambina vi aiuti a preparare i pasti per la giornata. Assegnatele compiti che sia in grado di svolgere, come miscelare gli ingredienti in una ciotola, tagliare i funghi o le pere con un coltello poco affilato, lavare frutta e verdura, o mescolare la gelatina finché il cubetto non si scioglie.

Mettete della musica di sottofondo e continuate a lodare la piccola per il suo impegno. È un'esperienza totalmente nuova per lei.

Mentre cucinate, se avete occasione di farle assaggiare qualcosa vi consiglio vivamente di farlo. È un modo per prepararla ai sapori che incontrerà più tardi a tavola. Se mastica e ingerisce un nuovo alimento, merita un pezzo del tesoro. Il cibo non si assaggia soltanto al momento dei pasti.

Una volta preparato il pranzo e il dessert, ripetete la spiegazione a proposito del «pulsante di arresto».

> **«All'ora di pranzo, quando ci sediamo a tavola, dobbiamo davvero provare a battere il pulsante di arresto. Quindi non metterti a parlare e cincischiare, prendine una forchettata e buttala giù. Dobbiamo contare quante forchettate riesci a mangiare prima che il pulsante scatti. Proviamo con due, oggi. Ce la possiamo fare, ne sono sicura!»**

Pranzo

È il primo giorno del programma e il bambino potrebbe sentirsi sopraffatto. Non aspettatevi che mangi cibi nuovi. L'impresa principale è cucinare il pasto. Ma se riesce ad assaggiarne anche solo un pochino, ricompensatelo con un pezzo del tesoro. Vi consiglio di pranzare tra le 13 e le 13.30.

- Lasciate che ognuno si serva da solo, se possibile. Incoraggiate il bambino a mettere nel piatto una piccola porzione, anche se è restio a mangiarla. Se è una pietanza che non può servirsi da solo, dategliene al massimo tre cucchiaiate. Una porzione enorme è scoraggiante. Accennate di nuovo al pulsante di arresto: «Cerchiamo di battere quel pulsante».
- Mentre sedete a tavola, mangiate la vostra pietanza e conversate con gli altri figli. Se siete soltanto voi due, vi suggerisco di raccontargli qualcosa che vi è capitato nella vita. Non fate commenti su ciò che mangia (o non mangia), potrebbe venirgli l'ansia da prestazione!
- Dopo un paio di minuti smettete di parlare e mettete una piccola quantità di cibo sulla forchetta o sul cucchiaio del piccolo. «Ecco qua, assaggiamone un bocconcino, così ci conquistiamo un pezzo del tesoro, da bravo». Lasciategli la forchetta appoggiata al piatto e continuate il racconto.
- Terminato il racconto o la conversazione con gli altri bambini, continuate a mangiare la vostra pietanza.
- Mentre masticate, guardate il piccolo, lanciate uno sguardo alla sua forchetta e sorridetegli: «Assaggialo, quando sei pronto».
- Parlate di ciò che farete nel pomeriggio e terminate il pasto.
- Chiedetegli un'ultima volta: «Non vuoi assaggiarne un pochino?» Se continua a rifiutarsi, lasciate il piatto in mezzo al tavolo, tirate fuori il dessert e servitelo.
- Lodate il bambino per essere rimasto seduto a tavola e ditegli che si sta comportando molto bene. Sta realizzando cambiamenti fondamentali. Ringraziatelo per l'aiuto

in cucina. «Oggi ha vinto il pulsante, ma sono sicura che lo batterai quando mangeremo questa pietanza la prossima settimana. Assaggiamo il dessert». Ora il bambino sa che la stessa pietanza sarà servita di nuovo la settimana seguente e che alla fine la mangerà.

- Con il dessert, seguite lo stesso principio applicato al piatto principale. Incoraggiatelo soltanto tre volte: all'inizio, alla metà e verso la fine.
- Se il piccolo ha guadagnato un pezzo del tesoro, dateglielo e fateglielo mettere nella scatola o nel barattolo e, se ha assaggiato nuovi cibi, aggiungeteli al cartellone appeso alla parete.

Restate calme e fiduciose, anche se non ha toccato cibo: siamo soltanto al primo pasto del primo giorno.

Nel pomeriggio, intorno alle quattro, vi consiglio di proporre una merenda a base di alimenti naturali. Ricordate che non è un sostituto del pasto, serve soltanto a fargli superare il pomeriggio e arrivare all'ora di cena. Cercate di uscire all'aria aperta e di fare un po' di movimento, per stimolargli l'appetito.

Cena

Se a pranzo avete proposto una pietanza sconosciuta, la cena dovrebbe prevedere un piatto che piace al piccolo. Cenate due ore prima dell'ora alla quale va a dormire: se va a letto alle 20.30, la cena dovrebbe essere servita alle 18.30. Se continua a rifiutarsi di mangiare, seguite gli stessi principi del pranzo.

- Mentre si serve la propria porzione, ricordategli: «Puoi farcela. Adesso siediti comodo e cerca di sconfiggere quel pulsante».
- Incoraggiatelo ad assaggiare il cibo soltanto tre volte.
- Lodate il bambino per ogni piccolo risultato e mirate ad assegnare un pezzo del tesoro prima che la giornata vol-

ga al termine (potete organizzare una caccia al tesoro, se ne avete voglia). Aggiungete al cartellone i nuovi alimenti assaggiati.

Sarà stata una giornata estenuante per entrambi. Fategli un bagno caldo e accertatevi che vada a letto all'ora giusta (almeno dodici ore prima di quando dovrà svegliarsi al mattino).

Se temete che abbia fame, dategli un bicchiere di latte. Ricordate che dovrebbe aver fatto colazione e consumato un pasto, oltre allo spuntino a metà mattina e alla merenda nel pomeriggio, quindi starà benissimo. Semplicemente, al mattino si sveglierà impaziente di fare colazione.

Pianificazione del secondo giorno

Dopo aver fatto colazione ed esservi vestite, date un'occhiata al menù del giorno con la piccola e decidete cosa occorre cucinare. Affidatele compiti che sia in grado di svolgere e offritele piccoli assaggi mentre preparate. Terminato di cucinare, lasciatela giocare all'aria aperta, se possibile, per stimolarle l'appetito.

- Servite il pranzo. Continuate a mostrarvi sicure e fiduciose, la piccola ne sarà contagiata.
- Mentre si serve la propria porzione, ricordatele: «Puoi farcela. Adesso siediti comoda e cerca di sconfiggere quel pulsante».
- Iniziate a mangiare e dopo un paio di minuti incoraggiate la bambina ad assaggiare il pasto.
- Raccontatele una storia, o chiacchierate con un altro membro della famiglia.
- Incoraggiatela di nuovo (se necessario).
- Mangiate e parlate del programma per il pomeriggio.

- Incoraggiatela un'ultima volta verso la fine del pasto.
- Lodate la piccola e ditele che siete certe che mangerà di più la settimana seguente, quando servirete di nuovo quella pietanza.
- Dessert.
- Datele la ricompensa e aggiungete i nuovi cibi (se ne ha assaggiati) sul cartellone.

È bene uscire di casa nel pomeriggio, per distrarre la piccola dalla nuova routine. Passate un po' di tempo ai giardinetti o andate a fare un giro per negozi. Se necessario, datele la merenda intorno alle 16. Ricordate che non deve essere abbondante, né troppo vicina all'ora di cena.

Cenate intorno alle 18.30-19, prima che la bambina sia troppo stanca. È il quarto pasto con il nuovo sistema e la piccola si sta lentamente abituando alle novità. Da due giorni colleziona pezzi del tesoro e sul cartellone dovrebbero essere stati aggiunti cibi nuovi. Date insieme un'occhiata alla scatola o al barattolo del tesoro e al cartellone e sentitevi orgogliose. State cambiando abitudini insieme. Ditele: «Stai andando benissimo. Guarda la lista! Hai già assaggiato [indicate i cibi]. Sono davvero fiera di te».

Pianificazione del terzo giorno

Seguite il programma come nei due giorni precedenti, ma invitate un amico a giocare a casa vostra nel pomeriggio e a fermarsi a cena. Scegliete un amichetto che mangi volentieri, e verificate con la madre che gli piacciano le pietanze che intendete preparare. Volendo, potete apparecchiare per i due bambini un tavolino a parte, magari in giardino o nella stanza dei giochi. Un ambiente diverso incoraggia l'indipendenza, e le pressioni esercitate dal coetaneo potrebbero invogliare vostro figlio a mangiare senza fare storie. Servite un dessert che piaccia a entrambi, per esempio un gelato, poi organizzate una caccia al tesoro, con premi per tutti e due i bimbi.

Avete completato i tre giorni applicando il nuovo sistema. Vi siete lasciate alle spalle le vecchie abitudini e vi state dirigendo verso una dieta più equilibrata per il bambino.

Esaminate insieme l'elenco dei cibi che il bimbo ha assaggiato. Lodatelo e spiegategli che continuerete ad applicare il nuovo sistema e a seguire lo stesso menù per due settimane. Ditegli che il suo corpo non vede l'ora di mangiare un sacco di pietanze squisite, che lo faranno diventare grande e forte, e il suo cervello è felice di sapere che quel cibo delizioso gli darà l'energia necessaria per concentrarsi in classe e produrre i capolavori che poi porterà a casa da scuola.

Battete il cinque con il bambino, abbracciatelo e ditegli qualcosa di gratificante.

Dal quarto giorno in poi

Usate il menù settimanale che avete creato per le due settimane successive (in altre parole, ripetetelo una volta), poi sarà il momento di fare il punto e decidere se cambiare alcuni piatti o introdurre delle varianti. Quando presentate nuove pietanze, cercate di prepararle e cucinarle insieme alla bambina e proponetele per almeno due settimane consecutive. Il segreto è far sì che la piccola si abitui alle novità. Potrebbero volerci cinque o sei settimane di fila prima che prenda dimestichezza con un certo piatto e cominci a mangiarlo, invece di limitarsi ad assaggiarlo. Perseverate e alla fine vedrete un cambiamento.

Tenete sempre il menù bene in vista. È importante che la bimba sappia che cosa aspettarsi durante la giornata: la rende serena e previene il timore dell'ignoto. Se non sa ancora leggere, guardate il menù insieme al mattino e ditele che cosa prevede a pranzo e cena.

Dopo una settimana o poco più, potreste accorgervi che la bambina ha perso interesse per il sistema delle ricompense, quindi è ora di cambiarlo.

Per la seconda settimana del programma, raccomando di riunire tutta la famiglia attorno al tavolo e stilare un elenco delle attività che vi diverte fare insieme:

- una gita allo zoo
- un pomeriggio in piscina
- un giro in bici tutti insieme
- un picnic al parco
- un'uscita al cinema
- dormire a casa di amici
- un pomeriggio di giochi da tavolo tutti insieme

Scrivete tutte le idee su una cartolina, infilatela in una busta e dite:

> **«Stiamo tutti lavorando sodo con il nuovo sistema e penso che meritiamo tutti una ricompensa alla fine di ogni settimana. Tutti ci diamo da fare a scuola e al lavoro e [nome della bambina] sta diventando sempre più brava a battere il suo pulsante di arresto. Per questo avremo dei premi, per tutti gli sforzi che [nome della bambina] sta facendo. Il venerdì sera, dopo cena, la mamma e il papà decideranno quale ricompensa avremo nel fine settimana. Sabato mattina, a colazione, la cartolina con la ricompensa sarà sul tavolo e ci godremo il premio in quel fine settimana!»**

Anche se la bambina non ha assaggiato molte novità, concentratevi sugli aspetti positivi e offrite premi settimanali. È essenziale che il premio promesso si avveri nel fine settimana annunciato. I bambini non capiscono gli investimenti per il futuro! Senza le ricompense settimanali, la piccola potrebbe perdere interesse a compiere cambiamenti, per cui continuate a proporle.

Domande frequenti

Mio figlio dice che assaggia un sacco di sapori nuovi a scuola. Come faccio a esserne sicura?
Contatterei la scuola, spiegherei la situazione e chiederei se è possibile parlare con una delle addette alla mensa o un membro del personale normalmente presente a pranzo. Dite al bambino che la persona in questione è a conoscenza della situazione, in modo che sappia di non poter mentire su cosa mangia.

Se parla di una nuova pietanza che ha assaggiato a scuola, cucinatela a casa. Potrebbe dire che «non è come quella che fanno a scuola», ma continuate a proporla una volta la settimana, finché non accetta l'idea che rimarrà nel menù. In passato, mi è persino capitato di presentarmi in una scuola e chiedere la ricetta di un piatto che un bambino diceva di aver mangiato, e l'ho copiata alla lettera. Sembra una fatica esagerata, ma ne vale la pena se serve a rendere più varia la dieta del bambino.

Ho tentato di iniziare il programma, ma mia figlia sta zitta a tavola e rifiuta di mangiare qualunque cosa.
Molti bambini iniziano il programma scegliendo il «muro contro muro». Continuate a mangiare il vostro pasto, senza perdere la pazienza. Il primo giorno, non prestate alcuna attenzione a questo comportamento. Il secondo giorno, fate capire alla bambina che vi aspettate che mangi almeno la parte del pasto che sapete che le piace. «Non privare il tuo corpo del cibo di cui ha bisogno».

Mantenete la calma e datele tempo. È ancora convinta che tornerete alle vecchie abitudini e farà ogni tentativo possibile per opporsi alle novità. Ma alla fine il programma funzionerà, se gliene darete il tempo.

Ho un bambino che neanche viene a tavola. È colpa mia, perché in passato gli portavo il piatto e lo imboccavo nell'angolo in cui gioca. Come posso fargli perdere questa abitudine?
Fategli capire che ora seguite un nuovo programma per mangiare. Quello vecchio è finito e non tornerà. Ditegli: «Devi scegliere. Ti siedi nel corridoio oppure vieni a sederti a tavola. Io so cosa sceglierei. Nel piatto c'è [una pietanza che gli piace]. Vieni quando sei pronto».

Dategli il tempo che gli occorre. Se ancora non è venuto a tavola quando il pasto è finito, rimarrà stupefatto quando gli annuncerete che è l'ora del bagno, senza avergli portato prima da mangiare. Può sembrare severo, ma è assai probabile che il bambino salterà il pasto soltanto questa volta. Domani verrà a tavola.

Dopo il bagno, se si lamenta per la fame, tornate di sotto e riscaldate il suo piatto. Se ancora non viene a tavola, significa che non ha fame. Se mangia, ditegli con fermezza che a casa vostra l'ora di cena non è dopo il bagno e che la cosa non si ripeterà.

Mia figlia sceglie con cura tutto ciò che non le piace e mangia soltanto il cibo che conosce. Qualche suggerimento?
È incredibile la delicatezza con cui i bambini riescono a piluccare in un piatto, evitando di mettere anche solo un briciolo del cibo temuto sulla forchetta. Alcuni arrivano addirittura a rifiutare la pietanza preferita se ha toccato del cibo sgradito presente nel piatto, come se fosse contaminata! Ovviamente non potete permettere che questo comportamento perduri.

Cominciate mettendo una piccola quantità del cibo che le piace nel piatto e ditele che ne avrà ancora soltanto se assaggia anche qualcos'altro. «Un pisello o un pezzettino di carota sarebbe un inizio fantastico».

Mantenete la parola. Non datele altro cibo che le piace fin quando non avrà assaggiato qualcos'altro. Alla fine funzionerà.

I miei figli più grandi prendono in giro il fratellino che non mangia e temo che così facendo peggiorino la situazione.
Gli altri bambini devono essere educati in base alla loro età, poi dovrete parlare con loro in privato in un momento più tranquillo. L'ultima cosa che volete è aumentare la tensione intorno al tavolo da pranzo.

Se la presa in giro persiste, chiederei al responsabile di alzarsi da tavola e andarsene in un angolo della casa. Ditegli che potrà tornare quando sarà pronto a chiedere scusa e a comportarsi come si deve. Se rifiuta di chiedere scusa, aspettate che il bimbo che sta seguendo il programma abbia terminato il proprio pasto, poi fatelo sedere al tavolo in silenzio, da solo, a finire di mangiare.

Durante la serata, scegliete un momento in cui non ci siano altre distrazioni e parlate con i figli più grandi. Dite loro che se non smettono di prendere in giro il fratello a tavola non parteciperanno alla ricompensa del fine settimana e resteranno a casa. Ricordate che dovrete mantenere la parola: se continuano a prenderlo in giro, questa dovrà essere la conseguenza.

Mio figlio dichiara che una pietanza «fa schifo» prima ancora di averla assaggiata.
Sta solo cercando di provocarvi, per cui non reagite. Ignorate l'affermazione e continuate a consumare il pasto.

Quanto dessert devo dare al bambino, se non ha toccato altro cibo?
Gli darei soltanto un vasetto di yogurt e della frutta. Fategli presente che, se salta la cena, il dessert sarà minuscolo. Pasto abbondante, dessert abbondante!

A quale età dovrei cominciare a insegnare alla bambina come si sta a tavola?
Se la bambina è schizzinosa, mi concentrerei sulla necessità di farle mangiare un'ampia varietà di cibi, prima di insegnarle a usare correttamente le posate e così via. Potete trovare consigli sulle buone maniere a tavola a pagina 277, nella sezione di questo capitolo dedicata al comportamento. Non aspettate troppo a intervenire!

È possibile che ci siano cibi che vostro figlio non mangerà mai, nemmeno da adulto, per esempio il fegato o gli spinaci. Ad alcuni bambini non piace l'idea di mangiare gli animali e attraversano una fase vegetariana. L'importante è fugare il loro timore del cibo sin da quando sono piccoli e abituarli ad assaggiare cose nuove, finché non accettano una grande varietà di frutta, verdura, cereali e fonti di proteine, che apportino tutte le vitamine e i minerali di cui hanno bisogno. A quel punto saprete di aver svolto il vostro compito di genitori.

Programma per i problemi legati al comportamento

Una volta una cliente, madre di un bambino di quattro anni, mi disse: «La vita gravita attorno a lui, perché così è più facile. La cosa va avanti da talmente tanto tempo, che il solo pensiero della reazione che potrebbe avere se iniziassimo a dirgli cosa deve fare ci mette in agitazione».

Se avete letto l'affermazione sentendo la vostra voce pronunciarla, vi invito a continuare a leggere. Seguendo alcune semplici linee guida e affrontando le cose in maniera diversa, inizierete a vedere la vita familiare in una luce completamente nuova.

Passati i primi due anni, ora vostra figlia è in grado di comunicare e possiede un ampio vocabolario per esprimere ciò che ha da dire. E può ancora fare i capricci, con l'ulteriore complicazione legata all'uso del linguaggio. Sovente vorrà avere l'ultima parola o pensare di aver preso una decisione da sola, e non vorrà sentirsi dire che cosa deve fare. A questa età dovete affidare alla bambina il compito di prendere le decisioni e insegnarle a fare le scelte giuste.

A tutti piace pensare di poter prendere le proprie decisioni nella vita. Nessuno vuole sentirsi dominato da altri. Soprattutto, se permettessimo ad altri di prendere le decisioni per noi, perderemmo la capacità di compiere da soli le nostre scelte.

Con questo intendo dire che è necessario fare un passo indietro e permettere alla bambina di prendere le proprie decisioni. Anche a tre anni una bimba è capace di farlo.

Tutti i bambini ogni tanto si comportano male. Fa parte dell'essere bambini! Stanno ancora imparando, e a volte imparano dai propri errori. È importante che un genitore permetta al proprio figlio di imparare nella maniera che desidera.

Il mio sistema per i bambini di questa età consiste nell'offrire due possibilità di scelta, e poi lasciare che decidano da soli come procedere.

Immaginiamo una situazione in cui un bambino di quattro anni continui a prendere i giocattoli della sorellina. La piccola non fa che urlare e disperarsi. Ditegli:

> **«Bene, [nome del bambino]. A questo punto devi scegliere. Uno: tu e io troviamo qualcos'altro da fare e lasci giocare in pace tua sorella, oppure... Due: ti chiedo di uscire dalla stanza e andare a sederti un po' [scegliete un angolo della casa], finché non sei pronto a giocare sereno. Devi prendere questa decisione. Uno: giochi e condividi le cose. Due: vai a sederti di là e ci pensi su».**

Così facendo, avete spostato l'attenzione sul bambino. Sta a lui prendere la decisione. Non lo avete minacciato, né avete imposto la vostra autorità. Avete anzi affidato a lui la responsabilità della scelta.

Se il bimbo opta per la prima possibilità e smette di prendere i giocattoli della sorella, lodatelo e mantenete la promessa: sedetevi con lui e aiutatelo a costruire una torre con i mattoncini, oppure dategli la pasta da modellare o un puzzle da fare sul tavolo della cucina. «Sono così contenta di te. Hai preso un'ottima decisione. Adesso siamo tutti felici».

Se il bambino opta per la seconda possibilità e continua a tormentare la sorellina, prendetelo per mano e accompagnatelo nell'angolo scelto. Ricordategli che la decisione è stata sua.

«Hai scelto di venire a sederti qui a pensare a quel che stavi facendo. Quando ti viene in mente un bel gioco, torna nella stanza e lo facciamo insieme».

È a questo punto che il bambino può cominciare a strillare e urlare, lamentarsi e piagnucolare, o magari tentare di avviare una trattativa. Conservate la lucidità e attenetevi al sistema. Fate tornare il bambino nell'angolo scelto tutte le volte che è necessario, finché non si calma e fa silenzio. «Quando ti calmi potremo parlarne. Prima calmati, poi ne parliamo». Siate semplici e coerenti. Alla fine il bambino si calmerà.

Quando si è tranquillizzato, potete ragionare insieme. È il momento di chiedergli se vuole abbracciarvi e chiedere scusa. Abbracciatelo e spiegategli: «Quando la mamma ti offre una scelta, devi chiederti qual è la decisione giusta da prendere. La prossima volta ci riproviamo e ti impegni un po' di più. Che cosa avresti dovuto scegliere?»

Se non sa rispondere, aiutatelo.

«La prossima volta, lasci giocare tua sorella con i suoi giocattoli e non glieli strappi via, d'accordo?»

Deve mostrare di aver capito. È sufficiente un cenno del capo.

- Offrite al bambino due possibilità di scelta.
- Permettetegli di prendere la decisione.
- Agite in base alla sua decisione.
- Lodatelo, o mettetelo di fronte alle conseguenze.

Se siete determinate e fiduciose, il bambino lo percepirà dalla vostra voce. L'unica cosa che dovete evitare è mostrare esitazione o incertezza.

Quando il bambino comincia a comportarsi in un modo che non vi piace, non pensate di dover intervenire all'istante. Se non ci sono violenza né un pericolo immediato, potete aspettare trenta secondi e pensare alla situazione e a come affrontarla. Una volta che avrete le idee ben chiare in testa, sarete in grado di procedere sicure.

Limiti

Per crescere bene, i bambini hanno bisogno di una routine, ma anche di limiti. Sapere quale comportamento sia «giusto» e quale «sbagliato», e quali saranno le conseguenze se si comportano male, è rassicurante. Ciò vale sia a casa sia a scuola. Per questo è importante stabilire un insieme di regole di casa, che siano note a tutta la famiglia. Può essere utile scrivere quelle più importanti, in modo che siano applicate da tutti allo stesso modo e anche le altre persone che si prendono cura dei bambini possano osservarle.

Tra gli esempi si possono includere:

- In casa non si urla.
- A pranzo e cena si rimane seduti a tavola.
- Si fa quello che ci viene chiesto.

- Si chiede il permesso di alzarsi da tavola e si ringrazia chi ha cucinato.
- Non si sputa e non si picchiano altre persone.
- Si aiuta a sparecchiare la tavola quando viene chiesto.
- Si condividono i giocattoli e i libri.
- Quando si è arrabbiati, si va nel posto della riflessione.
- Si chiede scusa quando è necessario.
- A volte bisogna accontentarsi, senza piagnucolare.
- Si parla dei propri sentimenti.
- Quando si vuol fare uno spuntino, lo si chiede, invece di servirsi dal frigo.
- Non si schizza l'acqua fuori dalla vasca da bagno.

Sono assolutamente convinta che i bambini debbano essere incoraggiati a fermarsi e a pensare a come si sente l'altra persona in una determinata situazione. Sono stata allevata al suono della frase: «Prova a metterti nei suoi panni». Quando nascono, i bambini pensano di essere il centro dell'universo ed è solo grazie all'insegnamento dei genitori se, crescendo, capiscono che il rispetto per le altre persone è una competenza sociale imprescindibile.

Ecco alcuni spunti cui fare ricorso per incoraggiare l'empatia.

- «Sai che mi fai sentire tanto triste quando gridi così?»
- «Come ti senti dentro, quando urli a quel modo?»
- «Abbracciamoci, così facciamo tornare la felicità».
- «Cos'è meglio? Un sorriso o una smorfia?» Mimate le due espressioni con il bambino.
- Osservate le persone attorno a voi e leggete insieme le loro espressioni facciali.

Quando decidete di seguire il mio programma per stabilire nuovi limiti per vostra figlia, accertatevi di avere a disposizione parecchio tempo da dedicarle. L'ideale sarebbe cominciare il programma in un momento in cui sia voi sia il vostro partner siete presenti, per esempio un venerdì pomeriggio, dopo l'asilo o la scuola. Non è indispensabile prendere permessi dal lavoro, purché entrambi comprendiate le regole e uno dei due possa continuare ad applicarle nelle settimane a venire.

Consiglio di scegliere un periodo in cui il calendario sia relativamente libero da impegni, ma non c'è bisogno di rinchiudersi in casa. I primi due giorni prevedono che si passi tempo con la bambina in casa, ma anche ai giardinetti. Il terzo giorno bisogna organizzare un pomeriggio di gioco e invitare qualche amichetta.

Raccomando inoltre di avere il frigo pieno di provviste e i pasti organizzati per i bambini e per gli adulti, in modo da non dover pensare alla spesa e a cosa cucinare. Dovrete concentrare l'attenzione sul comportamento.

Il sistema delle lodi e delle ricompense

Questo sistema non serve soltanto al bambino; è utile anche a voi, perché potete constatare i progressi compiuti e vincere la tentazione di cedere alle pressioni.

Con i bambini fra tre e sei anni ho usato:

- magneti che si attaccano
- pietre dure o biglie colorate da mettere in un barattolo di vetro
- una costruzione in Lego da realizzare in diverse fasi seguendo il manuale di istruzioni
- un puzzle ricavato da una gigantografia della famiglia

Il principio è semplice. Ringraziate il bambino per un certo comportamento e poi mettete un magnete sulla torre che state costruendo, una pietra nel barattolo di vetro, costruite un nuovo elemento del modellino in Lego o aggiungete qualche pezzo al puzzle. Dà a entrambi un senso di soddisfazione. State lavorando insieme a un progetto.

Fate in modo di avere da trenta a quaranta ricompense per i tre giorni del programma, e altrettante se decidete di seguirlo per sei giorni. Ho notato che dopo questo periodo di tempo il sistema delle ricompense perde la sua efficacia, perché il nuovo comportamento comincia a diventare la norma.

Il primo fine settimana dopo il completamento del programma, premierete tutta la famiglia. Di solito la ricompensa è offerta sotto forma di gita o uscita. Il premio potrebbe essere:

- una gita in uno zoo safari o una fattoria didattica
- una serata al cinema con popcorn
- un pranzo al ristorante
- un giro in bici con picnic
- una giornata in un parco divertimenti
- una giornata in piscina

Ogni volta che notate un buon comportamento, scrivetelo, e alla fine della giornata guardate insieme la lista.

data	comportamento eccellente
9 giugno	Giacomo si è messo le scarpe appena gli è stato chiesto di farlo
9 giugno	Giacomo è rimasto seduto a tavola fino alla fine del pranzo
9 giugno	Giacomo ha aiutato a sparecchiare la tavola
10 giugno	Giacomo ha smesso di prendere in giro sua sorella quando gli è stato chiesto

Evitate però di usare il sistema delle ricompense a scopo di «corruzione».

- Non dite: «Se ti infili le scarpe, ti do un magnete».
- Dite: «Mettiti le scarpe, così andiamo ai giardinetti». Aspettate di vedere se lo fa, poi ditegli: «Ricordati che stiamo costruendo una torre di magneti!»

Se il bimbo dice: «Lo faccio se mi dai un pezzo del puzzle», dovrete spiegargli che le lodi si ricevono, non sono una cosa che si chiede.

Il sistema delle conseguenze

Il sistema che andremo ad applicare consiste essenzialmente nell'offrire alla bambina due possibilità di scelta, e poi lasciarla decidere. La scelta positiva porta a una ricompensa, mentre quella errata comporta una conseguenza.

In alcune situazioni, una delle scelte che offrirete alla bambina sarà quella di appartarsi dal resto della famiglia e andare al «posto della riflessione». È lo stesso concetto del «posto degli urli» usato per i bambini più piccoli, ma l'ho ribattezzato così perché in questa fascia d'età i bambini devono essere incoraggiati a riflettere sulle decisioni che prendono, e questo è il posto in cui trovare la tranquillità per farlo. Una volta raggiunta l'età di cinque o sei anni, potete chiedere alla bambina di ritirarsi in camera sua, invece di andare nel posto della riflessione.

In molti casi, la frustrazione che un bambino prova a stare da solo è una conseguenza più che sufficiente. Tuttavia, con i bambini un po' più grandi potrebbe essere necessario anche privarli di un privilegio, perché comprendano pienamente l'importanza di comportarsi bene. La maggiore efficacia si ottiene negando il privilegio che attendono impazienti di godere poco dopo.

«Puoi smettere di schizzare acqua fuori dalla vasca da bagno e giocare per bene con quella barca fantastica, oppure uscire dalla vasca e andare dritta a letto senza televisione, stasera. Scegli tu!»

Se gli schizzi continuano, dovete mantenere la promessa: andrà a dormire senza televisione. Quando date corso a una conseguenza, dovete essere certe che la bambina sia sinceramente dispiaciuta.

Se dovete eliminare qualcosa dalla sua vita, deve essere una cosa della quale sentirà effettivamente la mancanza.

- Ai bimbi più piccoli, potete confiscare il giocattolo preferito per un giorno.
- Ai bambini un po' più grandi, potete proibire per un giorno di passare tempo davanti allo schermo (televisione, computer, videogiochi).
- Potete annullare l'invito a giocare o a dormire a casa di amici.

Dopo aver dato attuazione per tre volte alla conseguenza provocata da una certa condotta, noterete un cambiamento. La bambina inizierà a fermarsi e riflettere, prima di prendere la decisione. Penserà alla conseguenza subita in precedenza e ciò dovrebbe bloccarla.

Tendo a usare il sistema delle conseguenze soltanto come ultima risorsa. Quando lo si adopera, può rivelarsi parecchio impegnativo nell'immediato, ma i risultati a lungo termine sono decisamente gratificanti.

Se spiegate con chiarezza alla bambina il modo in cui volete che si comporti e fate in modo che si adegui, vi guadagnerete il suo rispetto. Se la bambina non rispetta né voi né le regole di casa e pensa di poter fare come vuole, non troverà il suo posto nel mondo esterno, che è pieno di regole e norme. Voi volete che vostra figlia affronti la vita partendo nel miglior modo possibile, e questo è un aspetto importante.

Siete pronte per cominciare? Verificate la lista seguente.

- Avete destinato al programma un fine settimana, a partire dal venerdì pomeriggio dopo la scuola.
- Avete il pieno sostegno del vostro partner e di eventuali altri adulti in famiglia.
- Avete deciso insieme le regole di casa e le avete per scritto.
- Avete scritto anche le conseguenze, ma non sono in vista.
- Il frigorifero è pieno di provviste e i pasti sono organizzati.
- Avete scelto un «posto della riflessione».
- Avete organizzato il sistema delle ricompense.
- Avete un quaderno o una tabella in cui scrivere tutti i buoni comportamenti.
- Avete organizzato un pomeriggio di gioco con gli amici per il terzo giorno.
- Avete previsto un «premio» per il fine settimana successivo.

Pianificazione del primo giorno

Spiegate al bambino il sistema delle ricompense, ma per il momento non lasciategli maneggiare gli oggetti.

- «Abbiamo deciso di lanciare una sfida per tutta la famiglia. Vogliamo costruire una torre con i magneti, ma i mattoni saranno messi uno sull'altro soltanto dopo un buon comportamento. Quindi, quando dico: 'Per favore, venite tutti a tavola, sto per servire il pranzo!', se vieni subito e ti siedi, avrai un mattone da aggiungere alla torre. Facile, no? Una volta costruita la torre, vinceremo un premio! Un premio per tutta la famiglia. Quale premio pensi potrebbe andare bene a tutti?»

- Fate qualche esempio e vedete cosa suggerisce il bambino (e gli eventuali altri figli).
- «La mamma e il papà penseranno al premio. Poi lo annunceremo quando avremo finito di costruire la torre».
- Cercate di organizzare l'uscita per il fine settimana successivo, ma non ditelo ai bambini. Quando ritenete che il bambino (o i bambini) abbiano capito il sistema delle ricompense e del premio, spiegate le regole di casa.
- «La mamma e il papà hanno scritto alcune 'regole di casa', per aiutarci a vincere i magneti. Se tutti riusciamo a rispettarle, costruiremo la torre in un baleno!»
- Leggete le regole ad alta voce e, se necessario, fornite una breve spiegazione.
- Infine dovrete parlare del posto della riflessione e spiegare al bambino (o ai bambini) dove si trova. Mostrateglielo. «Se in qualsiasi momento deciderete di non comportarvi bene, dovrete venire qui a sedervi e restarci fin quando non siete calmi e pronti a tornare a divertirvi».

È tutto. Avete spiegato il sistema e ora non vi resta che agire quando sarà necessario. Il bambino (o i bambini) non capiranno pienamente il sistema finché non sarà messo in pratica.

Lasciateli giocare per un po', fino alla prima occasione in cui dovrete offrire una scelta, seguita da un magnete per il buon comportamento o altrimenti dal posto delle riflessione.

Se è un venerdì pomeriggio, dopo la scuola, procedete con la cena, il bagno, la televisione, le fiabe e il letto.

La mattina seguente, quando tutti sono vestiti e con i denti lavati, vi consiglio di sedervi e programmare la giornata. Spesso scrivo ciò che faremo durante la giornata, mentre ne parlo, in modo che tutti sappiano che cosa aspettarsi. Se siete una persona precisa, potreste scoprire che il bambino si diverte un sacco all'idea di spuntare la lista man mano che la giornata trascorre e le cose vengono fatte.

- Una breve passeggiata al mattino, per esempio andare a comprare il giornale, imbucare una lettera o comprare il latte.
- A casa a giocare un po' prima di pranzo.
- Un'oretta di giochi tranquilli dopo pranzo.
- Un giro ai giardinetti o a passeggio con il cane nel pomeriggio.
- A casa per cena.
- Bagno.
- Televisione.
- Fiabe.
- A letto.

Ricordate di prendere nota di ogni buon comportamento. Non solo quando chiedete al bambino di fare una cosa e la fa. Potete anche fare un'osservazione su come gioca – per esempio: «Come giocate bene insieme, da bravi fratellini. Penso sia ora di aggiungere un magnete alla nostra torre!»

Quando notate un buon comportamento, scrivetelo nella lista, pronte a leggerla prima di andare a dormire. Non è necessario dirlo ai bambini, in questo momento.

Quando succede un «guaio», fate un respiro profondo e valutate la situazione. Decidete la scelta da offrire: buon comportamento o posto della riflessione. Se necessario, accompagnate il bambino a riflettere.

- Prendetelo per mano, accompagnatelo e fatelo sedere, poi chinatevi alla sua altezza e guardatelo negli occhi. È probabile che a questo punto urli di rabbia o pianga.
- Tenetelo per le braccia. «Ti ho chiesto di scegliere e hai deciso di continuare a [indicate il comportamento], perciò hai scelto di stare seduto qui. Quando ti sarai calmato, continueremo la nostra giornata».

- Voltatevi e allontanatevi.
- Non appena il piccolo si allontana, riaccompagnatelo al posto della riflessione e fatelo sedere.
- «Quando ti sarai calmato e rimarrai seduto tranquillo, andremo avanti con la giornata».
- Dopo avergliela spiegato due volte, limitatevi a riportarlo al suo posto in silenzio ogni volta che si allontana.
- Potrebbe andare avanti mezz'ora, persino un'ora, la prima volta. Non cedete. Il bambino sta mettendo alla prova il sistema. Sta mettendo alla prova voi. Siate determinate e abbiate fiducia in voi stesse e nel sistema.
- Quando si zittisce, o piagnucola piano, chinatevi e ditegli: «Bene, ti sei calmato. Bravo il mio bambino».
- Abbracciatelo e incoraggiatelo a chiedere scusa. In questa fase può farlo sotto forma di abbraccio.
- «Ora andiamo avanti con la giornata». Proponete un'attività e iniziate a giocare insieme.
- Non parlate più dell'episodio. Il bambino sta ancora assorbendo la novità che avete introdotto.
- Annotate l'episodio nel quaderno, quando ne avete la possibilità. Serve da riferimento per voi. Noterete che il numero di volte in cui dovete ricorrere al posto della riflessione diminuisce con il passare dei giorni.

A cena, mettete il sistema delle ricompense al centro del tavolo, ma dite al bimbo di non toccarlo mentre mangiate. Parlate di tutte le cose positive della giornata.

- «Stamattina non avevamo una torre, e ora ci sono già otto magneti!»
- «È stata proprio una bella giornata, mi è piaciuto vedere tutti quei bei comportamenti».
- «Siamo andati solo due volte al posto della riflessione».

- «Chissà quanti altri magneti aggiungeremo prima di andare a dormire».
- «Tutti seduti per bene a tavola: penso che adesso aggiungerò un magnete».
- «Urrà per noi! Presto vinceremo un premio!»

Puntate a dare al bambino sette o otto ricompense al giorno, di modo che il progetto sia completato nel giro di cinque o sei giorni. A quel punto potrete avere il premio di famiglia nel fine settimana.

Quando mettete il bambino a letto, leggetegli tutte le cose positive della giornata. Ditegli che siete molto fiere di lui e che non vedete l'ora che sia domani.

Il piccolo assorbirà la vostra energia positiva e ben presto si renderà conto che non ha alcun senso comportarsi male. Farà di tutto per ricevere le vostre lodi. Ricordatevi soltanto di continuare a fargliele.

Pianificazione del secondo giorno

Oggi sia voi sia la bambina vi sveglierete sapendo che sono in funzione nuovi sistemi per cambiare comportamento. È probabile che la piccola continui a mettervi alla prova e si spinga oltre i limiti per vedere se proseguite lungo la nuova strada o tornate sui vostri passi. Coraggio, siate determinate!

Cercate di cominciare la giornata premiando la bambina non appena possibile. Ricorderà a entrambe la necessità di essere fiduciose e di concentrarvi sugli aspetti positivi.

Prendete un foglio e scrivete che cosa farete nel corso della giornata, enumerando le cose in ordine temporale, in modo che la piccola possa poi «spuntarle» man mano che succedono.

Oggi vi consiglio di porvi una sfida e fare qualcosa che finora avete evitato di fare, con la bambina. Molti genitori dicono che mangiare al ristorante o fare un giro per i negozi è una vera e propria sfida, e che può rivelarsi complicato persino fare una semplice conversazione al telefono.

Vi aiuterò ad affrontare queste tre sfide e mi auguro che a fine giornata ne avrete superata almeno una.

Mangiare al ristorante

Non è realistico attendersi che una bambina stia a tavola a lungo senza qualcosa che la stimoli. Per lei è difficile anche vedersi servire piatti che non riconosce o non ha mai assaggiato prima. Per questo motivo, dovreste:

- portare la bambina in un ristorante «a misura di bambino»
- pensare a qualche gioco con cui intrattenere la piccola
- fare l'ordinazione non appena arrivate

Ricordatevi di portare con voi le ricompense. Mi rendo conto che non potete trasportare l'intera torre di magneti, la costruzione di Lego o il puzzle, ma potete mettere in borsa qualche pezzo da darle quando se lo merita.

La prima cosa da fare è preparare la bambina senza agitarsi troppo. Spiegatele che andrete a mangiare al ristorante e dovete preparare un sacchetto di cose con cui possa intrattenersi a tavola mentre aspettate le ordinazioni. Vi consiglio di mettere nel sacchetto qualcosa che non abbia mai visto, tipo una vaschetta di pasta da modellare o un album di adesivi. Una cosa fondamentale da ricordare quando si porta un bambino al ristorante è che deve avere fame. Non riempitela di stuzzichini e non fatela bere troppo mentre aspettate le pietanze.

Appena arrivate al ristorante, fate l'ordinazione e poi andate in bagno insieme. Chiedete alla bambina se deve usare il gabinetto e mentre vi lavate le mani ditele: «Se in qualsiasi momento pensi di aver bisogno del posto della riflessione, verremo qui. Se cominci a strillare o ti comporti da sciocca verremo a calmarci qui. Mi hai capito?»

Aspettate la risposta. Se non risponde, continuate in tono fermo e deciso: «Ci siamo lavate per bene le mani e ti stai comportando benissimo. Andiamo a prendere una ricompensa!»

Mentre aspettate il pranzo, fate un gioco tipo «indovina indovinello». Parlate dell'ambiente in cui vi trovate e contate tutte le persone che riuscite a vedere. Sovente io faccio il gioco delle domande:

- «Vedo un signore con il maglione blu. Di che colore ha i pantaloni?»
- «Quanti camerieri conti?»
- «Vedo un vaso di fiori. Di che colore sono?»

Il segreto è tenerla occupata. Non dimenticate che si tratta di una sfida anche per lei.

Una volta che il gioco arriva alla fine, chiedetele se vuol dare un'occhiata al sacchetto per trovare qualcosa da fare, ma avvertitela che quando arriva il pranzo il sacchetto sarà ritirato, perché al cameriere non piacciono i giocattoli sul tavolo.

Lasciatele esplorare il sacchetto per conto proprio. Parlatele soltanto se vi chiede qualcosa. A questo punto, se è presente il vostro partner o un altro adulto, potete iniziare una conversazione.

Quando arrivano i piatti, chiedete con calma alla bambina di rimettere i giochi nel sacchetto. Iniziate a lodarla: «Brava, tesoro, stai mettendo tutto a posto. Ti meriti proprio una ricompensa!»

Cercate di evitare lo scontro, ma se vedete che il comportamento peggiora, prendetela per mano e ditele: «Andiamo a fare quattro chiacchiere. Scusateci, torniamo in un attimo».

Raggiungete il bagno prima dell'esplosione. Una volta in bagno, usate il gabinetto, se necessario, ma non parlate finché non siete entrambe davanti al lavandino. Questo è il momento di riflessione per la bimba e vi dà anche la possibilità di pensare a cosa volete dirle.

Se si è calmata, potete dire: «Bene, adesso siamo pronte a tornare a tavola e finire gli ultimi bocconi. Poi possiamo riaprire il sacchetto, mentre aspettiamo il gelato».

Tenete presente che state guidando la bambina, facendole notare le cose positive (il sacchetto e il gelato). Prendetela per mano e ditele: «Su, andiamo». Procedete a testa alta ed emanate fiducia e sicurezza.

Se la bimba esita, chiedetele in che modo la situazione potrebbe migliorare. Ascoltate quel che ha da dire e rispondete alle domande con frasi semplici e brevi. Non è il momento di lanciarsi in una grande discussione. Niente trattative. Siate sbrigative e tornate al tavolo.

Terminato il pranzo dovrete valutare se la bambina è contenta con il suo sacchetto o pronta a uscire dal ristorante. In una certa misura, sono i bambini a stabilire quando è ora di andare e può darsi che dobbiate accontentarvi del caffè a casa.

Ho sempre notato che, dopo essere stati seduti al ristorante, i bambini hanno voglia di correre e giocare, quindi fate il «giro lungo» per tornare all'auto, oppure fermatevi ai giardinetti sulla via del ritorno a casa.

Una volta a casa, lodate profusamente la bambina. Siate orgogliose di voi stesse e della vostra famiglia.

Fare la spesa

Quando i genitori mi dicono: «È un incubo andare a fare la spesa con lui», la mia risposta spontanea è: «Perché lo fate, allora?» La maggior parte dei bambini non ama andare per negozi e, ora che vostro figlio frequenta l'asilo o la scuola, dovreste trovare il tempo, durante la giornata, per fare la spesa da sole in santa pace. Tuttavia, se siete al lavoro mentre il bambino è a scuola, potrebbe essere impossibile; in più, può sempre capitare di dover fare acquisti in compagnia del bambino. Ecco dunque il mio programma per rendere l'impresa il meno stressante possibile.

Il segreto sta nel conoscere i negozi in cui vi recherete e sapere che cosa dovete acquistare. Non appena cominciate a curiosare, il bambino darà segni di impazienza perché, dal suo punto di vista, state facendo una cosa senza scopo.

Prima di uscire di casa, dite al bambino in quali negozi dovete andare e che cosa dovete acquistare. Sedetevi al tavolo e scrivete la lista su un foglio, mentre lui gusta il suo spuntino. Ditegli che dopo essere stati in quei tre negozi andrete ai giardinetti e farete qualcosa soltanto per lui: «Dato che sarai così carino e aiuterai la mamma a fare la spesa, per ringraziarti ti porterò a giocare ai giardinetti». Adesso il bambino ha un motivo per comportarsi bene.

Nei negozi, affidate al piccolo qualche responsabilità.

- Chiedetegli di tenere aperta la porta per gli altri clienti.
- Chiedetegli di compiere lui la scelta, ove possibile. «Prendiamo quello rosso o quello blu?»
- Chiedetegli se riesce a trovare un prodotto nella corsia del supermercato. «Vedi i tuoi cereali preferiti?»
- Lasciategli porgere i soldi o la carta di credito alla cassiera.

Mentre fate acquisti, ditegli che si sta comportando molto bene e sta guadagnando un sacco di ricompense.

Se sa che i negozi saranno tre al massimo e poi andrete ai giardinetti, il bimbo dovrebbe riuscire a comportarsi bene. Attenetevi alla regola e non tentate di entrare in un quarto negozio, se il patto ne prevedeva tre!

Se il comportamento del bimbo diventa insopportabile, potrebbe essere necessario interrompere il giro di acquisti.

- Tornate a casa in silenzio. Non parlate al bambino. Si è comportato male e merita di essere ignorato.
- Quando arrivate a casa, portatelo subito in bagno, se pensate debba andarci, poi in silenzio accompagnatelo al posto della riflessione.
- Fatelo sedere e ditegli: «Sono proprio delusa. Mi hai fatto diventare triste».
- Toglietegli un privilegio. «Niente televisione oggi. Stai seduto qui finché non sei pronto a dirmi che ti dispiace».
- Lasciatelo lì. Se si alza e si allontana, riportatecelo in silenzio. Non guardatelo. Allontanatevi ogni volta. Fate respiri profondi e mantenete la calma.
- Quando è tranquillo, avvicinatevi. «Sei pronto a chiedere scusa?»
- Aspettate una risposta e, se è affermativa, incoraggiatelo ad abbracciarvi. «Non puoi comportarti così, [nome del bambino]. La prossima volta che andiamo a fare la spesa non deve succedere. Mi capisci? Ti voglio tanto bene, ma non tollero quel tipo di comportamento. Ora andiamo avanti con la nostra giornata».
- Passate ad altro. Proponete un'attività e lasciate che il bambino giochi per conto proprio. Poi tranquillizzatevi. Brave.

Fare una telefonata

Vi consiglio di attivare un timer da cucina, prima di cominciare una telefonata.

- Proponete alla piccola un'attività che la assorba.
- Ditele che dovete fare una telefonata. «Devo fare una telefonata importante, ma ci vorranno soltanto cinque minu-

ti. Metto il timer e, quando fa 'pling', attacco e ti do una pietra/magnete come ricompensa, ma ho bisogno del tuo aiuto, devi stare tranquilla e in silenzio. Proviamo».

- Impostate il timer e mettetelo in un punto in cui la piccola non possa raggiungerlo.
- Mentre siete al telefono, entrate e uscite dalla stanza in cui si trova la bambina.
- Quando il timer suona, dovete tener fede al patto e concludere la chiamata.

Fate pratica chiamando parenti e amici, piuttosto che con telefonate di lavoro, in modo da poterle chiudere bruscamente in caso di necessità. Cominciate con cinque minuti e aumentate gradualmente fino ad arrivare a dieci.

Se la bambina strilla e fa i capricci durante la telefonata, dovrete interrompere la conversazione e accompagnarla al posto della riflessione. Toglietele un privilegio, aspettate che si tranquillizzi, spiegatele perché glielo avete tolto, poi andate avanti con la giornata.

È ora di andare a letto

Alla fine della seconda giornata, mi auguro che abbiate assegnato almeno sette ricompense e annotato le relative motivazioni. All'ora di andare a letto dite alla bambina che, d'ora in poi, ogni volta che si comporterà male dovrà passare un po' di tempo nel posto della riflessione. Poi elencate gli aspetti positivi della giornata, leggendoli dal quaderno, e lodatela per i risultati conseguiti.

Durante la serata, trovate il tempo per dare un'occhiata al quaderno e contare quante volte l'avete mandata al posto della riflessione e quante ricompense avete assegnato. Sono certa che noterete che la piccola si sta comportando meglio rispetto al primo giorno, ma ricordate che entrambe state ancora imparando e che applicate il sistema soltanto da due giorni! Siate orgogliose dei cambiamenti realizzati!

Pianificazione del terzo giorno

Il segreto è la costanza. È indispensabile pensare che i cambiamenti introdotti siano duraturi.

- Offrite al bambino due possibilità di scelta.
- Se il comportamento continua, accompagnatelo al posto della riflessione.
- Aspettate che si calmi.
- Momento delle scuse.
- Passate ad altro.

Invitate un'amica a passare il pomeriggio da voi insieme al figlio e poi fermarsi per cena. Quando arrivano, spiegatele il sistema, in modo che vostro figlio capisca che continuerete a praticarlo, indipendentemente da chi sia in casa. (Sa già, da ieri, che si applica anche fuori casa.) Proponete ai bambini un'attività divertente e sedetevi a chiacchierare con la vostra amica.

Durante il pomeriggio, se necessario, fate ricorso al posto della riflessione. Il bambino dovrebbe cominciare a capire l'importanza di allontanarsi da una situazione quando la tensione comincia a salire. Col tempo, il piccolo si ritirerà spontaneamente nel suo posto per riflettere; più avanti (a partire dai cinque o sei anni), potrebbe invece passare un po' di tempo da solo in camera propria.

All'ora di cena, mettete sul tavolo il sistema delle ricompense e parlate di quanto siete soddisfatte del suo comportamento in casa. Se pensate di imbarazzare il bambino parlandone davanti al suo amichetto, fate in modo che vi senta raccontare alla vostra amica quanto è bravo.

Mancano soltanto pochi giorni al premio per la famiglia. Organizzate un'uscita che entusiasmi tutti. Ricordate: siete il genitore di cui vostro figlio ha bisogno e un giorno, negli anni a venire, quando sarà più alto di voi, vi ringrazierà per tutto ciò che avete fatto per lui.

Nella parte seguente del capitolo, esamineremo come si possano adoperare i sistemi descritti per diversi tipi di comportamento – vostro figlio dovrà impararne alcuni, e «disimpararne» altri. Eccone l'elenco:

- eseguire un'istruzione
- assumere la responsabilità delle proprie cose
- buone maniere a tavola
- trattativa continua
- mugolii e piagnistei
- litigi tra fratelli/sorelle
- gestione della rabbia
- parolacce

Eseguire un'istruzione

Compiuti i tre anni, la bambina ha bisogno di pensare che prende da sé le proprie decisioni, per cui dovrete persuaderla che sia proprio così. È ora di usare l'astuzia! Invece di limitarvi a impartire un'istruzione, fermatevi e osservate cosa sta facendo. È facile che sia totalmente immersa in qualche attività.

- «Vedo che sei impegnata, quindi metto il timer. Quando senti il 'pling', per favore puoi portare lo zaino della scuola in camera tua?» «Hai sentito quel che ho detto?»
- Aspettate una risposta, tipo: «Sì, zaino».
- Fate partire il timer.

- Quando suona, datele ancora un momento.
- Avvicinatevi con lo zaino e porgeteglielo.
- «Grazie, [nome della bambina]. Puoi tornare immediatamente e riprendere da dove ti sei interrotta».
- Quando torna, lodatela.

Se non fa quello che le è stato chiesto dopo il suono del timer, va dritta al posto della riflessione. Vi basterà mandarcela tre o quattro volte, perché la bambina capisca che la vita è molto più facile se fa ciò che le viene chiesto.

I bimbi più piccoli, specialmente i maschietti, hanno difficoltà a eseguire più di un'istruzione alla volta, per cui non sovraccaricateli. Se dite a un bambino di andare in camera sua a prendere una maglia, in bagno a lavarsi i denti e poi di infilarsi le scarpe, è molto probabile che farà soltanto l'ultima cosa.

Assumere la responsabilità delle proprie cose

È una capacità che va insegnata – di rado i bambini lo fanno spontaneamente – ma è importante, quando iniziano a frequentare l'asilo o la scuola. Il mio sistema si può usare già a partire dai quattro o cinque anni.

La sera prima di andare a scuola, consiglio che il bambino prepari i vestiti che indosserà la mattina dopo. Dovrebbe inoltre verificare che le scarpe giuste aspettino accanto alla porta di casa e che lo zaino sia pronto. Spesso scrivo una lista, poi la fotocopiamo e la appendiamo nella cameretta del piccolo, in modo da poterla controllare e spuntare insieme prima di andare a dormire.

Potreste aver già completato alcuni compiti, mentre il piccolo ne svolgerà altri. Tutto serve per aiutarlo a comprendere l'importanza di prepararsi in anticipo e organizzarsi per la giornata che lo attende.

compito	lun	mar	mer	gio	ven	sab	dom
preparare i vestiti	x						
scarpe accanto alla porta	x						
zaino pronto	x						
compiti a casa	x						
lettura	x						
quaderno dei compiti firmato	x						
esercitazioni di musica	x						

Non aspettatevi che si ricordi sempre tutto, ma premiatelo ogni volta che porta a termine un compito. Se cominciate presto a insegnargli questa competenza, incoraggerete la sua indipendenza e lo doterete di capacità organizzative assai utili in futuro.

Buone maniere a tavola

Ogni genitore ha le proprie opinioni riguardo a come si sta a tavola. Decidete insieme al vostro partner quali regole i bambini dovranno rispettare, elencatele in ordine di priorità e affrontate un tipo di comportamento alla volta. Potete ricorrere al consueto barattolo di vetro con le biglie come incentivo. Aspettate che il comportamento desiderato sia diventato più o meno istintivo, prima di cominciare a occuparvi di un altro.

> **«Oggi impareremo a stare seduti composti a tavola. Cibo alla bocca, non bocca al cibo! Vorrei che vi impegnaste tutti al massimo e ogni volta che vedrò una bella schiena dritta, metterò una biglia nel barattolo».**

Abbaiare ai bambini quando non obbediscono è inutile. Fate leva sugli aspetti positivi. Se notate una schiena piegata sul piatto, dite: «Spero abbiate tutti la schiena dritta! Ho qui una montagna di biglie!»

È meraviglioso osservare la risposta. Mi fa venire in mente una marea di bambini adunati che improvvisamente si drizzano all'arrivo del direttore!

Trattativa continua

È un tratto caratteriale estenuante, se gli date corda. A volte un bambino può dire la propria, ma altre volte deve soltanto fare ciò che gli viene chiesto. Se siete alle prese con un negoziatore, fornitegli il minor numero di informazioni possibile. Quanto più gli dite, tanto più avrà da mettere in discussione e contestare. Leggete l'esempio seguente.

Genitore: «Ho bisogno che ritiri le tue scarpe, in modo che il pavimento sia sgombro domattina quando arriva la signora delle pulizie».

Bambino: «Se la signora non viene fino a domattina, le metto a posto poi. Non c'è bisogno di farlo subito».

Genitore: «Per favore, fai sparire quelle scarpe e poi vieni a tavola, pronto per cena».

Bambino: «Cosa c'è per cena?»

Genitore: «Le scarpe, [nome del bambino], poi ci vediamo a tavola».

Quando chiedete al bambino di fare qualcosa (o di non farlo, a seconda dei casi), fermatevi un attimo e domandatevi: «Ho voglia di trattare su questa cosa?» Se la risposta è no, allora siate ferme e decise.

Innanzitutto, se deve svolgere un compito, usate il timer come avvertimento per ciò che dovrà fare. Non fatevi coinvolgere in alcun tipo di trattativa.

«Questa cosa non si discute. Hai sentito il timer come l'ho sentito io. Adesso scegli. Fai subito quello che ti ho chiesto, o prima hai bisogno di andare a sederti un po' nel posto della riflessione per pensarci su?»

Allontanatevi e permettete al bambino di scegliere. Se continua a discutere, limitatevi a prenderlo per mano e fatelo sedere nel posto della riflessione.

«Quando sei pronto, per favore puoi [compito da eseguire]?»

Una volta eseguito il compito, non fate tante storie. Ditegli solo: «Grazie di averlo fatto». Evitate i commenti negativi, che potrebbero scoraggiare il bambino dall'obbedire la volta successiva.

Può essere molto noioso, ma con costanza otterrete risultati. Sovente il negoziatore punterà i piedi e opterà per il posto della riflessione, ma alla fine il compito sarà portato a termine.

Mugolii e piagnistei

Provo grande compassione per quei genitori che si ritrovano ad ascoltare in continuazione mugolii e piagnistei. Il segreto è stroncarli sul nascere, prima ancora che inizino.

- «Mi spiace tanto, ma le mie orecchie non riescono ad ascoltare quello strano rumore. Devo sentire la tua bella voce, poi potrò aiutarti a trovare quel che ti serve o desideri».
- Se il piagnisteo persiste, offritele una scelta. «Vuoi usare la tua bella voce o parlare in quel modo strano, seduta al posto della riflessione? Scegli tu. Bella voce o riflessione?»
- Non appena ricomincia, prendetela per mano e accompagnatela al posto della riflessione.

- «Quando avrai tirato fuori tutta quella voce sciocca, potremo andare avanti con la giornata».
- Riportatela al posto della riflessione ogni volta che si allontana e continua a piagnucolare.
- Quando sta al suo posto in silenzio, avvicinatevi. «Hai ritrovato la tua bella voce? Allora, andiamo a fare qualcosa di carino insieme [indicate un'attività]?»
- Mentre svolgete l'attività insieme, potete cogliere l'occasione per chiedere alla bambina di guardarvi negli occhi e, quando avete la sua attenzione, dirle: «Voglio che tu sappia che quando salta fuori quella voce sciocca devi andare a sederti nel posto della riflessione e farla uscire tutta. Io voglio sentire soltanto la tua voce bella». Non c'è bisogno di aggiungere altro, a meno che la piccola non abbia domande da fare.

Litigi tra fratelli/sorelle

Per giocare bene insieme, i fratellini (e/o le sorelline) devono imparare a non andare d'accordo e a risolvere le loro divergenze. Dovrebbero essere in grado di esprimersi con il corpo in modo tenero e scherzoso e rispettare l'uno lo spazio dell'altro. È importante tenere a freno il loro comportamento e al tempo stesso dar loro il tempo e lo spazio necessario per acquisire queste competenze essenziali.

Quando due fratellini diventano aggressivi e cominciano a menare le mani, il nostro istinto può spingerci a farli smettere di azzuffarsi e rotolare sul pavimento, per evitare che si facciano male, ma non sempre è la linea migliore da seguire. Dite piuttosto qualcosa tipo: «State attenti alla vostra forza, per cortesia». Se osservate e aspettate, lo scompiglio cesserà naturalmente, oppure uno dei due comincerà a fare del male all'altro.

- Se sentite urla di dolore, ponete fine alla baruffa. «Adesso basta. Avete avuto la vostra bella azzuffata. Troviamo qualcos'altro da fare».
- Potrebbe essere necessario separarli e metterli ai lati opposti della stanza. «Adesso dobbiamo trovare qualcos'altro da fare».
- Valutate se abbiano bisogno di uscire all'aperto per bruciare le energie in esubero. Indirizzateli verso un'altra attività.
- Se si sono fatti male, i bambini devono abbracciarsi; l'ideale sarebbe che si chiedessero scusa a vicenda.
- Una volta intenti a svolgere la nuova attività, cogliete l'occasione per parlare a entrambi della forza fisica. Domandate chi è il più forte e perché. Chiedete che cosa sarebbe potuto succedere se avessero continuato a picchiarsi e la mamma non fosse intervenuta. Formulate le domande in modo da incoraggiarli a riflettere. «Quando ci arrabbiamo, perché non proviamo a pensare a cosa potremmo fare invece di picchiare un'altra persona e metterci nei guai? Sapete che cosa succede nel nostro paese se due uomini si picchiano per strada e uno si fa male?» Parlate loro della polizia e della prigione. A questa età i bambini sono perfettamente in grado di capire che un paese ha delle leggi.

Se i bambini si rubano i giocattoli e/o si fanno i dispetti, non mettetevi subito in mezzo. Aspettate un momento, per vedere se riescono a risolvere la faccenda da soli. Intervenite soltanto se lo ritenete veramente necessario. In tal caso, offrite le due possibilità di scelta.

«O restituisci il giocattolo e cerchiamo qualcosa di carino da fare, oppure lo porto via e vai a sederti al posto della riflessione e pensi a come si condividono le proprie cose.

Scegli. Restituisci il giocattolo o vai al posto della riflessione?»

Contate fino a tre.

Non cedete, proseguite con le lodi o con il posto della riflessione. Mentre il bambino è nel posto della riflessione, concentratevi sul fratello. Il bambino deve collegare il rifiuto di condividere il giocattolo al senso di solitudine. Quando si sarà calmato, potrete iniziare a parlare di condivisione.

Se vostro figlio è un negoziatore, incoraggiatelo a fare un patto, un accordo in base al quale si scambia un giocattolo con un altro. Potreste allevare un futuro dirigente d'impresa!

Gestione della rabbia

Se la bambina mostra sintomi di rabbia per qualunque motivo, è necessario insegnarle come gestirla. In particolare, bisogna isolare la rabbia che sfocia nella violenza. Il gesto violento può essere comprensibile – magari l'altra bambina l'ha fatta proprio grossa – ma non tollerato.

C'è una differenza enorme tra azzuffarsi con il fratello o la sorella e perdere le staffe e cercare di far male a una persona, e i bambini lo sanno. Se la bambina si arrabbia e si scaglia contro qualcuno, dovete intervenire immediatamente.

- Dite: «In questa casa non si picchia nessuno. Mai».
- Prendete la bambina per mano e accompagnatela al posto della riflessione.
- «Adesso stai qui finché non ti sei calmata e io mi sono calmata. Mi fai davvero venire il nervoso quando fai male a una persona in quel modo. Sono molto arrabbiata».

C'è una buona possibilità che la bambina abbia comunque bisogno di sfogare la rabbia. Continuate a riaccompagnarla al posto della riflessione e lasciatela urlare. Anziché reprimere questa emozione, è bene che la esprima.

Una volta che abbia sfogato tutta la rabbia e si sia calmata, dovrete parlare a entrambe le bambine e spiegare che la violenza ci può mettere in guai seri. Chiedete loro di scusarsi e fare la pace, poi andate avanti con la giornata.

Parolacce

Il primo consiglio che vi do è di ignorare il bambino la prima e la seconda volta che lo sentite pronunciare una parolaccia. Lasciate che gli passi. I bambini spesso dicono le parolacce per pura provocazione, e quanto più grande è la reazione tanto più frequente sarà l'uso di quella parola. La terza volta che la sentite, vi suggerisco di fingere ignoranza.

«Cosa significa quella parola? Non l'ho mai sentita prima. Posso dirla anch'io? Possiamo dirla a papà?»

Aspettate la reazione. I bambini tendono a zittirsi, in questi casi.

«Cosa significa quella parola?»

Se non è in grado di fornire una spiegazione, cosa assai probabile, ditegli: «Se non sai che cosa significa una parola, è sciocco usarla. Hai un sacco di parole fantastiche in testa. Perché non usi quelle, invece?»

Se il turpiloquio persiste, è ora di fargli un discorsetto. Scegliete un momento tranquillo, e sedetevi insieme, soltanto voi due. Fate in modo che non ci siano distrazioni e guardatelo negli occhi.

«Diventando grande, impari sempre più parole. Le parole che stai usando non sono belle e non possiamo più usarle. Il tuo cervello ha soltanto quattro anni [o qualunque età abbia] ed è ancora troppo piccolo per capire il signifi-

cato di queste parole. Quando il tuo cervello sarà in grado di capirle, te ne parlerò. Per ora ho bisogno che adoperi soltanto le parole che capisci. Quelle altre parole possono metterti nei guai. Non vogliamo che succeda, vero?»

Fate una pausa, continuando a guardarlo negli occhi, poi ditegli: «C'è qualcosa che vuoi dirmi o chiedermi?»

Parlate con autorevolezza, ma senza rabbia. Il piccolo stava sperimentando, e il turpiloquio dovrebbe cessare dopo questa spiegazione pacata. Se persiste, mi limiterei a mandare il bambino in camera sua, gli direi di chiudersi dentro e continuare a dire le parolacce dove nessuno può sentirlo. Potrà tornare quando avrà fatto uscire tutta quella spazzatura dalla bocca!

Domande frequenti

Il posto della riflessione può essere la cameretta della bambina?
Il posto della riflessione è la conseguenza del fatto che si è comportata male e ha preso la decisione sbagliata. Se la bambina è contenta di andare in camera sua a giocare, il suo cattivo comportamento non avrà conseguenze. Se invece non le piace stare in camera sua da sola, isolata dal resto della famiglia, allora può andare bene.

Quando gli chiedo di fare qualcosa, mio figlio risponde sgarbatamente. La risposta consueta è: «No, sta' zitta, mamma!» Come affronto la cosa in pubblico?
Portatelo nel primo luogo appartato che trovate e chinatevi alla sua altezza. «Ti ho già detto quanto diventi brutto quando parli in quella maniera. Noi non parliamo così. Ti do ancora una possibilità, ma se oggi mi rispondi di nuovo in quel modo, vai a letto presto senza televisione. Sul serio! Mi hai capita?»

Aspettate che risponda di sì. Non muovetevi finché non risponde. Scegliete una conseguenza che gli procuri veramente dispiacere. A questa età la maggior parte dei bambini detesta l'idea di andare dritto a letto dopo il bagno. Saprete cosa negargli. Fate solo in modo di poter mantenere la parola.

Mio figlio ha quasi sette anni. Posso ancora usare il posto della riflessione?
Sì. Alla maggior parte dei bambini non piace essere esclusi e costretti a rimanere seduti in un posto senza qualcosa da fare. Stare seduti sulle scale o su una sedia nell'ingresso è «noioso» e provoca frustrazione ed esasperazione. In ogni caso, se ritenete che il posto della riflessione abbia perso la sua efficacia, negategli un privilegio.

Mia figlia continua ad allontanarsi e a vagare per il supermercato quando andiamo a fare la spesa. Come faccio a farla smettere?
La soluzione più semplice è darle un avvertimento e farle capire che, se si allontana di nuovo, passerà il resto del tempo tenendovi per mano e ogni volta che dovrete fermarvi per guardare qualcosa lei dovrà sedersi sul pavimento ai vostri piedi.

Non le piacerà affatto sentirselo dire ma, se continua ad allontanarsi, dovrete dar corso alla conseguenza, fino in fondo. (Vedi anche «Fare la spesa», p. 272.)

Mio figlio non mi permette di controllare la posta elettronica. Mi sbatte via il telefono quando vede che lo guardo.
Consiglio di dedicare un momento preciso della giornata a questa attività. L'aspetto frustrante non è che controlliate la posta, ma l'irregolarità con cui lo fate. Non dimenticate che ai bambini piace la routine. Individuate un momento adatto, e chiamatelo «momento della posta».

Tutt'altra faccenda è se state aspettando un'e-mail importante. In tal caso, ditelo al bambino e studiate qualcosa da fargli fare quando arriva. (Per esempio, bolle di sapone in tasca, da tirare fuori se siete ai giardinetti, o pasta da modellare e uno spuntino al tavolo della cucina.)

Cercate di mettervi nei panni del bambino e immaginare la frustrazione che prova a non sapere quando vi metterete davanti allo schermo e quanto tempo ci resterete.

I miei bambini (di cinque e sei anni) passerebbero la giornata a fare a botte, se glielo permettessi. Comincia come un gioco, ma sovente finisce in lacrime.
Consiglio di separarli e distrarli al primo segno di rissa, e se ricominciano ordinerei di andare in camera loro a fare quelle cose. Dite: «Non voglio più essere costretta a guardarvi. In camera vostra, subito. Andate!» Battete le mani, seguiteli fino in camera e tornate dove eravate.

Quando arrivano in camera loro, i bambini tendono a smettere di picchiarsi, o se continuano in genere dura poco. Di solito fratelli e sorelle si picchiano quando hanno un pubblico e sanno che è presente un arbitro. Da soli non c'è tanto gusto.

Abbiate fiducia nei vostri figli. Siate certe che smetteranno di picchiarsi. La prima volta che provate questo metodo, però, prestate ascolto e accertatevi che al piano di sopra non stia scoppiando la terza guerra mondiale!

Come faccio a far passare il broncio a mia figlia? Lo tiene all'infinito!
Se sta seduta imbronciata nel posto della riflessione, la lascerei fare per una mezz'oretta, poi le farei sapere che c'è un'attività in corso in un'altra stanza. Potrebbe essere un gioco creativo sul tavolo in cucina, infornare i biscotti o sistemare i mobili nella casa delle bambole: qualcosa che catturi il suo interesse.

Se gira per casa con il broncio, chiedetele di andare in camera sua e sdraiarsi nel suo letto con il viso nel cuscino. Andate nella sua stanza e fatele vedere come fare.

Ditele: «Scendi quando sei pronta a lasciare quella brutta faccia nel cuscino e a rimettere quella allegra e graziosa». Mimate l'espressione per mostrarle come si fa. Magari scoppia a ridere, ma chiedetele lo stesso di farlo.

«Ti lascio qui a cambiare la faccia, poi ci vediamo in cucina e inforniamo i biscotti [o altra attività]».

Baciatele il capo e tornate di sotto.

Quando arriva in cucina, non chiedetele se ha funzionato. Guardatela negli occhi e ditele: «Così va meglio, inforniamo!» Non c'è bisogno di dire altro.

Non è semplice cambiare i modelli di comportamento di un bambino nella fascia di età fra tre e sei anni. Rispetto a un bimbo intorno ai due anni, la sfida è molto più impegnativa – ma in ogni caso è più semplice di quel che sarebbe se aspettaste che diventi adolescente! Se lavorate sodo adesso, i risultati saranno assai gratificanti. Quando vostro figlio dormirà bene la notte, avrà un'alimentazione sana e si comporterà in maniera ragionevole, sarete sulla buona strada per fare di lui una personcina completa ed equilibrata. Saprete di potervi fidare di lui e della sua capacità di prendere la decisione giusta per sé e per gli altri, quando sarà lontano da casa e dalle vostre cure, che sia a scuola o a casa di un amico.

Per crescere bene, i bambini devono saper distinguere il giusto dallo sbagliato e avere un'idea chiara dei limiti che avete stabilito. Una volta imparato che fate sul serio e che le cattive azioni comportano delle conseguenze, faranno del proprio meglio per evitarle. Vostro figlio adesso sa qual è il suo posto in famiglia. Sa che cosa vi aspettate da lui e come farvi contente.

Restate coerenti e continuate a stabilire chiari limiti in ogni nuova situazione in cui il bambino si venga a trovare, e continuerete tutti a crescere come famiglia equilibrata, soddisfatta e sicura di sé.

CAPITOLO 6

Abbandonare il pannolino

È facile entrare in fibrillazione quando bisogna insegnare a un bambino a usare il vasino. Il fatto è che, problemi di salute a parte, il giorno del matrimonio nessuno avanza lungo la navata centrale della chiesa con il pannolino addosso, e presto o tardi anche vostro figlio imparerà. Uno dei segreti per avere successo è evitare di concentrarsi sulla questione al punto da farla diventare un'ossessione. Vostro figlio vi conosce meglio di quanto pensiate: se siete preoccupate, è facile che se ne accorga, anche se non ve ne rendete conto. Quando insegnate al bambino qualcosa di nuovo è estremamente importante rimanere rilassate, calme e coerenti – e lo stesso vale quando volete abituarlo a usare il vasino.

Un altro elemento fondamentale è che dovete essere assolutamente certe che il bambino sia pronto e riporre piena fiducia nella sua capacità di imparare. Se manifestate dubbi o incertezza, indurrete il bambino a dubitare delle proprie capacità.

Quando cominciare?

Questa è l'unica parte del libro che non è scritta in relazione all'età, perché in questo caso il programma di tre giorni si riferisce al processo di apprendimento a prescindere dall'età alla quale il bambino sia pronto. L'addestramento all'uso del vasino deve essere valutato in base alla condizione psicofisica di ogni singolo individuo. I principi di base sono quindi gli stessi, in questa e in altre parti del libro, ma i sussidi visivi usati per registrare i progressi variano in funzione dell'età del bambino.

I bambini possono riuscire tutti ad abituarsi a usare il vasino senza grosse difficoltà, ma è indispensabile permettere che siano loro a stabilire il momento. Orientativamente, direi che questo avviene fra i due anni e mezzo e i tre anni e mezzo, ma anche prima, o dopo.

Onde evitare qualunque tipo di «lotta per il potere», sappiate che i bambini tendono ad attraversare una fase durante la quale scoprono la parola «no» e vogliono assolutamente usarla; se vostra figlia è in questa fase, non è il momento giusto per insegnarle a usare il vasino.

Attenzione ai segnali

Intorno ai due anni e mezzo, è una buona idea cominciare a tenere nota della frequenza alla quale vostro figlio fa la pipì. Se gli cambiate il pannolino a intervalli di un'ora e mezzo o due, e scoprite che a volte è asciutto, significa che comincia a controllare la propria vescica: il primo passo per essere pronto a fare a meno del pannolino.

È importante che lo osserviate per almeno tre giorni consecutivi, magari annotando sull'agenda quante volte al giorno fa la pipì. Se durante questo periodo lo trovate asciutto in più occasioni, potete valutare se passare alla fase successiva.

Per capire se è pronto, esaminate le affermazioni seguenti.

- Lo cambio a intervalli di un'ora e mezzo o due e il pannolino è spesso asciutto.
- Quando fa la pipì o la cacca nel pannolino me lo dice.
- Mostra segni di fastidio quando porta il pannolino.
- Vuole che gli cambi il pannolino non appena lo sporca.
- Appena ne ha l'occasione, si toglie il pannolino da solo.

- È contento di parlare dell'uso del vasino e sfoglia libri al riguardo.
- Comprende bene che cosa comporti imparare a usare il vasino.
- Guarda disinvolto entrambi i genitori usare il gabinetto.
- Annuncia in anticipo che farà la pipì o la cacca.
- Non è nella fase in cui dice continuamente «no».

Se almeno sette affermazioni corrispondono al vero, e pensate di rimanere a casa le prossime due settimane, senza gite nel weekend o vacanze prenotate, siete pronte a procedere all'acquisto di un vasino o di un riduttore per il gabinetto e cominciare il programma!

Prepararsi al programma

Quando pensate che sia giunto il momento, potete cominciare a parlare del vasino. Non è necessario acquistarne uno in questa fase, ma con l'aiuto di libri illustrati e immagini stampate con il computer potete cominciare ad aiutare vostra figlia a capire come avviene il passaggio dal pannolino al gabinetto.

Vi avrà vista usare il gabinetto centinaia di volte, ma ora potete far tesoro dell'intimità acquisita e raccontarle per filo e per segno ciò che fate ogni volta:

- «Giù i pantaloni, mi siedo e mi rilasso. Penserò al pomeriggio ai giardinetti». Pausa di silenzio, mentre vi accomodate sul gabinetto.
- «Ora il mio corpo è pronto a fare la pipì!» Ascoltate la pipì insieme, poi annunciate: «Fatto».
- Poi dite: «Mi asciugo la goccia», e procedete.

- Infine, andate al lavandino e dite: «Mi lavo e mi asciugo le mani», e mostrate alla bambina come vi lavate le mani.

In questa fase la bambina è soltanto un osservatore. Dovete evitare che diventi un gioco in cui andate in bagno insieme e lei vuole soltanto tirare l'acqua e poi passare il tempo a lavarsi le mani. Vi suggerisco di andare in bagno soltanto se avete effettivamente bisogno di usare il gabinetto e la bambina vuole venire con voi. Non cadete nella trappola di sedervi sul gabinetto mentre lei gioca con l'acqua del lavandino! Accertatevi che sia attenta a ciò che fate, prima di aprire il rubinetto dell'acqua dopo aver usato lo sciacquone.

Se invece la bambina non vuole accompagnarvi in bagno, non insistete.

La fase successiva consiste nel parlarle serenamente e spiegarle che le toglierete il pannolino quando gioca in casa e/o in giardino, e che quando avrà voglia di fare la pipì o la cacca si siederà sul vasino che comprerete insieme.

> **«Penso che siamo pronti a fare una cosa molto divertente. Oggi possiamo giocare in casa e in giardino senza mettere il pannolino! Perché non indossi la tua fantastica maglietta [descrivete la maglietta] e poi andiamo a divertirci insieme? Quando hai voglia di fare la pipì o la cacca, puoi sederti sul vasino. Questo nuovo vasino non vede l'ora di raccogliere la tua pipì e la tua cacca. E ogni volta che lo userai arriveranno [adesivi/calamite/biglie]».**

Anche in questo caso, se il bambino dice chiaramente «no» e oppone resistenza, è bene lasciare le cose come stanno e non tirare fuori l'argomento per almeno tre o quattro settimane.

Se sembra d'accordo, è un buon momento per guardare insieme qualche libro o fiaba sull'argomento. Potete anche collegarvi a Internet e dare un'occhiata alle immagini di vasini che potreste comperare.

Il bambino deve imparare che ci si lava sempre le mani dopo aver usato il vasino/gabinetto. Consiglio di collocare un predellino vicino al lavabo e un pezzo di sapone facilmente raggiungibile, in modo che possa usarlo autonomamente. Dopo tutto, alla fine sbrigherà l'intera faccenda da solo.

Per cominciare il programma, avete bisogno di:

- diverse paia di calzoncini corti/lunghi con l'elastico in vita e una maglietta o un maglioncino lungo
- l'agenda libera per almeno tre giorni
- tazze e bottigliette dalla forma divertente per incoraggiare l'assunzione di liquidi
- materiale per il sussidio visivo (vedi p. 298 per alcune idee)
- calma e serenità

Scegliete un momento in cui il bambino goda di ottima salute e voi possiate trascorrere l'intera giornata con lui, per seguirlo nella nuova esperienza. Accertatevi di avere il tempo e l'energia per concentrarvi sulla questione e poi cominciate.

Programma per abituare i bambini a usare il vasino

Ecco una sintesi delle cose da fare e da non fare durante il programma.

Cose da fare

- Mantenere la calma e sorridere molto.
- Permettere al bambino di accompagnarvi in bagno quando dovete usare il gabinetto.

- Accertarvi che sappia dove si trova il vasino.
- Farlo bere di frequente usando bottigliette, cannucce e tazze divertenti.
- Permettere al bambino di circolare nudo dalla vita in giù quando siete a casa insieme.
- Mettere al bambino calzoncini corti o lunghi con l'elastico in vita (vale per maschi e femmine) quando uscite.
- Esprimere fisicamente le lodi (baci, abbracci, dondolamento, girotondo).
- Utilizzare sussidi visivi per le lodi (vedi p. 298).
- Conservare i pannolini in un luogo nascosto alla vista.
- Cercare di incoraggiare il bambino a usare il vasino/gabinetto ogni ora e mezzo o due. Se dice «no», probabilmente non ne ha bisogno. Non insistete.
- Annotare l'ora alla quale di solito va di corpo (spesso poco dopo aver consumato un pasto).
- Usare entrambi il gabinetto/vasino prima di uscire di casa e appena rientrati; farla diventare un'abitudine.
- Portare con voi vasino e indumenti di ricambio (due cambi) a ogni uscita.
- Credere sinceramente che il bambino sia in grado di farcela.
- Ricordare che gli incidenti non sono voluti.
- Interrompere il programma se il bambino chiaramente non è pronto.

Cose da non fare

- Mostrare frustrazione perché volete cominciare a insegnargli a usare il vasino, ma il bambino non è pronto.
- Insistere sull'argomento.

- Dire al bambino: «tutti quelli che conosciamo non portano più il pannolino»; vostro figlio è un individuo a sé.
- Continuare a ricordargli «sei un bimbo grande» e «non dovresti più portare il pannolino».
- Chiedergli insistentemente: «Devi fare la pipì? Devi fare la pipì?»
- Esprimere delusione in caso di incidente: fa parte del processo di apprendimento.
- Fare smorfie di disgusto quando svuotate il vasino, o usare espressioni come «che schifo».
- Esagerare con le lodi: può sconcertare il bambino e metterlo in imbarazzo.
- Pensare che non sia in grado di abituarsi a usare il vasino.
- Continuare il programma se il bambino dà segno di non essere psicologicamente pronto.

Quando si verifica l'inevitabile incidente, che sia nei pantaloni, sul pavimento o sugli arredi, mantenete la calma e limitatevi a pulire nel modo più rapido e silenzioso possibile. Non c'è alcun vantaggio a mostrarvi contrariate. Guardatelo semplicemente negli occhi e ditegli: «Gli incidenti capitano. La prossima volta facciamo uno sforzo in più per arrivare al vasino. Quando senti che ti scappa la pipì, non aspettare: vai diritto al vasino. Ritroverai i tuoi giocattoli quando torni».

Pianificazione del primo giorno

La mattina del giorno in cui decidete insieme di dire addio al pannolino, sedete con la bambina quando si sveglia e leggete un libro sull'argomento che abbiate già sfogliato insieme.

Vi suggerisco poi, durante la colazione, di discutere l'idea di andare in un negozio in mattinata ad acquistare un vasino e delle mutandine. Parlate di dove pensate di sistemare il vasino in casa. Se la bambina è incerta, orientatela così: «Bene, dovremo metterne uno in cucina/nella stanza dei giochi» (a seconda di dove tenete i giocattoli in casa). «Ce ne vorrà uno nel bagno e forse dovremmo comprare anche un riduttore tutto per te, da sistemare sul gabinetto. Questo potremmo metterlo nell'altro bagno».

Sono un sacco di informazioni da assorbire, quindi vi consiglio di cambiare argomento subito dopo (a meno che la bambina non dimostri di voler proseguire la conversazione), finire la colazione insieme e poi vestirvi e uscire per andare al negozio. In questa fase la bimba continuerà a portare il pannolino.

Andare a far compere è importante e vi suggerisco di farlo appena possibile, in mattinata. È importante che ci andiate insieme alla bambina, perché così la aiutate a concentrarsi sul percorso che sta per intraprendere. È un elemento significativo del programma. (Se avete già dei vasini in casa, appartenenti a figli più grandi o regalati da amici, va benissimo. È bene fare comunque un giro per i negozi, ad acquistare nuove mutandine, per esempio; poi, una volta tornate a casa, potrete tirare fuori gli oggetti che avete già.)

Raccomando di acquistare un vasino per ogni piano della casa (se la casa è di più piani), più uno da portare con voi in una borsa quando uscite. Se la bambina è intorno ai tre anni e sembra troppo grande per sedere comodamente sul vasino, forse è meglio optare per un riduttore imbottito da sistemare sul gabinetto. È una cosa che potete discutere con lei. Se siete incerte, provate entrambe le soluzioni!

Quanto alle mutandine, dieci paia dovrebbero essere più che sufficienti. Fate l'acquisto in un'ottica positiva. Non pensate di aver bisogno di una scorta enorme in caso di incidenti: è inevitabile che si verifichino, ma lavare delle mutandine non è poi una grande fatica.

Arrivate a casa, appena possibile togliete il pannolino alla bambina e lasciatela circolare liberamente con addosso una maglia un po' lunga. Dovrebbe essere considerato come una specie di gioco. Ora è importante nascondere i pannolini alla vista della bambina: vederli potrebbe confonderla. Ma aspettate a buttarli via del tutto, in questa fase.

Sistemate i vasini in punti strategici della casa, come avete discusso con la bambina, e mettete un libro o un giocattolo vicino a ciascuno di essi. Teneteli lì: serviranno a distrarla quando userà il vasino.

Idee per i sussidi visivi

Il compito successivo da svolgere con il bambino è creare un sussidio visivo, in modo che, quando userà il vasino, potrà registrare i propri successi e seguire i progressi che compie. È un grande incentivo e crea un'associazione tra l'uso del vasino e la sensazione di avere uno scopo. Ecco alcune idee (dovrete scegliere quella adatta all'età di vostro figlio).

- Decorate un barattolo di vetro usando vernici e adesivi. Poi, ogni volta che il bambino fa la pipì o la cacca nel vasino, metteteci dentro un sassolino o una pietra dura. Scegliete le dimensioni delle pietre e del barattolo in modo da poterlo riempire nell'arco di una settimana.
- Legate un bel nastro alla maniglia di una porta, poi, ogni volta che userà il vasino, la bambina potrà infilarci una perla. L'idea è che alla fine realizzerete una collana. Potreste anche acquistare perle decorate con lettere, in modo da scrivere il nome della bimba.
- Un sussidio visivo semplice ma efficace consiste nell'appiccicare un adesivo sul vasino ogni volta che viene usato. Se il bambino fa la pipì o la cacca sul vasino mentre siete fuori casa, attaccategli l'adesivo alla maglietta; una volta a casa potrà decidere dove fissarlo. L'ideale è met-

terlo sul vasino principale in casa, ma la decisione spetta a lui.

- Alcuni bambini rispondono molto bene ai cartelloni per gli adesivi. Per esempio, potreste disegnare o dipingere un grande vasino su un foglio di cartoncino e appenderlo alla parete vicino a quello adoperato con maggiore frequenza. Poi, ogni volta che il bambino userà il vasino, potrà attaccare un adesivo al cartellone.
- Anche le costruzioni funzionano: ogni volta che usa il vasino, date alla bimba un mattone da collocare su quello precedente in modo da costruire una torre. Potete acquistare mattoncini di argilla e «cemento», per rendere la cosa più interessante, oppure usare i mattoncini Duplo o Lego, oppure quelli di legno, che potrete verniciare man mano che la torre cresce.

I sussidi visivi hanno una durata limitata, in quanto il bambino prima o poi perderà interesse. Di solito però, raggiunta questa fase, sarà felice di usare il vasino o il gabinetto senza incentivi diversi che non siano vuotare la vescica o l'intestino!

Per ricapitolare, abbiamo ora raggiunto uno stadio in cui:

- C'è un sederino esposto all'aria.
- Avete parlato di sussidi visivi e ne avete creato uno.
- I vasini sono distribuiti in giro per la casa.

È metà mattina, l'ora di pranzo si avvicina.

Gioco mattutino

È importante dare tempo al bambino e lasciare che giochi come fa di solito. Quando comincia a giocare, ricordategli soltanto dove si trova il vasino più vicino. Può essere un momento in cui sbrigate le faccende di casa o vi sedete a prendere un caffè. Mentre gioca, vi consiglio di lasciargli sempre a disposizione qualcosa da bere. Potete usare una bottiglietta o una tazza con beccuccio, secondo l'età e le capacità del bimbo. Sono certa che saprete quale tipo di contenitore usare per incoraggiare il bambino a bere! Deve essere qualcosa che lo attiri, magari con il suo personaggio preferito stampato sopra. Potete anche aggiungere un po' di succo all'acqua, per darle un sapore più allettante. E cercate di variare le tazze o le bottigliette per mantenere vivo l'interesse.

Avrete la tentazione di continuare a chiedere al bambino: «Devi fare la pipì?», ma cercate di trattenervi dal farlo.

Limitatevi a dargli da bere e lasciatelo giocare. Deve abituarsi al nuovo sistema, e anche rilassarsi.

Quando il bambino ha giocato per quindici minuti, gli chiederei di fermarsi un momento, ricordandogli dove si trova il vasino (deve essere in un posto visibile). Guardatelo negli occhi quando gli parlate, per capire se avete la sua piena attenzione. Poi chiedetegli: «Allora, se ti scappa la pipì, dove vai a farla?» Quando risponde, lodatelo: «Bravo! Il vasino deve essere proprio contento che tu vada a sederti lì per riempirlo! Poi possiamo incollarci un adesivo» (o indicate il sussidio visivo che avete scelto di adoperare).

È utile tenere sotto controllo gli orari, per capire ogni quanto tempo il bambino ha bisogno di fare la pipì. Constaterete anche che ogni giorno va di corpo più o meno alla stessa ora. Dopo tre o quattro giorni comincerete a individuare frequenze e orari più o meno regolari, e tutto diventerà più semplice da gestire.

lunedì	pipì	cacca
10.05	x	
12.30		x
13.10	x	
15.20	x	

Gli incidenti capitano!

Quando vostra figlia ha imparato a camminare, probabilmente all'inizio cadeva molte volte prima di riuscire ad arrivare da A a B. E qui non è molto diverso. È facile che i primi tentativi non raggiungano il vasino. Non è insolito. Ricordate che la bambina sta acquistando una nuova competenza e il fatto richiede ancora elogi: «Guarda che brava! La prima pipì senza pannolino! Abbiamo bisogno di un adesivo per ricordarla!» Poi attaccate un adesivo sulla maglietta della bimba e abbracciatela forte per farle capire quanto siete contenta.

Con i maschietti, può essere utile rivolgersi direttamente al pene: «Ascoltami bene, pisellino. Sei stato bravissimo a fare la pipì senza pannolino. La prossima volta puoi chiedere a [nome del bimbo] di portarti a farla nel vasino? È quella specie di grossa scodella rossa, laggiù. Ci provi, per favore?» Può sembrare sciocco, ma l'ho provato tante volte e sembra funzionare. Poi fingo di aver ricevuto risposta: «D'accordo», dico con voce spiritosa, e rispondo: «Ti ringrazio tantissimo, pisellino». Spesso il bambino scoppia a ridere ma, aspetto più importante, capisce anche che è una parte del suo corpo della quale deve prendere possesso e controllo.

Potete fare la stessa cosa con le bambine, adoperando il nome con cui chiamate le sue parti intime. Scegliete il nome che preferite, purché sia sempre lo stesso.

Cercate di ripulire nel modo più rapido e silenzioso possibile, senza coinvolgere il bambino. Se fa domande, ditegli semplicemente: «Ci metto un attimo. Che gioco vuoi fare prima di pranzo? È quasi ora del panino/della minestra/della pasta».

Ora di pranzo

Prima di pranzo è una buona idea andare in bagno insieme: «Devo sempre fare la pipì prima di pranzo e di cena. Facciamola insieme, poi ci laviamo le mani e andiamo a mangiare».

Incoraggiate la bambina a sedersi sul vasino e rimanete anche voi sedute sul gabinetto per un po'. Non è un «evento mondano», quindi evitate di fare conversazione; incoraggiatela a sfogliare il libro o intrattenersi con il giocattolo. Ricordate che, se ha orinato durante l'ultima ora, potrebbe non aver bisogno di rifarlo. State instaurando un'abitudine, non vi attendete risultati. Passate tre o quattro minuti al massimo con la bambina seduta sul vasino, poi lavatevi le mani e andate a mangiare.

Durante il pranzo, vi suggerisco di parlare di ciò che farete nel pomeriggio. Sarebbe bene uscire un paio d'ore (diciamo tra le tre e le cinque). Tutti hanno bisogno di prendere un po' d'aria durante la giornata, quindi va benissimo uscire a fare la spesa o una passeggiata ai giardinetti, andare a dar da mangiare alle anatre o far visita ad amici.

Parlate di come affronterete la necessità di fare la pipì o la cacca mentre siete fuori. «Dovremo scegliere un paio di mutandine e un paio di calzoncini/pantaloni della tuta/pantacollant che si possano abbassare facilmente. Porterò il vasino con noi, poi cercheremo un posto dove metterlo ai giardinetti/a casa degli amici». Ciò va detto in maniera precisa e diretta, usando il tono di voce «deciso», in modo che la bambina riceva istruzioni chiare. Sorridetele e cercate di trasmetterle un messaggio positivo con il linguaggio del corpo.

Non abbiate dubbi sul fatto di uscire di casa. La prospettiva peggiore è che dobbiate cambiare la bambina. La maggior parte dei genitori deve farlo, a un certo punto del processo di apprendimento dell'uso del vasino.

Dopo pranzo

Capita di frequente che i bambini vadano di corpo dopo pranzo, se non lo hanno ancora fatto durante la mattinata. Potreste conoscere già l'ora alla quale il bambino di solito sporca il pannolino.

Lasciate che si alzi da tavola e vada a giocare, mentre riordinate la cucina. Prima, chinatevi in modo da guardarlo negli occhi e ditegli in tono tranquillo, con un sorriso: «Adesso, quando vai a giocare, potrebbe venirti voglia di fare la pipì o la cacca. Quando senti che arriva, cerca di andare a sederti sul vasino. Poi possiamo guardarla [ai bambini piace tantissimo] e prendere un adesivo/un mattone per la nostra torre/una perla per il nostro nastro. Metto in ordine la cucina mentre giochi. Ricordati che il vasino aspetta una pipì o una cacca, da bravo bambino». (Sebbene esista una scuola di pensiero secondo la quale «bravo/a bambino/a» non si debba dire, penso che quando un bambino si sente definire «bravo» ci creda e si comporti di conseguenza.)

Mentre il bambino gioca dopo pranzo, tenetelo d'occhio per vedere se si sforza di andare di corpo. Quando succede, ditegli: «Mi sa che hai bisogno di fare la cacca. Andiamo a sederci sul vasino e leggiamo una fiaba». Poi lasciate che si sieda, mentre cercate una fiaba da leggere (state prendendo tempo, per farlo restare seduto sul vasino). Scegliete la fiaba in silenzio, senza guardarlo. Tardate il più possibile e cominciate a leggere soltanto quando dice di volersi alzare.

«Bene, adesso ti leggo [titolo], mentre sei seduto su quel bellissimo vasino». Cominciate a leggere il libro con calma, poi, dopo un minuto, date il libro al bambino e ditegli che andate ad asciugare le posate/cercare il telefono/al gabinetto. Dite: «Torno subito. Tu continua a guardare le figure».

Uscite dalla stanza. Dovrete attendere con pazienza tutto il tempo di cui il bambino ha bisogno. La maggior parte dei bambini desidera un po' di intimità quando va di corpo. Sono felici di mostrare il risultato, ma l'atto in sé è una cosa che in genere preferiscono fare da soli. Se il bambino si alza dal vasino o vi chiama perché continuiate a leggergli la storia, semplicemente non è pronto. In tal caso, finite la storia e poi chiedetegli che cosa vuole fare. Lasciatevi guidare da lui. Se vuole continuare a giocare, va bene. Se chiede un'altra fiaba, domandategli se deve fare la pipì o la cacca. Se risponde di sì, leggetegli un'altra storia e poi lasciatelo di nuovo da solo un momento.

Poi ditegli: «Ora ti ho letto due fiabe. Se vuoi fare la cacca, vado a piegare il bucato, poi torno a giocare con te. Ci vediamo tra un minuto». Ditelo in tono allegro e uscite dalla stanza.

Se, dopo questa, vuole altre fiabe, chiedetegli di alzarsi dal vasino e di venire a leggerle con voi sul divano o sul tappeto, tenendo il vasino in vista. Ciò che bisogna evitare è che il bimbo pensi che il vasino sia sinonimo di ora della fiaba.

Durante tutto questo tempo, rimanete rilassate. Se siete impazienti e nervose, il bambino se ne accorgerà.

Evviva, l'ha fatta!

Ognuno ha il proprio modo di festeggiare. Personalmente, metto su un disco e improvviso una danza ridicola, e di solito il bambino scoppia a ridere. Se non siamo in casa, mi esibisco comunque nella danza, ma devo anche cantare! Comunque scegliate di festeggiare, è importante non esagerare e non confondere il bambino o metterlo in imbarazzo. Lo conoscete meglio di chiunque altro, e saprete trovare un modo che gli piaccia, poi passate al sussidio visivo.

Sonnellino pomeridiano

Se il bambino fa ancora il sonnellino dopo pranzo, lasciatelo giocare una mezz'oretta prima di metterlo a letto. Se durante questo periodo fa la pipì o va di corpo, dovrete valutare se metterlo a letto con il «pannolino della nanna» (è importante chiamarlo così), oppure lasciarlo dormire senza. Se non ha ottenuto grandi risultati durante la mattinata o dopo pranzo, può essere una buona idea mettergli il pannolino. È importante essere assolutamente chiari sul fatto che il pannolino si usa soltanto per dormire. Raccomando inoltre di foderare il materasso sistemando imbottiture o teli impermeabili usa e getta sotto il lenzuolo.

Lasciate dormire il bambino, ma non più di un'ora e un quarto e, dopo averlo svegliato con dolcezza, fategli capire che state per togliergli il pannolino della nanna.

Ricordatevi di annotare gli orari ai quali il bambino orina. Se il pannolino è bagnato dopo il sonnellino pomeridiano, potete provare a chiedergli quando ha fatto la pipì. È utile scoprire se ha orinato durante il sonno o appena si è svegliato. È una domanda difficile, però, quindi non stupitevi se non risponde. Se dice di averla appena fatta e il pannolino è ancora tiepido, significa che sa quando orina. È un passo concreto verso la capacità di controllare la vescica. Annotatelo nell'agenda. Se non risponde, segnate solo che ha orinato mentre dormiva.

Se mettete a letto il bimbo senza pannolino e bagna il letto, non preoccupatevi. Valutate se in questa fase non sia preferibile usare un pannolino della nanna. È meglio affrontare il controllo della vescica durante il giorno, prima di tentare di arrivare alle «notti asciutte».

Se svegliate il bambino e il pannolino/letto è asciutto, lodatelo e premiatelo con un adesivo o un mattoncino. Quando conterete tre sonnellini diurni asciutti di fila, potrete cominciare a pensare che vostro figlio capisca che non si fa la pipì durante il sonno. Questo è un vero e proprio progresso.

È probabile che abbia bisogno di fare la pipì prima di cominciare a giocare nel pomeriggio. Quando è ben sveglio, andate in bagno insieme e sedetevi sul gabinetto mentre lui è seduto sul vasino. Rimanete in silenzio. Non è il momento di fare conversazione.

- Fate quel che dovete fare, azionate lo sciacquone e lavatevi le mani.

- Chiedetegli: «Vuoi stare ancora un po' lì seduto, mentre vado a rifare il lettino?»
- Agite in base alla decisione che prende.

In questo modo introducete un'abitudine: ogni volta che ci si sveglia si va in bagno. Il bambino potrebbe essersi svegliato con il pannolino bagnato, ma non succederà tutte le volte ed è bene che prenda l'abitudine sin dal primo giorno.

Uscita pomeridiana

Se la bambina si è svegliata con il pannolino asciutto e non ha fatto la pipì quando siete andate in bagno insieme, vi consiglio di giocare in casa mezz'oretta, prima di uscire. Preparatele uno spuntino a base di frutta ricca d'acqua, per esempio chicchi d'uva tagliati a metà o fettine di melone, e una bevanda.

Prima di uscire di casa, dovreste entrambe andare in bagno. È una buona prassi e contribuisce a creare un'abitudine.

Una volta uscite, conservate la calma e il buonumore. Giunte a destinazione, fate vedere alla bambina dove sistemerete il vasino, se avrà bisogno di fare la pipì o la cacca.

- Se siete ai giardinetti, per esempio, individuate un angolo appartato (dietro un albero) e ditele in tono deciso e diretto: «Quello è il tuo albero-gabinetto! Quando ti viene voglia di fare la pipì o la cacca, andiamo là». Portatela fino all'albero e mostratele come sistemerete il vasino per terra. «Ecco, verremo qui. Inteso?» Aspettate una conferma, prima di lasciarla andare a giocare. Passerei un'ora e mezzo ai giardinetti, poi tornerei a casa a giocare a «sederino all'aria» prima di cena.
- Se andate a casa di amici, suggerisco di collocare il vasino in un punto della casa che il bambino conosca e in cui si senta a proprio agio. Consiglio di far visita soltanto ad

amici che capiscano la situazione e non se la prendano in caso di incidenti su tappeti o mobilia. Quando arrivate dagli amici, prendete la bambina per mano e andate in bagno insieme, portando il vasino con voi. Usate il bagno insieme, se ne ha voglia. Tornate nella zona gioco e, insieme alla bambina, sistemate il vasino in un angolo appartato. Ciò andrà fatto prima che cominci a intrattenersi con i giocattoli. «Adesso vado a chiacchierare un po' con [nome dell'amica] in cucina. Sai dov'è il vasino e, se vuoi, possiamo andare in bagno insieme. Divertiti... e ricordati: la pipì e la cacca nel vasino!» Ora uscite dalla stanza e rilassatevi. Lasciate che giochi e si diverta.

- Se uscite a fare compere, vi suggerisco di visitare un paio di negozi e poi fare una sosta in un bar. Al bar, andate in bagno mentre vi preparano le ordinazioni. Portate il vasino con voi e chiedetele se ha voglia di usarlo. Se risponde di no, consumate le bevande e restate al bar altri cinque o dieci minuti. Se la bambina non orina da più di due ore, andate in bagno ancora una volta prima di tornare a casa. Alcuni bambini non amano orinare in luoghi pubblici e preferiscono aspettare di essere a casa – e per farcela riescono a esercitare un formidabile controllo sulla propria vescica.

Se il bambino si bagna mentre siete fuori casa, ve lo dirà. Se non lo fa, non aspettate più di quindici minuti per cambiarlo. Annotate nell'agenda che bagnarsi le mutandine non lo ha turbato. Se la cosa continua, forse dovete prendere in considerazione l'idea di interrompere il programma e riprenderlo più avanti.

Non dimenticate che questo è il primo giorno e ai bambini capita spesso di bagnarsi quando sono fuori casa e tutti intenti a giocare e osservare. *Non è un problema.*

Mentre lo cambiate, domandategli: «Hai sentito la pipì arrivare quando ti ha bagnato le mutandine?» Aspettate la risposta, poi ditegli: «La prossima volta pensaci, per favore. Ora torniamo a giocare. Ti voglio tanto bene».

Non appena entrate in casa, toglietegli i calzoncini e suggeritegli di andare a sedersi sul vasino. Se è riuscito a trattenere la pipì tutto il tempo che siete stati fuori, è molto probabile che ora debba farla.

Chiedetegli di sedersi sul vasino mentre svuotate le borse e cominciate a preparare la cena. Dovete accompagnarlo e aiutarlo a sedersi. Siamo ancora agli inizi. Non è ancora pronto ad andare in bagno da solo quando gli dite di farlo. Fatelo sedere sul vasino e poi continuate a sbrigare le faccende, annunciando sempre ciò che vi accingete a fare.

Lasciatelo seduto sul vasino finché ne ha bisogno; non insistete, se vuole alzarsi e andare a giocare. Fate soltanto in modo che, ora che siete in casa, circoli nudo dalla vita in giù.

Il rituale della sera

Prima di cena, seguite gli stessi principi applicati per il pranzo (vedi p. 301). Poi, dopo cena, lasciate che la bambina giochi una ventina di minuti, mentre riordinate la cucina, e ricordatele il vasino. Potrebbe essere il momento in cui di solito va di corpo; in tal caso, tenetene conto, e seguite il medesimo principio applicato all'ora di pranzo (vedi p. 302).

- Appena prima di essere pronte a cominciare il rituale del bagnetto, lodate la bambina per gli sforzi compiuti durante la giornata e ditele che è stata davvero brava. Chiedetele se ha passato una bella giornata. Le darete così la possibilità di dirvi se rivuole il pannolino (anche se è molto improbabile). Qualunque cosa facciate, non mettetele l'idea in testa chiedendole direttamente: «Vuoi che ricominciamo a mettere il pannolino?»

- Seguite il solito rituale della sera e portate il vasino in bagno con voi. Invitate la bambina a usarlo prima di fare il bagno (anche in questo caso, per creare un'abitudine), mentre riempite la vasca.
- Dopo il bagno, proseguite la serata con un po' di televisione o un libro e datele il latte, se lo prende ancora.
- Questo è un momento di rilassamento, in cui spesso viene voglia di fare la pipì. Tenete il vasino a portata di mano e, se la bambina è seduta sul divano o la tenete in grembo, per prudenza vi consiglio di sistemarle sotto un telo di spugna. Ditele che il vasino è lì, se ne ha bisogno. Se la bimba fa la pipì sulla spugna, fateglielo notare e il giorno dopo, al momento della fiaba/TV, fatela sedere sul telo per un po' e poi ditele di spostarsi sul vasino mentre guarda la televisione o le raccontate la fiaba.
- Alla fine della giornata, dopo la pulizia dei denti, ditele che, prima di andare a letto, tutte le persone del mondo si siedono sul vasino o sul gabinetto per dire buonanotte all'ultima pipì del giorno. Anche questo serve a instaurare un'abitudine.
- Prima di metterla a letto, aggiungete una perla/un adesivo/un mattoncino al sussidio visivo per mostrare alla piccola che siete soddisfatte e che ha compiuto progressi. A questo punto dovrebbero essercene almeno due: uno per la prima volta che ha fatto la pipì senza pannolino, indipendentemente da dove l'ha fatto, e uno per i tentativi compiuti durante la giornata.
- L'ultima cosa da fare prima di augurarle la buonanotte è metterle il pannolino della nanna. La maggior parte dei bambini impara ad abituarsi durante il giorno, prima di compiere il salto e rimanere asciutti tutta la notte, quindi cercate di fare un passo alla volta.

Se il bambino è più grande, intorno ai quattro anni, e si rifiuta di indossare il pannolino della nanna, potete metterlo a letto senza, vi basterà foderare il materasso con un telo impermeabile. Potrebbe valere la pena di svegliarlo con dolcezza, prima di coricarvi, e portarlo in bagno o farlo sedere sul vasino. Lo farei soltanto se ha dimostrato di avere un ottimo controllo della vescica durante il giorno, con intervalli di due ore e mezzo o tre tra una pipì e l'altra, e si è bagnato al massimo un paio di volte. Abituare il bambino a usare il vasino di giorno e di notte in un'unica fase è un passo da gigante, ma con un bimbo un po' più grande si può tentare. È una decisione che dovete prendere voi.

Se il bambino ha meno di tre anni e mezzo, spiegategli che userete un pannolino per la nanna, ma se la mattina dopo è asciutto, senza pipì, potete prendere in considerazione l'idea di farne a meno.

Una volta messo a letto il bambino, date un'occhiata agli appunti e verificate se notate una certa regolarità. In caso affermativo, tenetene conto quando pianificate il secondo giorno. Poi sedetevi, rilassatevi e siate fiere di voi. Avete ottenuto grandi risultati oggi, e anche vostro figlio.

Tuttavia, se nel corso della giornata la bambina vi è parsa molto turbata e contrariata e ha versato fiumi di lacrime, valutate seriamente se sia bene proseguire il programma o non sia meglio rimandare l'addestramento al mese successivo. Nel profondo del cuore saprete qual è la scelta migliore per vostra figlia.

Pianificazione del secondo giorno

Al mattino, non appena si sveglia, togliete al bambino il «pannolino della nanna» e aspettate cinque minuti prima di invitarlo a usare il vasino, perché potrebbe essere ancora un po' assonnato. Dategli un libro, se pensate che abbia bisogno di distrarsi, e lasciatelo solo sul vasino per qualche minuto (non più di quattro o cinque). Ditegli: «Vado a spegnere la sveglia/cercare il telefono/in bagno. Torno immediatamente. Cerca di fare la pipì mentre mi aspetti». Ancora una volta, state creando un'abitudine: dopo tutto, la maggior parte di noi comincia la giornata con una pipì!

Poi preparatevi per un'altra giornata in casa con il bimbo nudo dalla vita in giù. Come il primo giorno, quando il bambino orina o va di corpo prendetene nota.

Il rituale del mattino

Se passa più di un'ora tra il momento in cui il bambino si sveglia e quello in cui fate colazione, vi consiglio di farlo sedere sul vasino ancora una volta e poi di fargli lavare le mani prima di sedervi a tavola. Col tempo scoprirete se fa la prima pipì della giornata appena si sveglia, o appena prima di fare colazione, ma fintanto che non lo scoprite, lo incoraggerei a fare un tentativo in entrambe le occasioni.

Quando siete a tavola e fate colazione insieme, è un buon momento per parlare. Ricordate al bambino il sussidio visivo e di dire al pisellino che dovrà fare tanta pipì nel vasino. Dopodiché non avrete più bisogno di parlarne. Il bambino ora avrà compreso meglio ciò che deve fare e dovreste lasciare che ci pensi da solo. Continuate la colazione e parlate della giornata che vi aspetta. Potete organizzare un'attività da svolgere a casa in mattinata, e poi un'uscita nel pomeriggio.

Molti vanno di corpo dopo aver fatto la colazione. Mentre riordinate la cucina, lasciate che il bimbo giochi per conto proprio: «Adesso metto in ordine la cucina, mentre tu fai un bel gioco. Perché non costruisci un ospedale per gli animali di peluche? Appena finisco qui vengo ad aiutarti. Ricordati il vasino!» A questo punto, dovete credere veramente che vostro figlio possa farcela. Sa cosa deve fare.

Quando entrate nella sua stanza, fate ciò che avete promesso (per esempio, aiutatelo a costruire la ferrovia per il trenino).

- Se notate che ha bisogno di usare il vasino, accompagnatelo e dategli un libro o un giocattolo. Una pallina antistress può essere divertente, magari potete tenerne una vicino al vasino. Mentre il bambino cerca di fare i suoi bisogni, non prestategli attenzione. Trovate qualcosa da fare e limitate al minimo le comunicazioni. Non dimenticate la tecnica dei festeggiamenti se riempie il vasino!
- Se quando entrate nella sua stanza vi accorgete che ha orinato sul pavimento, limitatevi a pulire senza tante storie. «Puoi cercare di arrivare al vasino la prossima volta, giovanotto?» Continuate a fare ciò che avevate promesso, per esempio aiutatelo a costruire l'ospedale per i peluche.

Consiglio di uscire soltanto una volta al giorno, durante il programma, mentre impara come funziona. Esaminate l'agenda che avete creato il primo giorno e decidete se sia più semplice uscire al mattino o al pomeriggio. Domandatevi:

- Quando ha orinato l'ultima volta?
- Quanto tempo è passato tra una pipì e l'altra ieri?
- Quando tende ad andare di corpo?

Valutate se sia più facile allontanarsi da casa prima di pranzo o nel pomeriggio.

La routine pomeridiana

Come abbiamo visto, sedersi sul vasino e poi lavarsi le mani è un elemento importante della quotidianità. Viene imposto all'asilo e a scuola, quindi è utile introdurlo nell'intimità della propria casa. Può inoltre essere frustrante, più avanti, se la bambina prende l'abitudine di andare in bagno a metà del pranzo con la famiglia e poi rifiuta di finire il cibo perché si è raffreddato e tutti gli altri hanno già finito. Potete evitarlo incoraggiandola ad andare in bagno prima di ogni pasto.

Dopo pranzo riordinate la cucina e preparatevi alla fase successiva della giornata, mentre la bambina passa un po' di tempo a giocare per conto proprio. Seguite la procedura abituale.

- Ditele che cosa state facendo: «Sto mettendo in ordine la cucina».
- Indirizzatela verso un gioco: «Perché non tiri fuori il tuo servizio da tè e inviti gli orsacchiotti?»
- Ricordatele il vasino: «Non dimenticare di usare il vasino, se ne hai bisogno».
- Datele dieci-quindici minuti di tempo.

Se la bambina ha bisogno di un sonnellino pomeridiano, portatela nella sua stanza e mettetele il pannolino della nanna. Se è il momento della giornata in cui tende ad andare di corpo, dopo pranzo aspettate una mezz'oretta prima di metterla a letto. Non volete che prenda l'abitudine di sporcare il pannolino tutti i giorni durante il sonnellino (vedi p. 304).

La bambina non dovrebbe dormire più di un'ora e mezzo, e una volta sveglia dovreste toglierle immediatamente il pannolino. La regola è che i pannolini si indossano soltanto quando si è coricati. Non appena si alza, toglieteglielo.

Ricordate di annotare se il pannolino è bagnato. Se è rimasto asciutto durante il sonnellino, lodate la bimba aggiungendo un oggetto al sistema delle ricompense.

Se avete passato la mattinata in casa, ora potete fare una passeggiata, ricordandovi di portare con voi il vasino, due cambi d'abito e una bevanda. Andate in bagno insieme prima di uscire e ricordate alla bambina che porterete con voi il vasino. Se andate ai giardinetti, dirigetevi verso l'albero-gabinetto, o trovate un angolo ovunque andiate in cui poter usare il vasino con discrezione.

Stando accanto all'albero-gabinetto nei giardinetti potete cogliere l'occasione per spiegare a vostro figlio come si fa la pipì in piedi: l'idea è di «innaffiare l'albero» o «aiutare l'erba a crescere». Potete dirgli che è quello che farebbe il papà se dovesse fare la pipì ai giardinetti o in un bosco, dove non c'è un gabinetto. Poi lasciatelo andare a giocare. Assimilerà le nuove informazioni e vi farà capire come vuole fare la pipì ora che conosce le alternative.

L'uscita pomeridiana non dovrebbe durare più di un paio d'ore. Tornati a casa, se il bambino non ha orinato durante l'ultima ora, accompagnatelo subito al vasino e chiedetegli di stare un momento lì mentre voi preparate la cena.

Ora siete in casa, il bambino può di nuovo circolare nudo dalla vita in giù. Potrebbe prendere l'abitudine di non orinare mentre siete fuori, ma avrà bisogno di farlo non appena entrate in casa.

Ho riscontrato che i bambini vogliono immancabilmente andare in bagno non appena tornano a casa dall'asilo. Penso che siamo in gran parte creature abitudinarie e preferiamo usare il gabinetto nell'intimità della nostra casa. I bambini sono soltanto una versione in miniatura di noi adulti!

Se siete usciti in mattinata e intendete trascorrere il pomeriggio in casa, lasciate che il bambino circoli nudo dalla vita in giù e proseguite come avete fatto ieri mattina (vedi p. 299).

Cercate di passare un po' di tempo a giocare insieme, ma lasciate che il bimbo giochi anche per conto proprio, mentre sbrigate le faccende pomeridiane. Non continuate a chiedergli se ha bisogno del vasino. Dovrebbe poter stare un'ora e mezzo o due senza orinare, o anche più a lungo se non beve. Dategli tempo.

Il rituale della sera

Come al solito, usate il vasino/gabinetto e lavatevi le mani prima di sedervi a tavola per la cena. Parlate della giornata e chiedete alla bambina che cosa le è piaciuto di più. Ricordate che abituarsi a usare il vasino è soltanto un aspetto della giornata e la vita non deve ruotarci intorno.

Dopo cena lasciate che la bambina passi un po' di tempo per conto proprio, perché potrebbe aver bisogno di sedere tranquilla sul vasino per fare la cacca (circa 20-30 minuti prima di portarla a fare il bagno). Se avete individuato il momento in cui va di corpo, potete farlo notare alla bambina, in modo che diventi un elemento consapevole della quotidianità: «Penso che al tuo corpo piaccia fare la cacca tutti i giorni dopo cena/pranzo/colazione. Dobbiamo ricordarcene e sederci sul vasino a quell'ora». Rammentatele il sussidio visivo da decorare subito dopo.

Anche in questo caso, instaurate l'abitudine di andare al gabinetto prima di fare il bagno. Poi seguite la solita routine del dopo bagno, che siano fiabe o televisione, magari con la bimba seduta su un telo di spugna, a bere il latte. Finito il latte, potreste invitarla a sedersi sul vasino per il resto della fiaba/cartone animato. Il solo motivo per cui consiglio di usare un telo di spugna è proteggere il divano. Spesso quando i bambini guardano la televisione si concentrano esclusivamente sulle immagini in movimento, soprattutto a fine giornata, quando sono stanchi.

Fate un'ultima visita al vasino, se la bambina non ha fatto la pipì durante l'ultima ora, poi fatele lavare i denti e mettetela a letto. Lodatela per gli sforzi fatti durante la giornata e premiatela usando il sussidio visivo. Dovrebbe aver già ricevuto almeno due premi, quindi adesso dovrebbero essercene almeno quattro. L'ultima cosa da fare prima di abbracciarla e darle un bacio, è metterle il pannolino della nanna.

Controllate gli appunti presi finora. Dopo due giorni dovreste cominciare a individuare la frequenza e gli orari ai quali la bambina tende a fare i propri bisogni. Se tutto va bene, avrete un'impressione positiva degli ultimi due giorni e la bambina si mostrerà entusiasta anziché contrariata. Pensateci su e decidete se andare avanti o se la bambina abbia bisogno del pannolino per un altro mese.

Pianificazione del terzo giorno

Siamo al terzo giorno. Se il vasino fa ora parte della quotidianità e constatate progressi nella giusta direzione, la giornata dovrebbe andare grossomodo così:

7-8	Vi svegliate e cominciate con calma la giornata. Togliete il pannolino al bimbo mentre è ancora nel lettino o appena si alza. Fatelo sedere sul vasino entro cinque minuti.
8.30-9	Se non ha orinato subito dopo il risveglio, fatelo di nuovo sedere sul vasino. Lavatevi le mani e fate colazione, poi fate un gioco tranquillo. (Controllate gli appunti, perché potrebbe essere il momento in cui va di corpo.)
9-9.30	Vestitelo (nudo dalla vita in giù o mutandine/pantaloni: oggi scegliete voi, in base agli ultimi due giorni), lavatevi i denti, pronti ad affrontare la giornata.
9.30-13	Attività in casa o passeggiata; ricordatevi di dargli da bere in abbondanza. Dopo un'ora e mezzo o due che il bimbo non usa il vasino, potete chiedergli se ne ha bisogno. Guardatelo negli occhi e domandategli: «Vuoi sederti sul tuo vasino, adesso, e vedere se riesci a fare la pipì?» Se rifiuta, lasciate cadere l'argomento.

13-13.30	Fatelo sedere sul vasino prima di pranzo e lavatevi le mani. Durante il pranzo parlate di ciò che farete nel pomeriggio. Dopo pranzo il bimbo può fare un gioco tranquillo mentre riordinate la cucina. (Controllate di nuovo gli appunti per vedere se è l'ora in cui va di corpo.)
14-15.15	Se il bambino fa un sonnellino, mettetelo a letto mezz'ora dopo il pranzo. Invitatelo a sedersi sul vasino, se da un po' non lo usa. Leggetegli una fiaba, se siete abituate a farlo e, una volta coricato, mettetegli il pannolino della nanna. Lasciatelo dormire per un'ora e un quarto.
15.15-15.45	Se dorme ancora, svegliate il bambino e toglietegli il pannolino. Fatelo sedere sul vasino, con un libro, se necessario, e lasciatelo solo per tre o quattro minuti.
16-18	Uscita pomeridiana o giochi in casa (a seconda di come avete passato la mattinata). Se fate una passeggiata, andate entrambi in bagno prima di uscire: «Vasino prima di uscire a giocare!» Ricordatevi di portare con voi un vasino e cambi d'abito. Una volta tornati a casa, spogliate immediatamente il piccolo dalla vita in giù. Indirizzatelo verso il vasino, mentre cominciate a preparare la cena.
18.30-19	Lavatevi le mani e cenate. Parlate al bambino della splendida giornata passata insieme e ditegli quanto siete fiere di lui. Rimirate il sussidio visivo e fategli tanti complimenti. Dopo cena lasciatelo giocare tranquillo, mentre riordinate la cucina. (Di nuovo, potrebbe essere il momento in cui va di corpo.)

19.30	Ora del bagnetto. Invitate il bambino a sedersi sul vasino mentre riempite la vasca.
20-20.30	Fiabe o televisione, con il bambino dapprima seduto sul telo di spugna e poi sul vasino.
20.30	Lavarsi i denti. Ultima visita al vasino. Mettetegli il pannolino della nanna appena prima di augurargli la buonanotte.

Durante la giornata, continuate ad annotare l'ora ogni volta che il bambino fa la pipì o va di corpo.

Al termine del terzo giorno e con il sussidio visivo orgogliosamente esposto quale simbolo della meta raggiunta insieme, potete proseguire il percorso. Il bambino ha ancora bisogno di una guida, e ci vorrà del tempo prima che vada al gabinetto da solo e si lavi le mani senza che ve ne accorgiate. Ma quel giorno arriverà... col tempo.

Visite abituali al vasino/gabinetto

Abbiamo parlato dell'importanza di instaurare delle abitudini riguardo all'uso del vasino. Qui di seguito riporto una sintesi delle «visite» abituali cui aspirare.

buongiorno	cinque minuti dopo avergli tolto il pannolino
prima di colazione	soltanto se non lo ha usato la prima volta che si è seduto sul vasino
metà mattina	un'ora e mezzo o due dopo l'ultima pipì
prima di pranzo	sedersi sul vasino e poi lavarsi le mani
prima del sonnellino	mettere il pannolino della nanna
al risveglio	togliere il pannolino entro cinque minuti
prima di uscire	in bagno insieme

tornati a casa	momento in cui ha spesso bisogno di usare il vasino
prima di cena	sedersi sul vasino e poi lavarsi le mani
prima del bagnetto	sul vasino mentre la vasca si riempie
prima di coricarsi	mettere il pannolino della nanna

Nei momenti abituali non chiedete alla bambina se ha bisogno del vasino: accompagnatela e fatela sedere. Lasciate che porti con sé il giocattolo con cui stava giocando.

In altri momenti, chiedeteglielo soltanto se dà segno di volerci andare o se non usa il vasino da un'ora e mezzo o due. Se ha bevuto molto, è bene tenere alta la guardia. E tenetela d'occhio intorno all'ora in cui di solito va di corpo. Può succedere più di una volta al giorno.

La tabella seguente è tratta da un programma di tre giorni che ho condotto con una bimba di due anni e otto mesi. Questi sono i risultati del terzo giorno:

lunedì	pipì	cacca
8.30	x	
9.45		x
12.30	x	
14.20		x
16	x	
17.45	x	
19.30	x	

Troppi incidenti?

Se in qualsiasi fase del programma di tre giorni pensate che il bambino non sia interessato all'idea e avete passato più tempo a pulire il pavimento che a svuotare il contenuto del vasino, vi consiglio di ripensarci. Potrebbe non essere il momento opportuno. Cercate di rilassarvi al riguardo. Il bimbo adesso comprende bene il concetto di uso del vasino, perciò i vostri sforzi non sono stati vani. Potrebbe soltanto avere bisogno di un po' di tempo in più. Lasciate passare un mese, un mese e mezzo, e poi riprovate.

Ognuno ha il proprio ciclo fisiologico, influenzato da fattori quali l'esercizio fisico, l'alimentazione e la quantità di liquidi che assume. Vostro figlio non è diverso, e presto troverà i propri ritmi e si abituerà all'idea.

Qualche incidente si verificherà, perché sta ancora imparando, ma ogni giorno dovreste notare nuovi progressi. Il settimo giorno dovrebbe riuscire a raggiungere il vasino il novanta per cento delle volte, e potreste accorgervi che non è più necessario ricorrere al sussidio visivo. Usatelo soltanto finché il bambino si mostra interessato.

Se ricomincia a bagnarsi dopo un periodo durante il quale ha usato correttamente il vasino, portatelo dal pediatra per accertare che non abbia un'infezione alle vie urinarie. Una volta esclusi i problemi medici, può essere utile introdurre un nuovo sussidio visivo per rimetterlo in carreggiata.

Domande frequenti

Il primo giorno è stato un disastro: un incidente dopo l'altro e nessun successo, e mia figlia non sembra interessata. Che cosa mi consiglia?
Consiglio di interrompere il programma e rimettere il pannolino alla bimba. Riprovate tra un mese o un mese e mezzo.

Ogni volta che gli chiedo: «Devi fare la pipì?», risponde «No». Che cosa mi consiglia?
Dovete stabilire orari regolari ai quali far sedere il bambino sul vasino, che dica di averne bisogno o no. Accompagnatelo fino al vasino, fatelo sedere e dategli tempo. Se in queste occasioni funziona, non c'è bisogno di continuare a chiedergli se ha bisogno di fare la pipì.

Possiamo uscire a pranzo o cena durante la prima settimana di addestramento all'uso del vasino?
Lo sconsiglierei, soprattutto intorno all'ora in cui il bambino di solito va di corpo. Cominciate con brevi spostamenti, fino a casa di amici o un bar vicino a casa per uno spuntino, prima di avventurarvi a uscire a pranzo o cena. Aspettate finché il bambino non si sente a proprio agio con l'uso del vasino.

Mia figlia va di corpo soltanto una volta ogni due o tre giorni. Ho paura che sia costipata.
Non è insolito per i bambini trattenersi il più possibile dall'andare di corpo. Fatele bere acqua in abbondanza, se necessario aromatizzandola con un po' di succo di frutta. Datele frutta ricca di acqua, come il melone e l'uva (tagliando gli acini a metà), ed evitate il pane bianco, che può rallentare le funzioni dell'intestino.

Quando va di corpo, non date risalto alla cosa. Alla fine si rilasserà e comincerà a evacuare con maggiore frequenza.

Mio figlio si rifiuta di bere acqua. Come posso convincerlo?
Aggiungete un po' di succo di frutta all'acqua, per aromatizzarla. Se volete offrirgli qualcosa di sfizioso, optate per i ghiaccioli alla frutta. Dategli molta frutta e verdura, perché contengono acqua. Non tutti i bambini sono grandi bevitori, quindi non preoccupatevi, ma cercate di mantenerlo idratato almeno nelle giornate molto calde.

Mio figlio fa la cacca soltanto nel pannolino che gli metto per il sonnellino dopo pranzo. Che cosa devo fare?
Alcuni bambini non amano il pensiero che qualcosa lasci il loro corpo, soprattutto dal di dietro. Preferiscono che sia trattenuto dal pannolino o dalle mutandine. Per superare questa inibizione, devono evacuare senza indumenti addos-

so, quindi vi consiglio di mettere a letto il bambino nudo dalla vita in giù.

Fate in modo che pranzi relativamente presto (all'una) e che giochi almeno mezz'ora, prima di metterlo a letto. Se fa già parte delle sue abitudini, lasciatelo giocare dieci minuti più a lungo. Se non va di corpo in questo intervallo, provate a metterlo a letto senza pannolino. Probabilmente vi chiamerà quando avvertirà il bisogno di evacuare, oppure aspettate che si svegli. Molti bambini riescono a reprimere lo stimolo per un po'.

Mettendolo a letto senza pannolino, correte il rischio che sporchi le lenzuola, ma potreste riuscire a togliergli l'abitudine di dormire con il pannolino.

In alternativa, potete fargli saltare il sonnellino pomeridiano per un giorno e vedere se va di corpo altrove.

Mio figlio continua a giocare felice ai giardinetti anche dopo essersi sporcato le mutandine. Come affronto la situazione?
Il miglior rimedio è evitarla. Non uscite con il bambino subito dopo un pasto. Fatelo sedere sul vasino prima di andare ai giardinetti. Quando arrivate, mostrategli dove metterete il vasino. E non rimanete lontano da casa per più di due ore.

Se notate che fa la cacca ai giardinetti con una certa frequenza, vi consiglio di cambiare orario per uscire, in modo da essere in casa all'ora in cui normalmente va di corpo.

Se invece è successo soltanto qualche volta ed è dovuto al fatto che gioca e si distrae, mi limiterei a pulirlo e ad andare avanti con la giornata. Può capitare!

Mia figlia si rifiuta di giocare in casa senza le mutandine e vuole tenerle addosso. Va bene all'inizio del programma?
L'ideale è che la bimba veda la propria pipì la prima volta che la fa, il che solitamente avviene sul pavimento. Proverei a farle indossare un vestitino che le copra le ginocchia e le

spiegherei che vestita così le mutandine non si vedono comunque.

Se insiste, lasciatele indossare le mutandine, ma ditele che se si bagnano dovrete metterle in lavatrice. Tiratene fuori un paio di ricambio, ma non di più. Quando saranno entrambe bagnate, dovrà rimanere col sederino nudo sotto il vestito, e potrete spiegarle che le mutandine saranno lavate e asciutte entro domani.

Durante l'inverno, per evitare che prenda freddo, potete metterle un vestito di lana con un golfino, le calze e le pantofole. Un maschietto può indossare una maglia lunga con la canottiera sotto, insieme a calze e pantofole. Purché la metà superiore sia abbastanza calda, il bambino non ne risentirà.

Se mia figlia non ha fatto la pipì nel corso della mattinata, posso comunque portarla fuori nel pomeriggio?
Durante il programma di tre giorni, penso che non dovreste uscire di casa prima che abbia orinato. Fatela bere in abbondanza e, se necessario, datele un ghiacciolo alla frutta.

Per quanto tempo dobbiamo usare il vasino, prima di introdurre il sedile per il gabinetto?
Alcuni bambini si affezionano al vasino e vogliono continuare a usarlo. Li lascerei fare, ma quando si sporcano solo più raramente lasciate a casa il vasino quando uscite e incoraggiate l'uso dei bagni pubblici nei ristoranti e nei centri commerciali.

Lasciatevi guidare da vostro figlio. I bambini raggiungono una fase in cui sono troppo grandi per stare comodi su un vasino così basso e tendono a scegliere spontaneamente di non usarlo più.

Per abituare i bambini a usare il vasino l'importante è rimanere il più possibile rilassati. Qual è la cosa peggiore che può capitare? Se bagnano il pavimento, è abbastanza semplice ripulire e la pipì è sterile. È facile che si verifichi qualche incidente all'inizio della curva di apprendimento. Prima o poi il bambino imparerà a controllare la vescica e non avrà più bisogno di andare in bagno ogni due ore.

Il bambino è sensibile al vostro atteggiamento nei riguardi del processo di apprendimento. L'ultima cosa che volete è che percepisca la vostra apprensione e si innervosisca a sua volta. Se si è tesi è molto difficile abituarsi a usare il vasino!

A volte vi dimenticherete della faccenda e il bambino si sporcherà. Traetene insegnamento e accettate il fatto che dovete concentrare l'attenzione sul programma per tre giorni interi. Voi e il bambino state imparando insieme.

Ricordate ciò che ho detto all'inizio del capitolo: nessuno avanza lungo la navata centrale della chiesa con il pannolino sotto l'abito da sposa o da sposo. Praticamente nessun bambino comincia la scuola con il pannolino addosso. Dunque rilassatevi! Vostro figlio ci arriverà quando sarà pronto. Tutto ciò di cui ha bisogno è energia positiva, pazienza, entusiasmo e fiducia da parte vostra.

Conclusione

Mi piace pensare che, quando leggerete queste parole, avrete già applicato un programma di tre giorni in famiglia e scoperto quanto sia efficace. Se ha funzionato una volta, sarete più fiduciose qualora doveste ripetere l'esperienza per risolvere un'altra difficoltà.

Man mano che il vostro bambino cresce e le abitudini cambiano, è inevitabile che si presentino momenti difficili. La vita ne è piena. Il segreto è comunicare. Ascoltare il bambino, dirgli che cosa sta succedendo e non sottovalutare mai la sua capacità di comprendere. Spiegategli qualunque cambiamento nelle abitudini familiari, e perché è necessario. Dategli il tempo di abituarsi.

Le vacanze possono essere un momento difficile per i bambini, perché i ritmi cambiano improvvisamente e loro non conoscono le regole. Ricordate che quando salite in macchina o a bordo di un aereo, in genere sapete dove state andando e cosa succederà. La bambina non ne ha idea. Rassicurátela a ogni tappa del percorso, spiegando per filo e per segno che cosa succede. L'aiuterete così a capire e ad accettare che spesso il cambiamento è un'evoluzione positiva.

Se la bambino ha difficoltà a riprendere i vecchi ritmi una volta tornati dalle vacanze, o ad adattarsi alle nuove abitudini in caso di cambiamenti in famiglia (la nascita di un fratellino, o una separazione), leggete il programma specifico e valutate la possibilità di applicarlo nel momento opportuno.

Nel corso degli ultimi vent'anni ho aiutato molte famiglie, ed è stato meraviglioso vederle trarre benefici dai miei programmi. Alcuni genitori sembravano addirittura più sicuri di sé, dopo il programma di tre giorni, perché avevano acquisito maggiore fiducia nelle proprie capacità di genitori!

Il fatto è che tre giorni sono sufficienti per riprendere il controllo della propria vita familiare. Ora disponete di indicazioni chiare e di un libro cui fare riferimento in caso di problemi. La cosa più importante cui aspiro è che tutti i genitori siano felici con i propri figli.

Ringraziamenti

La mia gratitudine va a Susanna Abbot, che mi ha offerto l'opportunità di scrivere questo libro.

A Gill Paul, per l'accurato lavoro di redazione e il prezioso contributo all'ideazione del libro.

A tutte le famiglie che ho aiutato con il programma di tre giorni.

I vostri consigli e suggerimenti sono stati fondamentali per giungere al risultato finale.

Finito di stampare
nel mese di luglio 2018
per conto della TEA S.r.l.
da Rotolito S.p.A.
Seggiano di Pioltello (MI)
Printed in Italy